中公文庫

完訳フロイス日本史①

将軍義輝の最期および自由都市堺

織田信長篇 I

ルイス・フロイス

松田毅一

[illegible] 訳

中央公論新社

訳者序文

十六世紀の後半に、三十ヵ年あまり日本に滞在し、織田信長、豊臣秀吉をはじめとする為政者から、名もなき庶民に至るまで、広く各階層の人々と深い交渉をもったポルトガル人宣教師ルイス・フロイスは、その経験自体が貴重であるのみならず、詳細にして厖大な報告書と著述を後世に残したために、その名はつとに顕著である。彼の報告書は、海外において早くから人々の興味を喚起し、高く評価されたし、後期のそれは日本イエズス会の公式年次報告と言うべきものであったから、すでに十六世紀以来、ヨーロッパにおいて、原語のまま、あるいは数ヵ国語に翻訳されてしばしば出版された。それに比べて、フロイスが晩年の十数ヵ年、精魂を傾けて執筆した著書「日本史」（Historia de Iapam）はまったく異なった運命をたどったと言い得る。

彼が「日本史」と題する浩瀚な初期日本キリスト教会史を執筆したことは早くから知られていたが、同書の所在は杳として判明しなかった。それもそのはずで、実はその原稿は、南シナのマカオの文書館に埋没していたのである。十八世紀になり、そこで写本が作成されはしたものの、時のポルトガルならびにスペイン両国政府がイエズス会を弾圧するという事件が生じたために、同写本は分散し、原稿そのものは十九世紀にマカオで焼失してしまったことがほぼ決定的に明らかである。いっぽう写本の方は、一八九四、五年から近年までの間、部分的にポルトガルやフランスの各地で発見が相次ぎ、今では一五四九年から一五九三、四年の交までの編年史の部が継続して出現している。しかし一九七七年の現在、「日本史」のほとんど大部分はポルトガル語によってすら活字化されてはいない。

フロイスの「日本史」が十六世紀の日本史研究において、個人の著述としては最長篇の史料であることはともかく、いかに重要文献であるかは、すでに翻訳された部分に対する史家の評価により十分立証されており、その全訳を要望する声は、はなはだ高いと認められる。しかもなお、今日に至るまでこれを志し、成就する者がなかったのには当然とも思える若干の理由があった。

第一に、「日本史」の写本を入手することがきわめて困難であり、後に解題で述べるように、ある部分は戦前一時出現しながら、またしても行方が判らなくなり、それが再発見されて、吾人が手許に全写本を蒐集できたのは、ようやく一九七五年初頭のことである。

第二に、テキストは一部分を除いては手写本の状態にある上にフロイスの文章は古い時代のポルトガル語で、きわめて難解な箇所がしばしばあり、マカオでの謄写の際にかなり多くの誤りが加わったりしたので、翻訳には多大の苦心を要する。

第三に、「日本史」は、現存する写本で約二五〇〇ページであり、邦文に翻訳すると、四百字詰原稿用紙で約六〇〇〇枚に及び、解説や学注を当然多く加えねばならぬから、この作業には相当な年月と労苦を必要とする。

第四に、「日本史」は、戦国末期から織豊時代の日本に関する記述から成り、かつ日本語の名称、ことに日本の地名・人名がおびただしく現われることと、既述のようにポルトガル語のテキストが難解であることを併せ考えるならば、日欧の史家が協力してまず厳正に活字化し、ついで邦訳するのが望ましく思われた。訳者はそれを期待して来たし、またそうした話もなくはなかったが、具体化せぬまま今に至ったのである。西欧において「日本史」がポルトガル語で、刊行されると耳にしてすでに久しいが、いまだ刊行されぬので、訳者両名は協議し、いずれ原語版が世に出ることを期待しつつ開板することにした次第である。

しかしながら吾人は率直に言って本書を完訳できるかどうかについて確信を持つことができない。この訳注本を完結する日まで、両人の健康が維持されるという保証はないからである。原著者が十数年の間、執筆し続けた厖大な記録をすべて写本から解読し、訳出し、十分な学注を付するのに相当な期間を必要とすることは御賢察いただけるであろう。しかしてもし第一部より刊行を開始して中断の余儀なきに至った際、かならずやその無企画、無謀さを咎められるに違いない。実のところ第一部のみは、一九二六年（昭和元年）にゲオルク・シュールハンメル師により、ドイツ語訳をもって刊行されているので、それをテキストとする重訳が試みられてきた。一九三二年に日本評論社から出版されたその訳書は半ばで放棄され、ついで一九六三年から平凡社の「東洋文庫」に収められて二度目の重訳本が、原著にはない「キリシタン伝来のころ」という副題をもって刊行されつつある。吾人は当然、原典のポルトガル語テキストから邦訳されるべきことを確信し、第一部より改めて訳していたが、遅々として作業は捗らず、第三部まで完遂できるかどうかに多大の不安を覚えるに至った。もしこれが中断した場合、読者諸氏は同じ第一部の邦訳本を二種も三種も架蔵された上に、なおも他日、別人による完訳を待たねばならぬことになる。これは想像するだに堪え難いことである。ここにおいて吾人は心ならずも第一部、第二部、第三部と順次に刊行することを断念し、より確実にして現実的な手段を講ずることにした。すなわち、重訳とは言え、すでに第一部の邦訳が刊行されていることであるから、最初には、第二部と第三部からわが史学界と読書界においてもっとも訳出が要望されている部分を「豊臣秀吉篇」全二巻としてここに刊行する。それについでは「秀吉篇」との関係から、(秀吉関係の章以外の)五畿内関係の章を三巻にまとめる。それ以下は「日本史」のうち約七十数章という大量を占める豊後大友氏関係となり、「西九州篇」がこれに続くことになろう。それらの各章はいささかも省略なく訳載されるので、本事業が続行するものならば、将来、全訳が成就されるはずである。先例もあることとなれば、吾人は言々句々稿を練り、訳刊した個々の章が後年またしても改訳の必要を生ぜしめざるよう最善の努力を惜しまぬ所存である。以上の刊行方式は、原著者の意図に反することであり、満足しかねるものがあるが、従来の邦訳の経過、ならびに訳者両人の能力や環境に思い及べば、次善の策をとる外はないのである。願わくばこれを寛恕されんことを。

訳文については、はなはだ苦慮したことを告白せざるを得ない。すでに訳者両人が「中公新書」において部分的に刊行した箇所（『回想の織田信長』、および『秀吉と文禄の役』）に対する御批判の中には、文章が難解であるというのがもっとも多いように思われた。私たちとしては、それを簡潔にして平易な文章に変えることは、きわめて容易な業であると言いたいが、それでは原著者フロイスに礼を失することになるし、その文体の面影を損なうことになりかねず、さりとて直訳したのでは日本語として意味が通じ難く、誤解される恐れがはなはだ多い。フロイスの文章は、往昔、上長である巡察師ヴァリニャーノがすでに指摘したように「冗漫であり」過ぎ、同じ意味の単語や文章が続出し、ひどくまわりくどい表現がある。その一方では矛盾するようであるが、語句を省略している場合が非常に多く、日本文として読み、かつ理解し易くするためには、目障りなことであるが、私たちがあえて多くの補足語を加えねばならないし、表現をある程度改めることも余儀ない次第である。もとよりそれらは例外であり、爾余は原文に忠実ならんと心がけた。

フロイスは自らの大著「日本史」が出版されることを切に願いながら、その刊本をただの一冊とて手にとることなく他界した。マカオから彼がイエズス会の総長に宛てて出した書簡の一節は、厖大な原稿の前に佇んで、刊行されそうにもない運命をかこつ心境が如実に示されており、吾人は幾度かその箇所を読んで目頭の熱くなる思いがする。そしてそのたびに彼の果せなかった悲願を四世紀を閲してではあるが、彼が愛したここ日本の地において成就せしめ、その霊を慰めたいと思う。フロイスの「日本史」が十六世紀の末に西欧で刊行されなかった最大の理由は、あまりにも厖大であり過ぎたためであった。もしも本訳書が吾人の手で完遂できない事態に至るならば、その理由もまた、本書が浩瀚であり過ぎたためと言い得るのではあるまいか。しかし私どもは微力を傾ける所存であるし、万一のことあるも、かならずや本訳注を継承し達成してくださる後輩の出現を確信してやまぬ。

本訳注書を執筆刊行するにあたっては、幾多の先学、知友から御教示や恩恵に与かった。ここに我ら両名、謹んで各位に対し深甚の謝意を表します。とりわけ、吾人が奉職する京都外国語大学の前総長・理事長、故森田一郎先生は、御生前、本訳注に深い御理解を示され多大の御援助を賜わり、森田嘉一館長（現総長）をはじめ、同大学付属図書館の館員諸兄は絶大なる御協力を惜しまれず、吾人は厚き感謝の念禁じ得ぬものがある。また遠藤周作氏は早くよりフロイス著「日本史」に格別の関心をもたれて本訳注の刊行をつねに御激励下され、中央公論社の諸兄は並々ならぬ御苦心を重ねて下さった。今後本訳注はかなり長く継続するはずであり、倍旧の御配慮を賜わらんことを、首巻刊行にあたり懇願申し上げる次第である。

昭和五十二年七月八日

松田毅一
川崎桃太

文庫本の刊行に当たって

フロイス「日本史」の日本語版（全十二巻）が初めて世に出たのは昭和五十二年（一九七七）十月のことであった。同書はその後「菊池寛賞」と「毎日出版文化賞」を相次いで受賞し、その記念版ともいうべき普及本が出版されてからすでに二十年の歳月が過ぎた。この間「日本史」の記述は広く知られるようになり、多くの歴史関係書の中に引用されているのを見ることができる。

しかるに肝心の普及本も含めてすでに品切れとなって久しい。こうした折に、このたび同書が文庫本として刊行され、再び世に出るようになったのはなによりも喜ばしいことである。このことを今は亡き松田毅一先生にまずもって報告申し上げたい。先生はこの日の来ることをどんなにか期待しておられたからである。

さて本書の刊行に当たっては、より手にとりやすい形にするという観点から、いくつかの箇所を割愛したことを申し上げておかねばならない。まず史学研究者にとって大いに関心のある「訳注」のほとんど全部を割愛した。

次に、これまで多すぎて目障りになるとの指摘のあった（　）の使用は必要最小限にとどめることにした。本来、文脈の流れをスムースにするための補足語であって、原文にはないものであるが、敢えて多用した経緯がある。本書では補足語の大部分をそのまま括弧なしで用いることにした。

もとより原書は一五四九年から一五九三年までの編年史となっているが、昭和五十二年から刊行した全集（完結は五十五年十月）ではこうした編年史体はとらず、「豊臣秀吉篇」「五畿内篇」「豊後篇」「西九州篇」とした分け方をとったが、本書では年代を考慮し、織田信長が登場する「五畿内篇」を先行させることにした。

また、篇タイトルも、内容をより端的に理解してもらうため「織田信長篇」「豊臣秀吉篇」「大友宗麟篇」「大村純忠・有馬晴信篇」と改めた。その上で、内容に則して各巻にタイトルを付した。これらの措置は全てより多くの読者に親しんでいただくためのものである。

いずれにせよ本書に述べられていることは、西洋の知識人による十六世紀の日本と日本人に関する赤裸々な証言である点を視野に入れて読んでいただければ幸いである。本書は五十二年版と内容的に必ずしも一致しない箇所のあることを申し添えておきたい。このたび文庫本となるに際し可能な限り再度原書と照合した結果、前回の作業中見落としていた誤訳のあったことによるものである点をお詫しご了承いただきたい。

最後に本書の刊行に際しては、多大のご尽力をいただいた平林敏男部長および瀧山明宏副部長に心から謝意を表したい。

平成十一年十月

川崎桃太

完訳フロイス日本史1　織田信長篇Ⅰ

目次

解題 319

図版監修　山本純美

凡　例

1　本書のテキストは、ポルトガル国アジュダ図書館の Cod. 49-IV-54. Cod. 49-IV-57. 同国、海外史文書館 Arquivo Histórico Ultramarino の Cod. 1659. リスボン国立図書館 Cod. 11098 の「マカオ司教区史資料集」に転写された「日本史」の該当部分である。

2　原文の“Tono”“Yacata”“Cunixu”は、「殿」「屋形（館）」「国衆」の文字を当てるのには問題はないが、頻繁に出てくる“Senhor”“Fidalgo”“Princípe”の訳語には苦慮せざるを得ない。本書においてはかならずしも統一しておらず、その箇所になるべくふさわしい訳語とした。“Fidalgo”に「武士」を当てることも考えたが、武士でない者をも含めている場合があるので、ほとんどは「貴人」とした。時に「大身」の訳語があるが、『大和記』に「大身衆」とあるように、当時の名称である。

3　“Padre”の訳語には、司祭、もしくは伴天連を当てた。古くは「伴天連」（『信長公記』）、「はてんれん」（『御湯殿上の日記』）、「ハテレン」（『当代記』）などと記されているので、テキストのうちで日本人が“Padre”と呼ぶような箇所においては「伴天連」を用い、その他は司祭とした。ただし、人名が伴う場合は「師」も付した。大友宗麟や徳川家康らが「国王」と記されていることについては、彼らを「国王」と記すことはおよそ日本風ではないので、違和感を多少やわらげるために「国主」とし、豊臣秀吉の妻、杉原氏おね、北政所《きたのまんどころ》が「女王」と記されているところも同様の理由から「羽柴夫人」または「関白夫人」に代えた。また京都の「副王」とあるのを「奉行」または「所司代」とした。

4 片仮名のルビは、原語がローマ字表記の日本語か欧語を示す場合に用い、平仮名のルビは日本語の難読語に付した。

5 カッコについて、ポルトガル語原文では原著者の補足文は（ ）となっているが、訳者の判断で〔 〕を原著者、（ ）を訳者の補足文に当てた。

6 暦日の冒頭に付した「洋」は洋暦、「邦」は邦暦を指す。

7 外国名を記すにあたっては、なるべく原音に近くしたが、「ザビエル」「スペイン」「リスボン」のようにすでに日本で慣用されているものは、それに従った。またスペイン語では“va”は“ba”と同音であるが、元の綴りが判るようにあえて「ヴァ」とした。日本人キリスト教徒の教名は、原則的には長音記号を省き、「マリア」「ロレンソ」などとしたが、ポルトガル語で「アゴスティーニュ」「ジョアキン」とある日本人の教名は、それぞれ「アゴスチイノ」「ジョウチン」というように往昔日本人が用いた呼称をもってした。

8 原文で行替えがなくても、長く区切りがない場合には、適当なところで区切った。しかし、原文で行替えが続いている場合には元のままにした。

完訳フロイス日本史1　織田信長篇Ⅰ

将軍義輝の最期および自由都市堺

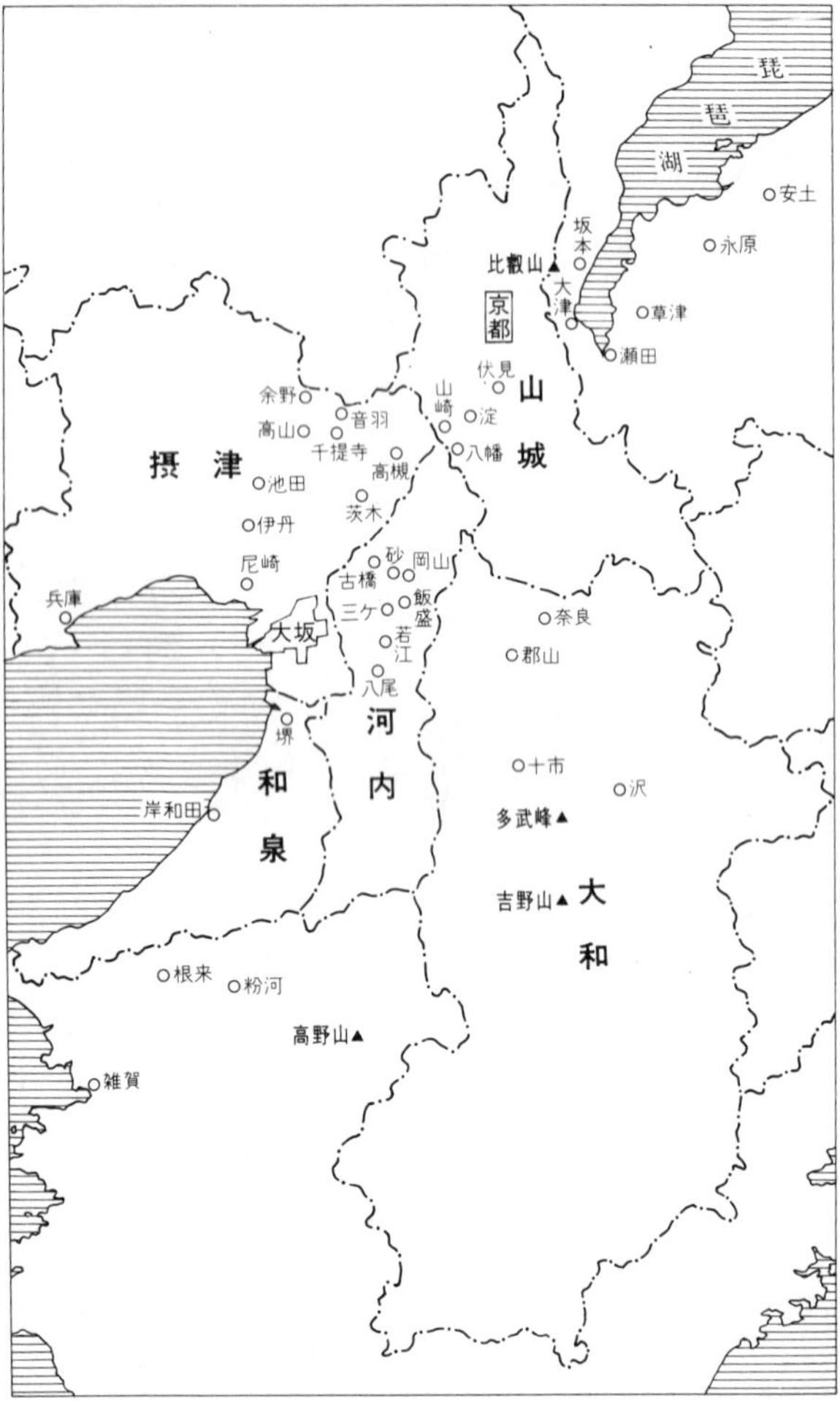

琵
琶
湖
安土
坂本
永原
比叡山
大津
京都
草津
瀬田
伏見
山城
余野
山崎
淀
音羽
高山
千提寺
八幡
摂津
高槻
池田
茨木
伊丹
砂
岡山
尼崎
古橋
兵庫
飯盛
三ケ
奈良
大坂
若江
郡山
八尾
河内
堺
十市
和泉
沢
岸和田
多武峰
吉野山
大和
根来
粉河
高野山
雑賀

第一章（第一部四章）

メストレ・フランシスコ師が山口より都に至り、さらに同所から平戸へ帰った次第、および彼がコスメ・デ・トルレス師を伴い、再度山口に赴いた次第

司祭ザビエルたちが薩摩にいた時に、人々は我らの同僚たちが公然と肉や魚を食べるのを見て苦情を言った〔というのは、仏僧たちは、肉や魚を食べるのは大罪であると説いていたからである。しかし実際には彼らの大部分は密かにそれを食べているのである〕。そして司祭らが、肉を食べるのは罪悪ではないことを明白な根拠を挙げて説明しても、日本人たちは容易に満足しなかった。そこでメストレ・フランシスコ師は、旅行中に昼食や夜食が供された時に、我らの主なるデウスが人間のために創り給うたものを食することは差支えがないと宿の人々に説明し、肉食はデウスを冒瀆することにはならぬということを周囲の人々に理解させるために、肉や魚を少しだけ食べた。ただし平素はそれを食べなかったが、彼らにとって、そうすることが少なからぬ苦行であったことは疑いない。なぜならば、厳寒、降雪の折、終日歩行して宿に着き、食膳に供されるものは、水だけで炊いた少

量の米と、煮たり焼いたりしたわずかばかりの塩漬けの魚と、ひどく味つけが悪く、そのうえ悪臭さえある一杯の野菜汁だけであったからである。ところでザビエルは魚を食べずに残し、ただその汁だけでわずかばかりの米を食べたが、それ以外にはなんの食物もなかった。

一行が平戸から山口へ道をたどる間に、三人の日本人がキリシタンになったが、その一人はすでに年老いた貴人であり、他の一人はその妻ともども改宗した。

メストレ・フランシスコ師には、その聖なる、そして確乎たる決心を実現するためには山口から都への旅を続けることが必要だと思われた。そして一五五〇年の末、降誕祭の八日前に、それまで見たことも知りもしなかった旅路についた。幾度か積雪がはなはだしく、時には膝を没するばかりであり、あるいはそれ以上に達することがあった。一行はある時、雪で難渋している男に会ったが、彼は「あなた方は天竺《テンジク》〔すなわち天の殿堂〕から来たのなら、なぜ天上で、こんなに雪を降らさぬようにせよと申してくれぬのか」と言った。夜間は寒気がことにひどく、身を刺すようであり、彼らはわずかしか衣類を持ち合わせていなかったので、メストレ・フランシスコ師は時々家の床に敷かれている畳《タタミ》をひっ被ることがあったが、それでもまだ温まることができなかった。彼らは氷のように冷たい川を渡ったが、ある川では膝まで没し、別の川ではほとんど腰までつかった。こうして司祭はある港で乗船するまで徒歩で進み、そこから堺に赴いた。

この船の中で司祭は昼夜甲板で若い商人たちの傍に坐っていたが、彼らは司祭と語る際、丁寧な言葉遣いで彼と応対していた。だが司祭が一度、そこにいた人たちのうちの一人の席に横たわったところ、その異教徒はそれをひどく憤り、司祭を厳しく罵倒し叱責し始めた。しかし司祭は彼に一言も答えず、かえって憂いに沈んだ表情で彼を眺めながら、大いにそれを我慢していた。

船中の別の若者は、幾度か退屈のあまり司祭を罵倒し、ある時は黒人に対するように話し、ある時は理性のない動物に対するような口のきき方をした。ある時、司祭は不満げな面持ちで彼に対し、なぜあなたは私にそのように言うのか、自分はあなたを非常に愛し、あなたに救いの道を教えたいと願っていることを判ってもらいたい、と言った。だがそのような言葉は相手にほとんどなんの感銘も与えはしなかった。

途次、一行が立ち寄ったある港で、一人の身分の高い男は、司祭が天竺《テンジク》から来た者であることを聞いた。そして彼は司祭が異国人で貧しい様子であるのを見て同情し、結婚して堺に住んでいる友人に宛てた書状を彼に与え、その中で、誰か都《ミヤコ》へ行く人があれば彼を伴わせてほしいと依頼した。この依頼された人は、一行を自分の家に泊らせ、一人の身分の高い貴人がちょうど都《ミヤコ》へ赴こうとしているのを聞くと、彼らをその人のところへ連れて行った。それは彼らが彼の伴侶となって旅行し、そうすることで道中での多くの通行税や盗賊から煩わされないようにするためであった。その貴人は小姓や馬丁たちを従えて駕籠に乗って旅をし、メストレ・フランシスコ師は、シャム帽を頭に結びつけ、かつてどこでも見せたことがないような深い喜びを示しながら、一行の間を駆けて行った。積雪は非常に深かった。かくて司祭は堺と都の間の十八里を駆け足で進んだのであった。

司祭は、全日本の首府であるその都の市《まち》に着いて、その地は自らの目的を遂げるのに必要と思われる状態にはないことを見出した。すなわち、すべては戦乱で様相を変えており、公方様《クボウサマ》（足利義輝）は数人の重臣を伴って郊外に逃れていた。そこで司祭は、自分をもてなしてくれることになっていた宿主に一通の紹介状を手渡したところ、その人はさっそく翌日、司祭に一人の従者を伴わせて、そこから十八ないし二十里距たったところに住んでいる婿の家へ彼を遣わした。

その道中では、若者たちや出会った賤しい民衆が一行に向かって叫んだり、爆笑し誹謗したりした。また子供たちは街路に走り出て、同じことをし、一行を嘲り笑った。

司祭は紹介先の人物の家には滞在せず、都に戻って来て、全日本の最高の国王である（天）皇《オウ》を訪問できはしまいかと試みた。当時、皇はなんらの華麗さも威儀もなく古い宮殿の中に引き籠って住んでいた。だが司祭は貧しい装いであったので、天皇を訪問する際に必要な贈物を携えているかどうかと訊ねられた。司祭は、持ってはいるが、それを平戸に残して来た。しかし皇に拝謁できるならば、贈呈するためにそこから取り寄せよう、と答えた。

だが結局、なんともならなかった。そこで司祭は、当時日本中で最大の君主は、人々が語っているとおり、既述の山口の国主（大内義隆）であることを看取し、ただちに帰路につくことを決意した。すなわち、その地はまだデウスの種を蒔くべき状態にはなかったのである。それゆえ彼はわずか十一日しか、かの都の市《まち》には留まらないで、堺へ戻った。

すでに司祭は、平戸から山口へ、そしてそこから都への旅の当初において、悪路における難行やあらゆる利便の欠如といったことで極度の辛酸を嘗めていたが、帰路にあたって、彼はなおいっそうの困苦に際会した。すなわち、折しも二月であり、寒気、雪、氷、風は最悪の季節であり、しかも一行にはなんら身を寄せるところも援助も期待できなかった。司祭は自分の金で幾ばくかの乾した果物を手に入れ、宿から携えて懐や袖口に入れていた。彼は街路で子供たちが遊んでいるのを見受けると、それらを彼らに配り与え、そして彼らを祝福した。また同じように、道中で男や女たちから、自らの病気のため、あるいは彼らの病気の子供らのために薬を乞われると、彼は福音書の一句を彼らに書いてやり、頸にこれを懸けるがよい、病が癒えるだろう、と言った。

メストレ・フランシスコ師は、このような長旅や困苦を重ね、四ヵ月を過した後に平戸に帰ったが、その間、彼はつねに歩み続けたのであり、裸足であったことも幾度かあった。

司祭たちが平戸で同僚と再会した時、彼らが味わった慰安のほどはいとも大きかった。

メストレ・フランシスコ師が、都への巡歴を行なっていた期間、コスメ・デ・トルレス師は無為に過していたのではなく、彼は自分の宿主の谷口トメを、その妻子や召使いとともにキリシタンにするために働いていた。そしてその後、トルレスは、谷口トメの父、および数人の親族、また生月《イキツキ》のジョアン――トメという後の我がイエズス会の修道士の父にあたる――およびその父と祖父に洗礼を授けた。この祖父は、日本の宗教に通じており、平戸においてキリシタン宗門の完全さと善さについて徹底的に研究した最初の学識者であった。このようにして多くの他の人々が受洗したが、その中には籠手田殿《コテダドン》ドン・アントニオの父ドン・ゼロニモもおり、メストレ・フランシスコ師は、それを非常に喜んだ。

ザビエルは、山口および大内殿の支配下にあるすべての諸国で大きい成果が得られたことを認めたので、ただちにコスメ・デ・トルレス師、ジョアン・フェルナンデス修道士、および家で仕えていた二人の召使いを伴って、その地へ引き返す決心をし、少なからず別離を悲しむ平戸のキリシタンたちに涙ながらに別れを告げた。その一方、彼は彼らに、インドから一同の世話をし、キリシタンの数をふやすために働く宣教師を派遣するように取り計らおうと言って希望を抱かせた。

本章に記載したことは、ずっと後年になって、ジョアン・フェルナンデス修道士の没後に見出された幾つかの書類から逐語的に採用したものであり、同様のことを、彼は（私、フロイスに）横瀬浦や平戸の島（度島）での談話の際に伝えてくれたのであった。

第二章（第一部一三章）

パウロとベルナベなる二人の著名な仏僧の改宗について、またコスメ・デ・トルレス師がロレンソ修道士にベルナベを伴わせ比叡山《ヒエノヤマ》の大学へ派遣した次第

コスメ・デ・トルレス師は、一方では、当時山口に蒔かれたキリシタンの種子を生長させようという考えが戦乱のために妨害されるのを憂慮しながら、他方ではデウスの教えを都《ミヤコ》の地方に弘め始める方法が見つからないかどうか試みることの重要さを認めていた。というのは、都地方こそは、日本の宗教の源泉であり最高の政庁の所在地であったからである。彼がこのことで決意する二年前に、大和の国のはなはだ著名な多武峰《トウノミネ》という寺院から二人の僧侶が山口の町へ彼を訪ねて来た。その一人はキョゼン（Quiogen）、他はセンヨウ（Xenyô）と称した。彼らは非常に賢明、かついとも有能な人物で、そのうちの一人は日本の諸宗教に通暁しており、優れた医師でもあった。彼らは詳細にキリシタンの教理について説教を聴いた。それから数日にわたって彼らは疑問を述べ、それに対して与えられる答弁を熱心に求めたが、その質疑応答は、いとも活気があり、節度と礼儀が保たれたも

のであったので、傾聴していた一同は驚嘆した。そして両人は完全に理解した後、ついにキリシタンになるに至った。二人のうちでより教養があり、万事において進歩していた仏僧は、パウロと名づけられたが、彼はその後、徳行において稀にみる優れた人材となった。もう一人の仏僧には、ベルナベの教名が授けられた。ところで司祭や修道士の生活は貧しかったので、彼らは同居しながらも司祭からは扶養されることを望まず、両人とも非常に有能であったから自分の手で働きながら生活した。そして彼らはその模範的な日常と所作とによって他のすべてのキリシタンたちを教化するところ多大であったが、とりわけパウロは模範的で、大いに黙想にいそしみ、贖罪と苦行に精励した。

当時、日本人修道士ロレンソは、すでに修道院に受け入れられていた。彼が司祭に対し、肥前の国に赴いて自分の父母をキリシタンにする許可を願い出た際、司祭はそれを許しはしたが、徒歩で行くようにした。道中はすべて異教徒の土地であったから、途次布施を乞いながら旅することはほとんど盲目であった彼にとって容易なことではなかった。彼が豊後に着くと、バルタザール・ガーゴ師は、ロレンソがコスメ・デ・トルレス師からの書簡を携えていたので、平素説教を聞くために司祭館に来る異教徒たちに説教をさせるためにロレンソをそこに引き留めた。そのためにロレンソ修道士の肥前への旅行は当時実現の運びに至らなかった。しかし彼は数年後、別の機会にそこに赴き、教えを説いて父母をキリシタンにした。

コスメ・デ・トルレス師は山口からまたしても彼をその地へ召喚した。一年を経て、司祭はかねてからの計画をまず我らの主なるデウスに計り、心から主の執成しを乞うた後、それをパウロとも相談した。そして彼はロレンソ修道士を、当時日本全国でもっとも主要であり、かつもっとも著名な大学であった比叡山《ヒエノヤマ》へ派遣することを決意した。ところでパウロは稀有の才能の持主であり、著名な医師でもあったから、五畿内《ゴキナイ》、すなわち都の近隣諸国、ならびに比叡山で非常によく知られていた。そこで彼は、道中のため、またかの地方の数名の仏僧に宛てて幾通かの書状をしたためてロレンソ修道士に渡した。ロレンソに同行してベルナベという教名のパウロの同僚が派遣されることに決り、両人はいかにも福音伝道の旅にふさわしく、自分の着物とパウロからもらった書状のほかはなにも携えて行かなかった。

彼らは備後《ビンゴ》の国に着き、パウロの一通の書状を彼の知己でシンスケ殿なる人望ある人に渡したところ、その人は両人を優遇してくれた。彼らはそこから堺まで舟行せねばならなかったが、船賃に当てる金がまったくなかったので、ロレンソ修道士は着ていた帷子《カタビラ》一枚と帯を脱ぎ、船賃を支払うために誰かそのわずかの持物を買ってくれる人が見つかるまで街路をたどらねばならなかった。

彼らはその同じところで木梨殿《キナシドノ》という、かつて山口のある武士に仕えていた人に街頭で出会った。彼は彼らを客遇するかのように振舞いながら少し距たった通りに連れて行き、修道士を捕え、ひどく罵倒したり殴打した上、彼が身につけていたわずかばかりの貧素な持物を奪い取った。その男は彼を裸にして置きざりにすることでは満足せず、刀を抜いて彼の喉につきつけて首を切ろうとした。だが修道士は彼になんら抵抗しなかった。そしてただ両手を天に挙げ、主なるデウスに対し、自分が功徳を得る機会を賜わった恩寵を感謝するばかりであった。ベルナベは強盗の断乎たる態度を見ると、この事件を知らせるため宿主のシンスケ殿の許に急行した。シンスケ殿は大急ぎでそこへ馳せつけた。ところで強盗は彼を尊敬していたので、修道士に衣類と書状、および彼が旅をするために所持していたほんのわずかの金子を返すのを余儀なくされた。このことがあった後、シンスケは彼らが旅を続けるについてよく世話したので、両人は難なく堺に到着することができた。

二人は堺から多武峰の僧院への道をたどった。多武峰はかつてパウロとベルナベが仏僧として住んでいたところである。彼らは同所には長く留まらないで、同じ大和の国の桃尾《モモノオ》という別のところへ行った。その人里離れたところには、学識と善行で非常に名声を博している一人の異教徒の老隠遁者がいた。彼はその地の外れに美しく設備が整った草庵を持っていた。ロレンソ修道士はこの人に宛ててもパウロの書状を携えて来ていた。彼はたいへん威厳がある謹厳な老人であった。彼はその書状を受け取ると、二人には一言も応答せず、書状を読みもしないで席から身を起し、水を火で温め、ほかには誰もいなかったので、彼は跪いて二人の足を洗い、それから彼らのために少量の米でつくった酒を探しに出て行った。というのは、日本にはその種以外の酒はないからである。そして米飯と野菜《アルファーセ》で二人をもてなした。この食事が済んだ後、彼はパウロの書状を読み、微笑みながら次のように言った。「あれほど学識ある人が、我々の宗教以外に別の正しい宗教があると書いて寄こしたことには驚き入る。私は唯一つ禅宗を除いて、ほかに正しい宗教は存在しないことを承知しているのだが、ともかくパウロの書状にそう書いてあることだから御身らの言うことを承ろう」と。そこで修道士は特に彼のために夜を徹して明け方まで説教し、彼の質問に答えた。ソウリンと称するこの隠遁者は、その夜数時間傾聴した後に、修道士に向かって次のように言った。「私は十六歳で信仰の道に入り、四十年以上もの間、片手で食事の仕度をし、もう一方の手では、現世の後で人は無に帰するという禅宗の教えを書いて来た。ところが御身らは私に霊魂は不滅で、世界の創造者、人類の救い主が存在すると確言なさる。私が御身らから伺うことは私にとっていとも新奇であるが、私は今まで執筆して来た書き物を全部焼いてしまおうと固く決心した。だが私が突然にそういうことをすれば、人々は悪魔が私に入りこんだというに決っているから、時期を延ばし、順次一つずつ焼くことにしよう」と。そして彼がそうすることで救われようかとたずねた時に、修道士は、デウスのことをもっと詳しく徹底的に聴いて、聖なる洗礼を受けられるよう致さねばならぬ。だが自分たちは大急ぎで出発せねばならぬから、これ以上あなたのところに滞在する時間がない、と返答した。ところで修道士がその隠遁者ソウリンの許をそんなに早く辞去したのは、一方また、彼が同国で人々から受ける名望とか人々の評判といったことに没頭していたので、彼が救いを得るためには心の準備をするために多くの日数をかけねばならないと認められたからであった。

ロレンソ修道士は、桃尾から比叡山に向かって旅立った。既述のように比叡山は日本の最高の大学であったのみならず、都《ミヤコ》の政治に関して絶対的支配権を持っており、同所にはおびただしい寺院があり、非常に尊敬され、かつ学問と信心によって高名な仏僧たちも少なくなく、古来、つねに歴代の国王から深く敬われて来た。そして日本で流布している既存の宗教以外の教えを都の市街で弘めることは、比叡山の允許と承認なくしては絶対にできないことであった。それゆえこのたびロレンソ修道士は、全日本で著名であり権威がある比叡山の二僧のいずれかのところへ罷り出ることができるかどうか試みに派遣されたのであった。その二僧のうち年上の方は心海《シンカイ》と言い、当時八十三歳であり、もう一人の弟子にあたる大泉坊《ダイゼンボウ》は七十歳を数えた。修道士が比叡山に着いた時に大泉坊は病床にあった。だが彼は修道士が、パウロの書状を携えていることと、天竺《テンジク》の伴天連の弟子であることを聞くと、パウロがキリシタンになったことも、ましてやデウスの教えについてはなにも知らずに修道士を居間に招き入れさせた。修道士は彼に、コスメ・デ・トルレス師から託された使命を伝え、書状を渡したが、その書状には、比叡山の允許と承認を得て、自分の同僚の司祭を都へ派遣し、この偉大な国民に、創造主、ならびに至聖なる教えについて知識を授けたいとのトルレスの熱望が述べられていた。大泉坊には、そのことが理解できず、彼は修道士に、自分の師である心海上人を訪ねて行かれるがよい。彼は比叡山では座主《ザス》――(ローマ)教皇にあたる――に次ぐ地位にあって、ここではもっとも著名な方だ、と言った。

ロレンソ修道士は非常に貧しくみすぼらしい姿でそこに赴いていたから、高位、権勢の座にある心海上人と対談することには少なからぬ支障があった。だが修道士は弁舌さわやかであり、このような仕事にはなはだ長じていたので、彼の許に罷り出ることに成功し、さっそく彼にデウスのことについて非常に巧みに仕組まれていた説話を行ない、いとも熱心に自分が比叡山に派遣された目的をなし遂げた。心海上人は大いに敬われ、かつ権威ある人であったが、また一方、天性慇懃で、言葉は鄭重であり、すでに高齢のために聴覚の大部分を失ってしまってはいたが、人々が語るのに喜んで接し、修道士が話すことにも長い間、じっと耳を傾けた。そして修道士が談話を終えると心海上人は次のように言った。「汝は我々の宗旨の古典に二つの教法があることを御承知に違いない。その一は、権大乗と言い、言語に基づく大法で、他は、実大乗と言い、真理に基

荒法師

づく大法である。ところで御身の発言から推察するところ、御身が弘めようとしている教えは第二のもの、すなわち真理に基づくものと思われる。だがこの際に困ったことがある。というのは、拙僧が、いとも遠くから渡って来られた伴天連に対し、会いたいので来訪されるようにと当地から言い送ることは御無礼になろうし、他方、拙僧は年老い高齢なので、彼のところへ出向くこともできかねるからである。それに拙僧はすでに高齢のために大学を去って隠居していることだから、拙僧の一存のみで御身らの要望を叶えることはできぬと思う。そして拙僧は耳も遠いので、御身は引き返し、拙僧の弟子の大泉坊のところへ報告をもたらされるがよいだろう。御身は大泉坊の返答を携えて戻られれば、より満足なさろう」。こう言った後、彼は修道士のために饗応させ、慈愛深く別れを告げた。

修道士はふたたび大泉坊のところに引き返し、彼に対し、「御迷惑でしょうが、せめてしばらくの間、心を落ち着けて私の申すことを傾聴していただきたい。あなたとこの件で交渉したいばかりに、はるばるやって来たことですから」と頼んだ。すると大泉坊ははなはだ注意深く彼の言うことを聞いた後に、こう言った。「心海上人は耳が遠いので、御身らが述べたことがよく判らなかった。実際御身らの教えはまったく異なったものであり、日本で弘まっているどの宗教とも別のものである。だが見受けるところ結構な教えであり、理にかなっているようだ」と。そこで修道士は彼に言った。「私が相談に参っているのは、当地へ司祭が来ることに御同意いただけるかどうか伺うためなのです。すなわち、私たちの教えをまず日本の諸宗教の源泉ともいうべきこの大学の学者であられる御身らの間に弘めることは、御身らの允許や権威を無視して田舎に弘めるよりもはるかに良いからであります」と。だが大泉坊は元来デウスの光を浴びぬばかりか、偶像崇拝に耽溺して齢を重ねた人であったから、巧みに修道士の言を避ける方法を講じて次のように言った。「もし伴天連が来れば、一般民衆は、古来の日本の宗教を妨害するために妖怪か狐《ラポザ》が新たに化けて出たと言うだろう。それゆえ、御身らが目的を遂げようと思うのならば、この大学には、西楽院《サイラクイン》と称する仏僧がいることを知らねばなるまい。彼は当大学を支配する最高僧の一人である。彼は当地に来る前にはまず山口にいて、その地の国主（大内義長）と面識があり、また親しい間柄である。それゆえ御身は、この仏僧に宛てた同国主からの信任状を貰い受けるがよく、それを携えればその信任状の権威によって御身は自由に都に入ることができよう」と。ただそれだけ述べて、彼は話に決着をつけることなく、修道士を比叡山から退去せしめた。修道士が豊後に戻ると、そこにはすでにコスメ・デ・トルレス師が山口から追われて来ていた。修道士は司祭ならびに府内に住んでいた他の同僚たちから大いに喜んで迎えられた。そして司祭は都で布教を開始したいと願っていたので、上記大泉坊なる僧侶の返答に接した後、山口の国主から指示された信任状をもらうためにロレンソ修道士をさっそくまた山口に派遣した。修道士は司祭の希望どおりに信任状を入手し、それを携えて豊後に帰って来た。

第三章（第一部二二章）

コスメ・デ・トルレス師がガスパル・ヴィレラ師と日本人修道士ロレンソおよびダミアンの三名を、都に入らせるために、比叡山に派遣した次第

一五五九年にコスメ・デ・トルレス師は改めて都地方の布教に力を入れようと決心した。それは非常に重大なことであったので、そのためにミサを捧げ、特別な祈願をこめた後、ガスパル・ヴィレラ師がその任に選ばれた。というのは彼は有為の人材であり、この布教に必要な素質を具えていたからである。すなわち彼は元来試練の重荷に堪えるだけの健体で、日本人に好まれる容貌でもあり、当時すでにかなり日本語を話したり、少々ではあるが日本語で書くこともでき、さらになによりも異教徒の教化に大いなる熱意を抱き、デウスの栄光と霊魂の幸福のためにはひどい苦難をも忍ぼうと切に望んでおり、交際においても挙措においても日本人にははなはだ好まれていたからである。彼は当時三十五歳前後であった。そこで彼は一五五九年九月五日、悪魔が大いに勝利を博し、その諸宗派と偶像崇拝の真只中で敬われている未知の諸国、諸地方へ新たなそして不馴れな遍歴の旅に出かけ

た。その際に彼は、先にかの地から戻って来たロレンソ修道士と、当時はまだ同宿《ドウジク》であったダミアンを伴侶とした。彼らはかの地域を調査することだけが目的であったから、ミサの道具は携えなかった。そしてよりいっそう差障りなくかの異教徒の領域を遍歴できるようにと、一同は国の風習に従って髭と頭髪を剃り、巡礼行にふさわしく貧素な着物《キモンイス》をまとった。

　彼らは府内の司祭館に別れを告げた後、その町から半里足らずの沖の浜の港で乗船した。そこから七里距たった守江という港に航し、ここで潮流を待っている間にひどい天候となった。そこで異教徒の乗客たちは、彼らの間で布施を集め、その地にあった神社の巫子に差し出して、神《カミ》が自分たちに良い天気を授けてくれるよう祈ってほしいと願うことにした。彼らは司祭も同じ考えだと思っていたので、神《カミ》への寄進として割当分を乞うた。司祭はそれに答え、自分は天地の創造主に仕える者であり、天候も全人類の生命もその御方の力のうちにある。したがって悪魔が考案した神々《カミス》などに寄進することはできない。その代り、船の水夫たちに馳走するためなら寄付しよう、と言った。この返答を聞くと、一同は激昂し、彼が全然寄進しようとしないのなら、この船で同行させるわけにはいかぬ。陸に置去りにしよう、と繰り返して言った。司祭は彼らに向かって、あらためて謙虚にそのわけを話し、自分は外国人であり、皆さんは自然のこととして、また人間的な同情から親切に扱って下さってしかるべきではありますまいか、と言った。だが彼は皆を十分納得させるには至らなかった。そして最後には彼らは、多くの人たちの意向に反してではあるが司祭を同行させることにした。

彼らは同所から安芸《アキ》の国に向けて出帆し、宮島というところに着いた。そこには日本全国でもっとも著名な神社の一つである厳島の大明神《イックシマノダイミョウジン》がある。司祭は二人の同伴者とともにそれを見物に赴いた。彼らがこの神社の五十ブラサの長さがある縁側もしくは廻廊へ来た時に、巫子《ミコ》と呼ばれるその神《カミ》の女妖術師がいた。彼女は一人の小さい男の子を伴っていた。この男子は、けだし悪魔の教唆と説得によるのであろうが、かつて一度も伴天連を見たこともなく、人がその名を呼ぶのを聞いたこともない幼児であったにもかかわらず、大声で「天竺人《テンジクジン》、天竺人《テンジクジン》」と叫び出した。ある日本人たちは我々のことをそのように呼ぶのであり、「シャムから来た人、シャムから来た人」という意味である。彼らによれば、シャムは、その偽りの神々である釈迦、阿弥陀、その他の仏たちの出身国である。

当安芸国には、フェリペという教名の、すでに老齢に達したただ一人のキリシタンがいた。彼は、今は聖なる追憶の中にあるメストレ・フランシスコ・ザビエルがかつて山口で洗礼を授けた最初の人々の一人であり、国主大内義隆が殺され、その町が破壊された後、妻とともにここに移って来たのであった。彼がこうして司祭に見《まみ》えるを得た満悦は尋常ではなく、妻ともども涙を禁じ得なかった。そして彼らはきわめて貧乏であったが、司祭とその二人の伴侶を自分の貧しい小屋に伴い、持てるもので饗応した。司祭は同夜は彼らのもとに留まり、デウスのことどもを語らい、かつ彼らが良き死の準備をするには、どのように生活すべきかを話して、その夜を過した。

フェリペはその折、司祭に次のような話をした。すなわち、自分が当地に来た初めの幾年かは、悪魔から非常に煩わされ苦しめられもした。地震とか火事とか、夜分耳にする騒動等は、とてもひどいもので、実際にあの神社も炎上し、山も家屋も崩壊するやに思われるほどであった。その際、私たち老夫婦二人は、ロザリオで祈り始め、幾度も幾度も十字架の印しをしたのだが、朝になると、国内にはなんらの動乱の跡も見受けられなかった、と。

ヴィレラ師たちが出帆した守江から宮島までは非常に距離が短いにもかかわらず、逆風のために五日を要した。乗客たちはそれをすべて伴天連を同船させているせいにし、彼らは彼に幾多の罵詈雑言を吐き、彼が説くことを絶えず激しい憎悪をもって侮辱し嫌悪した。彼は船中でもっとも悪い場所をあてがわれたが、そこはなおまた非常に狭く、悪臭を放つ場所でもあった。彼の傍には一人の山伏《ヤマブシ》が乗っていた。山伏というのは直接に悪魔に奉仕する魔術師であり、残虐な詐欺師でもある。彼は容貌はなはだ醜悪で、人相は悪く、怖るべく、血に渇いた嫌うような目で絶えず司祭を見つめていた。さらに司祭は彼とともにひどく狭いところに詰めこまれていたので、身動きもならず、身体を動かしでもすると山伏はすぐにそれを非難し、彼に唾を吐いて威嚇した。それはあたかも司祭を見たり付き合ったりするに価しない不潔な品物と見なしているかのようであった。

ヴィレラたちは宮島の港を出帆し、直航して伊予《イヨ》国に赴き、堀江という別の港に行った。彼らはこの地に逆風のため十日間滞在せねばならなくなったので、乗客たちはこの悪天候は伴天連のためだということをいっそう確信するに至った。そこで彼らはこれについて談合し、船頭のところに出かけて次のように言った。「もしあなたがあの男をこの船に乗せて行く気なら、好きなようにここに留まるがよい。我々は皆船を降りてしまう。だが彼を陸に残して行くと言うのなら、我らは彼の分も支払ってやろう。というのも、我らは今まで幾度となくここへ来たことがあるが、こんなにまで困ったことは決してなかった。だから、もしあなたがこれから先、彼を伴って行くならば、彼はますます我ら一同にとって厄介者になろうと思われる」と。船頭は異教徒であったから、彼をそのことで説得することはたいして造作のかからぬことであった。ところで船頭が彼らに妥協しているうちに天候が回復した。司祭は彼らが船出の用意をしていると聞くやいなや、船頭よりも先に船に乗り込んだ。すると彼らは水夫までがいっしょになって、口を揃え、「あの男を放り出せ」と叫び、司祭に対してはただちに下船せよと宣告した。司祭は、あまりにもひどく迫害されるので、乗客の一人に助けを求め、船頭に対して、自分は幾ばくか割増しの金《かね》を支払うから、旅の途中で置きざりにすることがないよう頼んでほしいと懇願した。かくて話がまとまり、一同は伴天連に旅を継続させることにした。

彼らが備後《ビンゴ》の国の鞆《トモ》という港に着いた時に、そこでまたしても十日間も滞在して順風を待つことになった。そこへ偶然にも室《ムロ》（津）から別の船が来ていた。実は彼らが乗って来た船はそれから先へ航海することができなくなっていたのである。乗客たちはただちに、あらかじめ（室《ムロ》から来た船の）船頭のところに赴き、好意を得ようとして彼を食事に招き、その際、「御承知のようにこんどの旅程なら三日で渡って来られるところなのだが、ここにいるデウス〔多くの人は我々をそのように呼ぶ〕のために二十三日もかかってしまった。そこで、お前さん、身共に傭ってもらいたければ、金輪際、あの男を同行させることは罷りならぬ」と言った。このことで船頭は別に彼らにたいした文句をつけることもなかった。ところがそこには折よく別の船があった。宿の主人はこの船に、伴天連を連れて行ってもらいたいと願い出た。先の船の乗客たちは、ここでもまた妨害しようと努めたが、こんどの船の人々が同意したので、もちろんどうしようもなかった。

我らの主なるデウスは、人々がそれまでに司祭に対して行なって来た妨害や侮辱や虐待を罰せずには済ませておかず、最初の船が後に廻って盗賊の手に陥り、彼らから逃れ得るためには多額の金を払わねばならぬように取り計らい給うた。そして司祭の乗船が室《ムロ》（津）に着いた後、翌日になって別の乗客の船も到着したが、彼らは盗賊たちに遭遇したことについてひどく悲しみ機嫌を損じていた。

そのほか、こんどの航海中には次のようなことがあった。豊後から、堺生まれの一人の婦人が帰郷の途次、司祭の乗船に乗り込んでいた。彼女は日本の詩歌に非常に堪能で、読み書きもはなはだ巧みであり、生まれつき優れた判断力と理解力の持主であったので、司祭の伴侶たちに対して、デウスのことを聞かせていただきたい、というのも、もし理解できれば洗礼を受けたいのだがと申し出た。それは室から堺への航海中のことで、司祭はより快適で大きくもある別の船にいたのであり、彼女にキリスト教の教理を説く機会がより多くあった。彼女は船中、説教を聞き、良く理解してその場でキリシタンになった。異教徒たちは彼女の志を妨げようと努めたが、それが不可能であることが判ると、「あの女は天竺《テンジク》から来た伴天連と結婚するために洗礼を受けたのだ」とか、それに類したことを言った。彼らはそう言えば彼女の心を痛め、落胆させ得ようと思ったのである。だがウルスラは、その人々とその愚かさを一笑に付した。

彼らが室《ムロ》港に着くと、豊後から司祭と同船した、かの卑劣な異教徒の乗客たちは、彼にそれまでに加えた悪事に満足せず、またしてもいたるところを駆け廻り、船頭たちに向かって、「天竺人《テンジクジン》の坊主が来ておる。奴は『ダウス』というものを拝むので、神《カミ》や仏《ホトケ》が見放した連中だ。だから奴と同行しようものなら、どの船でも多くの危険や不幸が起るから、奴を連れて行かぬよう忠告いたす」と言った。

司祭は室でフタツカという名の親切な人の家に泊った。ところで彼は司祭に同情していたので、ある船の船頭に彼を連れて行ってもらいたいと無理に頼みこんだ。だが司祭が乗船したところ、乗客たちは皆怒気に満ち、罵詈し、ただちに降りよ、自分たちが行くところへは同行を許さぬと宣告した。司祭は、彼らに向かい、船頭が乗船するまで待っていただきたい、船頭の決めることに従うから、と言った。彼らがこうして言い争っている間に、船はもはや錨を揚げてしまい、船頭が乗り込んで来た時には港から一里も離れてしまっていた。そしてそこには司祭を上陸させ得るような港とてはなかったので、彼らは航海を続け、堺から十三里離れた兵庫《ヒョウゴ》という別の港に達し、そこで一日半留まった。このようにして彼らは四十四日を豊後から堺までの航海に費やし、ついに栄光の福音史家聖ルカの祝日に、堺の市《まち》に到着した。彼らが旅行中に被った他の多くの難儀、そして人々が彼らにほとんど飲料水を与えようとせず、そうした自分たちにできる方法でなんとか彼らを死に至らせようとしたほどのひどいことについては省略する。

堺に赴くと、ウルスラは、伴天連が外国人であり、この町では誰一人彼を宿泊させる者はいなかったので、親切にも自分の義兄弟にあたるソウゼンと言う、海岸に貧しい家をもっている人の家へ彼を伴った。

ついで司祭が伴侶の人たちとともに市《まち》を見物していた時のこと、たまたま山口出身のキリシタンに出会った。彼は身分のある人で、国主（大内義隆）の死に際して、放逐されて来た非常に良き医師であった。彼はパウロ・イエサンと称し、非常に賢明で識見ある人物で、すでに五十歳を過ぎていた。彼は司祭たちに、どこへ行くのかと訊ねたので、彼らは、比叡山《ヒエノヤマ》に赴き、そこで許可を得て五畿内《ゴキナイ》で教えを説くつもりだ、と答えた。パウロはそれに対し、「御身らが使命として帯びたことは重要であり難しい企てだ」と答えた。そしてそこから彼らを別の家に連れて行ったが、彼らはその家ではいっそう優遇された。

堺ではさっそく新奇を求めて数名の人が説教を聞きたいと申し出た。しかし司祭は、比叡山の主な僧侶の一人である西楽院《サイラクイン》に宛てた山口の国主の書状を携えており、寺院が建っている十六谷の上長たち、および、かの大学の学問所を訪ねたく思ったし、自らの使命につき（修道会員として、上長からの）命令に服従して、それをすみやかに実行したいと考えた。それゆえ彼は、堺には三日しか滞在できなかった。

パウロは言った。「仰せのとおり、御身らは、いかなることがあるにしても、比叡山から都《ミヤコ》の町に戻って来なければならぬのであるから、建仁寺《ケンニンジ》という寺にいる永源庵なる高僧宛の私の紹介状を携えるがよろしかろう。彼はその地（都）において、なにか御身らが困ったことがあれば、好意をもって助けてもくれようから」と。

第四章（第一部二三章）

司祭とその伴侶たちが堺から比叡山へ出発した次第

司祭たちが堺から出立するにあたって、パウロは彼らを案内する馬子に彼らのことを頼んだ。それから同夜、彼らは堺から三里離れた大坂の市《まち》に泊った。その市《まち》の全権を握っているのは、一向宗《イコシユウス》徒の頭である仏僧で、財産と所領ははなはだ莫大であった。そして先に数人の一向宗《イコシユウス》徒が豊後と山口でキリシタンになったので、司祭の同伴者や馬子は、そこで司祭の到着したことが知れてしまい、なにか司祭に危害が加えられはしまいかと心配した。それゆえ、彼らは司祭に、唖を装って誰とも口をきかぬようにと忠告した。

翌朝、彼らは暴風雨を冒してその地を出発し、都《ミヤコ》から三里距たった山崎という別の地に赴いた。ここで乗船して川を遡り、六地蔵という地に達し、そこから陸路をたどって、日本で非常に著名な数ヵ所、すなわち山科、醍醐、逢坂関を通り、近江の国の大津という大きい町に着き、日本で非常に有名な三井寺《ミイデラ》なる寺院を訪れた。この寺はすでに非常に古くなり、かつてのような壮麗さと広大さを失っていた。

堺港（「南蛮屏風」）

豊後からは、司祭、ロレンソ、ダミアンとともに、道中の案内役としてディオゴという一人の日本人が旅をした。彼はシナの島であるサンショアンでキリシタンになった人で、結婚しており、比叡山《ヒエンヤマ》の麓の坂本という地に住んでいた。ディオゴは、一行の旅路の苦労をねぎらおうとし、また、さっそくにも彼らがその計画を実行できるようにさせようとして、彼らを自宅に迎え、貧しいながらもできるだけもてなした。その晩、彼らは皆心を合わせて、自分たちが企てていることはデウスの名誉と光栄に寄与し、多数の失われた霊魂の救いにもなることゆえ、我らの主なるデウス、これを嘉《よみ》し給えと祈りを捧げた。

翌日、司祭はロレンソ修道士に、山口の国主（大内義長）およびコスメ・デ・トルレス師の心海上人宛の書状を携えさせて、彼を坂本から比叡山に派遣した。だがロレンソは、心海はすでに他界したと聞かされたので、彼はそれらの書状を心海の門弟の大泉坊に渡した。大泉坊は答えて次のように言った。「心海は在世中に、人間の霊魂と理性なき動物の霊魂との間には相違があるとか、天地万物の創造者があるとの御身らの御説をお聞きになった。だが彼はそのことを完全に理解することはできなかった。彼がまだ生きておられれば、その権威によって御身らの便宜もお計らいになろう。しかし拙僧は隠居《インキョ》を致しており、ここにこうして離れ、仲間たちと別れて住んでいるので、もはや御身らの便宜をお計らいするだけの力がござらぬ。三年ほど前に、拙僧はここで、御身らの教えについて、また、御身らによれば万物のうちに存するという第一原理について幾ばくかのことを承った。それに伴天連はいとも遠隔の地から来られたことであるし、御身らが拙僧に述べたことは、立派な根拠に基づいていることとて、拙僧はそれらを高く評価したのである。しかるにその後、身共は、ここ比叡山で、御身らは獣類、牛馬、犬、それに死人まで食べるとか、神《カミ》や仏《ホトケ》の戒律を破る人たちであると聞かされた。それゆえ拙僧には御身らの教法は守り難いものに思われる。拙僧は御身のこのたびの来訪を喜び、満足している。だが伴天連が当地方で弘布しようとしている御身らの教えについて人々が語っていることどもに思い及べば、もし比叡山の僧侶たちが、拙僧が御身らに便宜を計っていることを耳にした際、彼らは拙僧の家屋を破壊し、たぶんそのために拙僧を殺すこともあろう。されば御身はさっそくにも伴天連の許に戻り、その身に不幸なことが起らぬよう、ここにいる限り注意されよと彼に忠告なさるがよかろう。なぜならこの十六谷には大勢のきわめて悪く堕落した僧侶たちがいるからだ。したがって御身は次の二つの手段のうちいずれか一つを決心なさらねばなりますまい。すなわち御身は、比叡山の座主《ザス》〔彼らのもとで最高の司祭のごとき顕位〕である西楽院《サイラクイン》に面謁を求められるか、もしくは豊後へお帰りになるかである」と。

ロレンソ修道士がこの返事を携えて戻って来た時、司祭は、翌日は自ら比叡山に赴いて大泉坊に会おうと決心した。ところでその僧侶は、伴天連に会えば、それによってなにか己が身に悪いことが起ろうかと心配して、会いたがらなかったとはいえ、司祭が切に懇請したためにようやく諒承し、〔ラクソン〕と呼ばれる大司祭の法衣をまとい、帝釈寺《ダイジャクジ》という寺院で彼を迎え、大いにもてなし、彼を食事に招きさえした。

司祭は大泉坊に言った。「御身の師匠である心海を訪ねて参った。上人はすでに亡くなられた由だが、その弟子の大泉坊殿にお目にかかれたのであるから、遺憾とすべきではない。自分が使命を果すために、この件でどうすべきかということではいっさい、貴僧の御忠告に従うつもりである」と。大泉坊はそれにつき、彼に言った。「近江国主の六角殿には、永原殿なる首席家老がおられる。その方は、比叡山を司る人で、ここから七里のところに住んでいる。御身らがここ比叡山に滞在中、危害を加えられないようにするためには、永原殿の書状を入手するよう努めねばなりますまい。なにぶんそれがなくては、ここでは御許らの身は危ない」と。

食事が終ると、大泉坊は、そこの離れたところで或る種の隠遁生活をしている十二人の僧侶を呼んで来させ、この人たちといっしょに貴殿らの教法を傾聴仕ろう。どうか伊留満ロレンソ殿、自分たちに判らないヨーロッパの言葉を用いることなく、皆が理解できるような明白な言葉でもって話してもらいたい、と願った。ロレンソ修道士は、人声絶えた静けさの中で、世界の創造、天地万物の創造主について説き始め、その創造主は、生命の源であるが、自らは始めも終りもなく、人間には生命と恩寵と諸徳を授け給う。人間はそれによって死後に永遠の幸福を得、悪人や罪人たちが罰として被る永遠の呵責を免れ得るのである。なおまた現世において、我らが弱さの中にあって、この主を認めることができるよう種々の手段を授け給うのであると述べた。

説教の終りに大泉坊は、それは本当かどうか、伴天連は現世の後に誤りなく永遠の幸福と地獄の懲罰があると断言するのかどうか、と質問した。司祭は、彼らが理解するのに必要なことをすべて説明し、多くの道理に基づく根拠を挙げることによって、人間と動物の間にある多大の相違を示したり、人間の意志が自由に働くように造られているために、人間の所業はあるいは立派であったり、あるいは罪深きものになったりすること、さらに、司祭は彼ら一同が否定することをあらかじめ知っていたので、特に霊魂が不滅であることを証明して語った。かくて彼らは聴聞したことを納得し同意し、また、修道士から聞かされたことにも賛同し、互いに顔を見合わせながら、頭を縦に動かして言った。「聖なる教えだ。彼らが言うことはもっともだ」と。

大泉坊は、司祭が携えていた祈禱書を見せてもらいたいと言い、その文字を見、それが自分たちの文字のように上から下へ読むのでなく、横に読むのを見て不思議がった。そして彼は幾つかヨーロッパのことを質問した後に、もっと多く伺いたいのだが、すでに時も遅いことだから伴天連は坂本へ戻り、ついでよりいっそう身の安全を確保するために、家老（永原殿）の書状を手に入れるよう努められるがよい、と言った。

司祭は伴侶たちとともに近江の湖の対岸に渡り、そこから陸路徒歩で永原に赴き、そこで北村殿というかの家老の代官に会った。司祭は彼に、主君永原殿から自分が求めている例の保護状を貰い受けられたいと懇願した。代官はそれにつき快諾する一方、司祭に非常に友好的な態度を示し、自分の近所の一屋を司祭の住居として指定し、さらに翌日司祭を食事に招きたいと伝えた。そして彼は大いに好意を示して事実そのように振舞った。

食事が済むと、北村殿は、説教を聞かせてもらいたいと言った。彼の傍には五十歳代と思われる一人の仏僧がいたが、彼は大日《ダイニチ》（如来）を拝む真言宗という宗派の人であった。ロレンソ修道士は我らの主なるデウスと、日本の仏《ホトケ》との間の大いなる相違について語り始め、その間、釈迦や阿弥陀はあなた方同様、人間にほかならず、生まれ、そして死んだのであり、人間（の霊魂）を救うことは不可能である。それゆえ、もし御身らが真実、救われることを望まれるならば、天と地の主なるデウスを認め、礼拝し、その御方にのみ、自分たちの救済を願わなくてはならぬ、と述べた。

仏僧はそのキリシタンの教えを聞いてひどく激昂し、つまらぬことを質問したが、司祭は容易にそれを解き明かした。だが司祭がその解答をした後に、同じようにして司祭の方からその僧侶に一つの質問をしたところ、彼はそれに当惑し、問いつめられてなんら答弁できぬ有様となった。そしてそれは彼の宗教ならびに彼の学識に対する、よりいっそうの打撃ともなったので、彼の怒りはますます募った。だが北村殿がそのことで感じた憤怒のほどは、比較にならぬばかり大きかった。機嫌を損い、顔色を変え、彼は側に置いていた刀を手にとって起ち上がり、一言も発しないで奥の別室に退いた。その直後、かの仏僧も、また、先に同所で食事の際に奉仕したその家の召使いたちも同時に起ち上がったので、司祭は二人の同伴者とだけそこに取り残されてしまった。そしてその間司祭はデウスにお執成しを願い、来るべきものを待ち受けた。

その後まもなく北村殿は、司祭たちに、次のようなことを言って寄こした。「御家老は多忙であられるから、御身らはすぐにも退去されよ。御家老には十日間、誰も会うことはできない。ところであの朝、御家老の邸の玄関が崩壊したが、それははなはだ悪い前兆であり、自分には、その責任は伴天連にあるように思われる。なぜならば、数年前にサイゴウ・ショウグァンが都を統治していた時に、ある別の伴天連がそこに来たことがある。とところがその後まもなく、この殿は討たれ殺されてしまったからである。かように伴天連は、その赴くところの場所を破滅させ、国を動乱に陥れる者であるから、もし我が主君が彼を優遇するならば、以前と同様のことが主君の身に起るかも知れぬ」と。「だが、それは真実ではない。なぜなら、サイゴウ・ショウグァンの時代には、いかなる司祭もまだ日本には来ていなかったのであり、それどころか、それはずっと昔あった古譚に過ぎない」。そのうえ彼は、御身らはこれ以上ここで待っていたりしないで、さっさと引き返すがよいと言い添えた。ところで我らの主なるデウスがお許しにならなかったまでのことだが、彼は司祭ら一同をそこですぐに殺させはしなかった。実は彼にとって、そうすることぐらいたやすいことで、実行したとて誰からも咎められはしなかったであろう。

司祭の同伴者たちは、結果がこのように不首尾であったことや、また司祭が足を腫れ上がらせ、すりむいて道をたどる様子に接し、悄然として帰ったが、しかもなお悪いことに、途中には大勢の盗賊がいて悪事をはたらいていたので、彼らのことも心配であった。司祭は同伴者たちを勇気づけ、そうした恐怖心から免れさせようとして、道中、彼らに初代教会の聖なる使徒たちの難渋とか、殉教者たちが被った迫害について語り聞かせた。

彼らが坂本まで帰って来ると、そこまで付き添ってきたキリシタンのディオゴはこう言った。「もし皆さんが比叡山の上長をお訪ねになれないとなると、都に入ることはいよいよもって困難となりましょう。それに当地の人々はすべて比叡山の領民ですから、私としてもこれ以上伴天連方を我が家にお留めしておくわけに参りません。私はこのことで身を滅ぼす恐れもあることですから。ですが交渉が捗るまでの間、二人の老いた尼僧の家の庭の裏にある小屋に移り住まれるがよい。そこならばなんの危険もありますまい。その尼僧たちは私の親戚にあたる人たちで、私が話をつけてございます」と。そしてディオゴは、彼らをそこに宿泊させた。

司祭は翌朝、さっそくにもロレンソ修道士を、もう一度比叡山に派遣して大泉坊に北村殿とのいきさつを報告させた。それに対して大泉坊は答え、「北村殿のことがさようならば、この大学にいるシキナイという別の僧に頼んでみるがよい。そして彼に山口の国主と内藤殿の書状を西楽院《サイラクイン》に届けてもらい、そして西楽院から都入りの許可を与えてもらうことだ。それ以外には方法もあるまい」と。

修道士はこの報告を携えて帰って来た。司祭は熱望のあまり、さっそくシキナイをもう一度訪ねるために修道士を伴って比叡山への道をたどった。だがシキナイは外出していて、三日後でなければ帰らぬということであったので、司祭は大泉坊の家の近くでシキナイの帰るのを待つことにした。

司祭が同所にいることを聞き知って、数人の学僧がそこへ彼を訪ねて来た。そして司祭は、なんら余談にわたることなく、彼らにデウスのことを語り、理性をもって証し得る霊魂とか救いのことについて論じ始めた。すると、それらのことは彼らにとっては、いとも新奇なことであったので、彼らはそれを聞くと筆記したほどである。しかし仏僧たちは、あまりにも深く罪悪に沈んでいたので、デウスの恩寵に与かるだけの素質に欠けていた。

そこへ大泉坊が来て、司祭を傍に引き寄せながら、内々に次のように言った。「拙僧は学識もあり年もとっているので、貴僧に日本の宗教が立脚している一点を打ち明けよう。

それはすべて学識ある者が確信していることだが、人間は懐妊される以前、その起源は無であったように、最後に死んだ時にもそれと同じく無に帰するということだ。そしてたとえ貴僧らは、幾人かの雄弁な説教師がうわべだけの言葉と大いなる弁舌をふるって、まるで来世に救いがあるかのように民衆を確信させるように詭弁を弄しているのを耳にしても、それらはすべて無知な人々を欺く瞞着、仮言、方便だと御承知ありたい。それゆえ、拙僧には貴殿らの教えは真実であり、はなはだ適切で理にかなった証明に立脚したものと思われる。今、貴僧は去られるがよい。そして明日ロレンソを拙僧の許へ寄こしていただきたい。先に承った話の続きを聞きたいからだ」と。

翌日、修道士は大泉坊を待つために青蓮院《ショウレンイン》なる寺院に赴いた。大泉坊が来ると、修道士は、天使とルシフェルの堕落、アダムの創造と彼がデウスの掟を破ったこと等について語り、長い間、大泉坊とその他の数名は彼の説教を聴聞した。そして修道士がすでにほとんど説教を終えようとしたところ、大泉坊が彼に、シキナイはもう帰っており、彼のところへ書状を届けるがよろしかろう。だが伴天連はすでに二度も比叡山に登って来たことだから、また戻って来たりしないで、書状を持ってロレンソ殿を派遣されるがよろしい、と言った。かくてロレンソが出向くことになった時、彼はほかに贈物として差し出せる品とてはなかったので、司祭が寝床として用いていた古い敷蒲団《エステイラ》を持参した。そして修道士はシキナイに優遇され、シキナイは伴天連を助け、そのもたらした書状を座主に渡すよう努力しよう、と語った。そしてシキナイが西楽院の同宿と話したところ、同宿は、「伴天連がもし比叡山の大学や、当地にある寺院や僧院を見物に来るというのなら、拙僧は彼のため、西楽院と話もしようが、彼が教法のことで宗論するために来るのならばお断わりすると申されよ」と言った。しかもこの答弁は実はその同宿から出たものではなく、彼がこの件で話をした高僧たちの口から出たものであった。司祭はそれを聞き、「私は西楽院に会い、彼から紹介状を得たいと思って来ているに過ぎない。だがもしも先方からなにか訊ねられれば答えるであろうし、私の方からもなにか疑問のことがあれば訊ねも致そう」と答えた。

　西楽院と面会のことがもはや実現されるばかりになった時に、シキナイは人をして司祭に対し次のようなことを伝えさせた。「聞くところによれば、伴天連は初めて山口の町に来た時に、時の国主大内（義隆）殿に多大の贈物と非常に珍しい進物を携えて行ったということだ。ところで伴天連たちは、たとえ国主とはいえ一俗人に過ぎない人にさように豊富な贈物をされたのであれば、比叡山の高位の聖職者であり、内裏の近親であられ、全十六谷の大学の上長である西楽院に対しては、かならずやどれほどより多くの贈物をされることであろうか。さらに伴天連は、座主《ザス》自らが接見するほどの高い名誉と顕位を博することであるし、それにいとも遠隔の地から訪れており、当地では一異邦人に過ぎない。それにまた日本の風習に従って座主になにか献上もしなくてはならぬ。そこで拙僧はまずもって、伴天連は彼にいったいどのような贈物を持参しているか、座主に伝える必要上前もってそれを拝見しておきたいものだ」と。

これに対して司祭は答えて言った。「自分は非常に遠い、いや、きわめてはるかな諸国から、ただこのキリシタンの教えを弘めることだけを目的として来訪した一介の修道僧であり、清貧を誓う者として、自分が説きに来たこの教え以外に提供すべきものとては何一つない。私は異邦人であり、御身らも修道僧であられるからには、自分に同情して下さってしかるべきであろうと思う。だが、贈物なしには事を運び得ないものなら、次回ここに戻って来る時に携えて参ろう」と。

翌日、司祭は大泉坊に書状をしたため、その中でシキナイが述べたことを報告した。その僧侶は彼に鄭重な書状を寄こして答えたが、他方人をして口頭で次のように伝えさせた。曰く、「拙僧は、伴天連は人肉を喰らうものだと聞いている。比叡山ではそうした風評がある。したがって伴天連であれ伊留満であれ、なんらかの使命を帯びてこの地へ来るべきではない。ここに滞在して不可能なことを試みるよりは、下《シモ》（九州）の地方へ赴くがよろしかろう」と。

かくて事態が延引するばかりなので、ガスパル・ヴィレラ師は、コスメ・デ・トルレス師にその経過を報告したいと考えた。そこで彼は伴侶のダミアンに、豊後に向けて出立し、トルレス師に自分たちのこの度の遍歴の旅の成果を報告されるがよい、と言った。だが同宿（ダミアン）は答えて言った。「こうした折に私が御身を残して行くことは良いことではない。もし誰かが伴天連様を殺そうとでもしようものなら、私は御身とともに死すべき功を失うことになってしまう。それというのも私は今まで、デウス様を愛するのあまりこうした人生の苦難を負って御身のお伴をして来たのである。それに豊後に戻れば、自分は使者となったことを武器として、危険を免れて帰って来たと言われるでありましょう。ですからどうか今までどおり、私を御身の伴侶として留めていただきたい」と。そしてそのとおりになった。

ディオゴと他の伴侶たちは、司祭に都《ミヤコ》に入りこもうとする計画を思い留まらせようと努めた。なぜなら彼らには、比叡山の允許なしにそれを敢行することは無謀の沙汰に思えたからである。だが司祭は不撓不屈の精神と、デウスへの奉仕、ならびに諸人の霊魂の救済という大いなる熱意の持主であったから、彼らに答えて言うようには、「私は都に赴き、そこで我らの主なるデウスの教えを公然と説くことを、なんら躊躇することもなく、無条件で決心している。たとえ場合によっては、入京の当日に殺されることがあるかも知れぬことが判っていてもである。私は自分の使命を果すまでは、絶対に豊後へ帰りはしませぬ。都《ミヤコ》では罪人は裁きを受けて、手押車に載せられたり、火焙りにされ、さらに斬首されるということだが、もし御身らがそうしたことを恐れるのならば、豊後へ帰られるがよい。私は単身で都《ミヤコ》入りを試みるであろう」と。しかしロレンソらは、彼と同行することを主張してやまなかったので、司祭は彼らに、宗教上の完徳ということ、また現世における短く束の間の苦難の代りに、デウスが未来の栄光のうちに与え給うべき無限の至福について長い訓話をした。

かの年老いた尼僧の一人は、伴天連に同情し、彼に言った。「御身は異国の方であり、それゆえ、都《ミヤコ》にはたぶん一人としてお知合いはおられますまい。私が、あそこにいる知人に宛てて、皆さんを泊めてあげて下さいと手紙を書きましょう」と。そして彼女はそのとおりにした。

第五章（第一部二四章）

司祭が坂本から都《ミヤコ》へ出発した次第、ならびに彼が被った反抗と苦難について

司祭（ヴィレラ）は、もともと都への道を馬でたどるつもりはなかったが、彼は足を腫らし、すりむいてもいたので、同伴者たちは、司祭が駄馬を傭う方がよいと考えた。そして彼は事実馬に乗って出発した。

馬子は一人同僚を伴っていたが、伴天連は金か銀を所持しているものと思っていたので、その男と謀って、司祭を殺そうと決心した。そこで彼を人通りの多い街道から脇道へ連れて行くように努めた。しかし司祭の伴侶たちは日本人であったので、彼らの策略を見破って、同じく都へ旅する幾人かの人たちが来るまで待機するよう、巧みに取り計らった。そしてその人たちと同行したので、馬子たちは自分らの企てが頓挫したことを認めた。

すでに都の市《まち》が視界に入った時に、ダミアンは例の老いた尼僧の手紙の宛先人である宿主を探すために先行した。ダミアンがその手紙を渡したところ、家主は即答をしかね、ま

ず妻と相談した後に、「四、五日ならお泊め致そう。ただし長くなっては困るし、またそれも、あなた方が市中《まちなか》をうろついたりせず、ここで隠れるようにしているという条件でならば」と答えた。かくて彼らを、自宅の裏のきわめて小さく、非常に狭く、天井の低い、穢く、古ぼけた二階に収容した。そこには藁とか、同家の古いがらくた等が置かれていた。

翌日、小西トメ与五郎殿という名の男が、司祭を訪ねてそこへやって来て、「自分はキリシタンで、山口で受洗した者である。国主が亡くなられた際に追放されたのだが、都《ミヤコ》には自分以外に誰一人キリシタンはいないので、キリシタンとは名乗っていないのである。伴天連様にお目にかからせていただきたく、なにかお役に立つことができれば嬉しく存ずる」と言った。だが司祭と同伴者たちは、彼は自分たちを欺こうとして来たのではあるまいかと気を配って信用しなかった。するとはたして彼らの疑惑はあながち不当なことではなかった。また家主は司祭たちのことに怖れを抱き、約束の日数以上に泊めるわけにはいかぬからどこかに生計を求めて立ち去ってほしいと、絶えず言いに来た。

ダミアンは次から次へと全市を駆け廻ったが、なんとしても一行に宿を貸そうとする人は誰もいなかった。そして最後になって彼はついに、町外れの、通常きわめて下層のもっとも賤しい人たちが住んでいる革ノ棚《カワノタナ》という一区で、山田ノ後家《ヤマダノゴケ》という一人の寡婦の小さい家を見出した。それは実際の納屋と言ったものではなかったが、非常に古い、倒れそうな掘建小屋で、あまりにも貧素なので、むしろ馬小屋と言うべきものであった。実は屋根を藁で葺いてはあったが、内部は戸外とあまり変りないほど雨が降った。周囲は壁ではなく細い芦でかこわれ、以前に一度塗ってあった土はもう剝げ落ちてしまっていた。ところで寝床といえば、裸土ではなかったものの、地面に藁を敷いてあるだけであった。それにもかかわらず、彼らは毎月一パルダオの間代を支払う契約となっていた。

彼らは最初の家に十四日間いたのであるが、人々はまだ伴天連についてなんの知識もなかったので聴聞に訪ねては来なかった。そして一五六〇年の一月二十五日、すなわち彼らの新年の二日前に司祭らはこの掘建小屋に引っ越して来たのである。ところで当時、寒気はいとも厳しく、住居の設備ははなはだ不適当であったので、ダミアンは司祭が寝ることができるような品をなにか買えぬだろうかと町外れの村々に探しに行った。すると一人の老婆が彼に一束の藁を売ってくれた。彼はそれを背に負い、非常に喜んで家に戻り、伴天連様の寝床をもう見つけて来ましたよ、と言った。ところがそれを拡げてみると三人分とはなかったので、司祭が藁の上で寝て、彼らは若い者だからというわけでそのすぐ傍の芦の上で眠ることにした。そのようにしていた数日後、彼らはやっと畳《タタミ》を買うことができたので、司祭がその上で眠り、他の二人の夜具として藁束が提供されることになった。また彼らは食事の用意をするための鍋を持ち合わせていなかったが、幸い豊後の（キリシタンの）病院で重湯を作るのに使用していた小さい鍋を、そこから携えて来ていた。彼らはまずそれで米を炊き、ついで蕪菁《かぶら》汁をつくり、それが煮えてから飲み水を沸かしたので、汁ができた時には、飯の方はもう食べられないほど冷えてしまっていた。それからダミアンは買出し係を務めるようになった。だが所持する道具は非常に少なく、ダミアンは米を購入して来た後、それを脱穀する器具を一つも持っていなかったので、米を俵に入れて背にかつぎ、誰か同情し憐れんでそれを脱穀させてくれる人はないものかと隣近所や街頭で人々に頼んでみた。だが誰も彼に対して自分の家でそれを許そうとしなかったばかりか、やっとのことで打擲を免れたほどであった。だが籾殻がついたまま米を食べることはできなかったので、ダミアン〔彼は品行方正な同宿《ドウジク》であり、高貴で名望ある両親から生まれた人である〕は、幸いにも一人の貧しい老婦人の家に赴いて、「もしこれをあなたのところで搗《つ》かせていただければ、糠と搗いた米を一部差し上げます」と言って、しきりに懇願した。その老婆は貧しかったし、彼が伴天連の同宿であることを知らなかったので、この申し出を聞き容れてくれた。そこでそれからというもの、彼は同家に赴き、そこで自ら米を搗いた。日常、彼らが買ったのは、汁を作るための蕪菁と、少しばかりの塩漬けの鰯であった。実は都《ミヤコ》はこの国では海岸から遠く隔たった内地にあるためであった。またダミアンは、司祭が必要としたために、毎日豊後から携えて来た瓢箪に少しばかり酒を買出しに行った。彼がそれを日々買いに行かねばならなかったのは、酒は翌日まで置いておくと酢になってしまうからであった。その際、彼は片手に鰯を、もう一方の手には瓢箪を携えた。だが街頭の子供たちは彼を見つけると、嘲笑したり罵倒したりして後を追うばかりでなく、途上、石を投げて、彼の瓢箪を割ることができるかどうか試すのであった。

ちょうどこの頃、彼ら司祭たちの功徳を積むような事件が生じた。日本では家屋は木造で、その大多数は柿板《こけらいた》か藁で屋根を葺いてあるので実にたびたび起ることなのであるが、司祭たちの近所で大火が発生した。そして火は司祭が借りている家の方へ荒れ狂って迫って来たので、彼らは大急ぎで家へ駆けつけて、家具——といっても、司祭の日課祈禱書、縫合わせの掛蒲団一枚、鍋、酒瓶、食事用の鉢三個（に過ぎないが）——それらを街路に持ち出した。司祭は眼がよく見えないロレンソといっしょに留まって、所持品の番をしたが、ダミアンは、自分たちの家に隣り合い、壁一つ隔てているだけの藁葺きの共同便所の屋根に上がって、火を防げるかどうか見ることにした。同じように屋根の上で自分たちの家を見張っていた隣近所の人たちは、彼が屋根にのぼって行くのを見ると、彼に対して無数の罵詈雑言を浴びせ始め、この町内に起った災害はすべて、「デウス」という奴をここに泊めたために生じたのだと言い、同時にそのような禍を起させたことで例の寡婦を罵倒した。だがダミアンが熱心に便所の屋根を剝がすのに努めた結果、火はそこで止まり、町の向う側はもう全部焼けてしまったが、火はこちらへは近づかなくなった。そこでそれを目撃した宿主の寡婦は少なからず驚嘆した。

都《ミヤコ》の市《まち》は全日本の首府であり、日本人の法令が出る源泉で、内裏と公方様が常住する最高の政庁の所在地であるから、そこへは日本全六十六ヵ国から不断に人々が参集する。そして人々は都《ミヤコ》での振舞いを模範とし、地方ではそれに倣うことにしているので、都で受け入れられるものは、遠隔の諸地方で尊重され、そこで評価されないものは、他の諸国ではほとんど重んぜられないのである。また都にはおびただしい数の仏僧がおり、彼らは自分たちの宗教にますます熱意を示す一方、なおいっそう激しく怒り、昂奮してデウスのことを打倒しようとし、それに反対せずにはおかなかった。すべてそれらのことは、司祭にとっては強烈な刺戟となり、彼は我らの主なるデウスに対し奉り、主の聖なる教えがかの人々に知られ、尊ばれ、屈辱を被ることがないようにと、ありあまる恩寵を与え給え、そしてまた自らは価値なき者とはいえ、聖なる福音を宣布するといういとも気高い職務を遂行するのにふさわしい道具とならせ給えと祈らずにはおれなかった。

司祭たちの借家へは、さっそくこの市《まち》の法華宗の信者である既婚者が二人訪れ、かならずや伴天連を説伏しようと決心し、三日間ひき続いて彼と宗論を開始した。だが、デウスの御旨にかない、彼ら自身沈黙させられ、打ち負かされてしまった。その一人はタケザワ、他の一人はサンノと言い、後者は後日キリシタンとなってサンノ・トメと称し、都のキリシタン宗団のうちもっとも有力で善良なキリシタンの一人になるに至った。彼は何度かわざわざかつて自分の師であった仏僧のところへ宗論に出向き、かの僧侶をいとも容易に屈服せしめた。それというのも、トメはその地でキリシタンに改宗した者のうち、非常に鋭い理解力と、布教に対し大いなる熱意の持主であったからである。

この寡婦の家は非常に小さく、いとも不適当であったので、司祭たちは、別のもっと適したところを探そうと決心した。この都の市《まち》は、往昔は非常に大きく、地元の人たちは、かつては長さが五、六里、幅が三里もあったと語ったほどである。都市はまったく山に囲まれ、はなはだ平坦で広大な平地にあり、山麓には、かつては非常に多額の収入があった多数の、かつ非常に大きい僧院や建物がある。司祭がそこに赴いた時代には、もとよりそれらの諸建築は、この都市全体と同じように、大火や戦争にいともしばしば襲われて、ひどく荒廃してはいたが、それでもなお往時の盛観をいくぶん留めていた。当地は非常に北方に位置しており、幾度といわぬ戦争のために薪がなくなり不足しているので、寒い。この都市は、彼らの諸宗派に関しても、また各種各様の職人たちに関しても、高度の文化を宿し、彼ら職人はその仕事が卓越していることで、全日本の他の地の職人に優っている。

ヴィレラたちは結局、六角町《ロッカクマチ》、すなわち「六つの角の町」という通りの玉蔵町《タマグラノチョウ》と称されるところに移り、そこでクンダノジュチョウなる異教徒の家を借り受けた。ところで彼らはこれで自分たちの環境はだいぶ良くなったと思っていたが、それもまた、別の掘建小屋に移ったというだけのことで、先に三ヵ月住んでいた最初のものに劣らぬほど惨めで哀れなところであった。すなわちその家の半分の床は裸土に過ぎず、他の半分は粗悪な芦でできていた。しかも壁は、誰でもどこからでも自由に出入りできる薄い芦で囲まれているだけであった。そして彼らをもっとも苦しめたのは、当時ことのほか厳しかった風や寒さから身を守ってくれるものがなにもないことであった。いずれにせよ彼らはここで少しはより良い生活をしようと準備を始めた。すなわち、彼らは食事の用意をするために二つの煮鍋を購入した。ただし司祭の伴侶の一人が後日私に語ったところによると、その二つの鍋のうちの一つは、古くてひどく錆《さび》た兜であり、それで食物を作れるようにと、そこで人から売ってもらったものであった。

だが一般庶民にとって、デウスのことはいとも新奇なことであり、彼らをその教えのために獲得するためには、なんらか目ぼしい印しとか装飾で人々を惹きつける必要があった。そこで司祭はその家をできるだけ飾ることに決め、古い縫合わせの掛蒲団をば装飾として芦の壁の一方に懸け、紙で作った十字架をそれに結び付けた。さらに司祭はとても古びたマントを着用し、頭には大学卒業者の印しとして赤い角帽子をかぶって坐り、祈禱書を載せた小机を前に置き、その上に筆と紙を並べた。そして同宿たちは、その一人は酒入れの瓢簞とか、鍋や、食事用の三つの鉢を置いてある片側に、またロレンソは手に大きいコンタツを持って別の側に坐り、訪れる人たちに説教しようと待機した。そして夜ともなると、彼らは連禱を終えた後に掛蒲団を壁から下ろし、司祭は夜具としてそれを用いることができた。だが蒲団はもはや破れほころびてしまい、朝になってまたそれを吊すと、綿の固まりがあちこちに落ちて、まるで小さな袋のようであった。

説教を聞くためにそこに集まって来た人々は、その教えがいとも風変りで、いまだかつて聞いたこともない新奇なものであったから、その数は実におびただしく、司祭は義務とする日課祈禱を果す時間さえほとんど足りない有様であった。そこで司祭らが昼食とか夕食を摂る時には、戸を閉め、人々が力ずくでその戸を開けることがないようにと、一人の同宿は背中でそれによりかかっていなければならなかった。そして食事が済むと、人々は先に席をとろうとして争いながら侵入して来た。だがそこに集まるそれらすべての人には、それぞれ訪ねて来るのに異なった理由があった。すなわちある者は、伴天連はふつうの人間とはまた異なった姿をしているのだと思いこんで、ただ伴天連を見物に来たに過ぎなかった。またある者は、インドやヨーロッパの事物や習慣を聞いたり、それについて質問しようと、好奇心からやって来た。さらにまた別の人たちは、伴天連の新しい教えを聞き、その弱点を衝こうとしたり、他の者は、伴天連を嘲弄したり辱しめるために訪れた。だが司祭はすべてそうした状況に、沈着で明るい気持で応対し、一同が自分から良い感化を受け、皆から悪く思われないようにしようと努めた。

ここにおいて異常な大群衆が殺到して来るようになったので、司祭たちは疲労のあまりすべての人々を、満足させることがほとんどできなくなった。なぜなら家の中は人でいっぱいになり、司祭らが謙遜に、穏やかに、かつ沈着に、人々が発する各種各様の話題とか思いつきのすべてに答え終り、その人々が立ち去るか去らないかに、もうその場は新たにやって来た人たちですぐに満される有様で、それが深夜まで絶え間なく続くのであった。

これらの人々の中に、妙満寺という寺から来た一人の法華宗の僧がいたが、彼は二、三質問しただけで容易に司祭らに説き伏せられてしまった。そこで彼は驕慢さから、いともやすやすと説伏された不面目を胸中認め難く思い、翌日、同じ僧院から多数の老僧や同じ宗派の俗人を伴って来、皆の者に自身がなんの苦もなく伴天連を打ち負かし、その面目を失わせることができるかを知らせようとした。そして彼は到着するなり、非常に不遜な態度で、説教を承りたい、と言った。もともと彼らは悪だくみから来たのであったから、説教には少ししか耳を傾けず、それを遮り、仏僧たちも俗人信徒も、はなはだ不名誉で不道徳なことについて幾つか質疑した。司祭は非常に真面目に、かつ修道者にふさわしい態度で彼らに答えたので、それは彼らを少なからず驚かせ、恥じ入らせることとなった。ついで司祭は僧侶たちに一つ質問し、次のように言った。「御身らが認められる釈迦の教えでは、人が救われるためには功徳となるような業とか幾つかの徳行を積まねばならぬものかどうか。それとも御身らは、そうしたことがすべて欠けている者でも救われると思っておられるのか、私はあなた方から承りたい」と。すると仏僧は哄笑し、仲間たちの方を振り返りながら、「のう、おのおの方、ほとんどなにも判っておらぬ子供なら、こんな幼稚な質問をしようものを」「ところで彼がそう言ったのは、彼は伴天連が自分の宗派や経文についてなんの知識もないと思っていたからである」「功徳となる業もなく、戒律も守らずに人が救われることが、どうして可能かなどと愚かなことを伴天連は語っている」と言った。そこで司祭はあらためて質問し始め、「さて、御身がさように断言なさるるならば、御身は、釈迦の教えによるお経の中の、〔草木国土悉皆成仏〕、すなわち『ただに人間ばかりでなく、すべての雑草、樹木、全国土、つまり存在する万物は皆救われて、仏《ホトケ》、すなわち聖者になる』と述べている言葉について説明していただきたい。というのは、土、草木、すべての国々、つまり存在する万物、雑草、樹木、汚物、塵芥等々は、理性を有さぬ被造物である。したがってそれらは感覚を持たず、徳行も悪行すらもなし得ないものである。来世での栄光とか劫罰はそうした徳行や悪行に対して与えられるはずのものであるからには、どうして釈迦は、万物はかならずや絶対に成仏すると言われるのか」と言った。すると仏僧たちはそれにつきなんら答えることを知らなかったので、一同は恥じ入り困惑しながら立ち上がり、一言もそれについて述べることなく立ち去った。

第六章（第一部二五章）

司祭が初めて公方様を訪れ、その允許状を得た次第

日本には万事に優る最高の二つの顕位がある。第一は内裏《ダイリ》であり、四百年以上も前から人々はもはや彼に服従しなくなってはいるが、彼がこの六十六ヵ国すべての国王《レイ》であり、最高の統治者である。第二は公方様《クボウサマ》で、内裏の長官《プレジデンテ》、もしくは副王のようなもので、日本の貴族は皆、彼を国王の総司令官として大いに畏敬している。

司祭は、この公方様（足利義輝）を訪問できないものかと切望した。なぜならば、もしも司祭が公方様から、都に住み、そこで自由に我らの主なるデウスの教えを弘めてよいとの允許を得るならば、もはや比叡山の僧侶たちは司祭にそれを妨げることができなくなるからであった。そこで彼はそれを実行するための方法、手段をあれこれ考慮していたところ、彼は先にキリシタンの医師から手紙を預かったことを想い起した。それは都の永源庵という一人の非常に身分の高い仏僧に宛てられたもので、司祭はそれを堺から携えて来ていたのである。そこで司祭が僧侶を訪ねて相談したところ、彼は非常に喜び、そのことで

助け、保護してあげようと申し出た。

　当時、公方様は法華宗のある大きい僧院（妙覚寺）に住んでいた。そして右の僧侶が公方様に、伴天連の訪問を受ける意志があるかどうか訊ねたところ、公方様は承諾すると答えた。ただしあらかじめその僧侶から、自分が司祭に対してどのような礼をもって対処すべきかを知るために「日本人はその点でこの上なく完璧に振舞う」、まず伴天連とはいかなる位階、またはいかなる顕職にある人かを聞いておきたいとのことであった。我らの主なるデウスが、司祭を助けるために、異教徒であるにもかかわらず仲介者として選び給うたこの仏僧は、その返答に最善を尽し、司祭の資格を誇張し、かつ彼を日本の僧団の人々のうち最高位の者と同格であるとした。そして自ら司祭の家をわざわざ訪れ、彼に付き添って公方様の御殿へ導いた。それは理由のないことではなかった。なぜなら、もし彼が司祭を伴って行かなければ、司祭は自由に街路を通行できなかったであろう。実はそれほど、男の子たちは彼にひどく悪戯をしたり無作法なことをするのが常であったからである。

足利義輝

　ところで司祭は、自分が南蛮《ナンバン》、すなわちインドの地方から来た僧侶であることを人々に知らせようとして、日本の国の風習に従って着ている着物《キモンイス》の上に、非常に古びてもう毛がなくなってしまったポルトガル製のマントを装い、頭上には赤い角帽をかぶり、手には書物を携えた。だが通訳の任にあたらねばならなかった修道士のロレンソは司祭の所持品である道服《ドウブク》、すなわち、黒いカンガ製の服を着用していた。それは彼には長すぎたのと、折からひどい雨降りでもあって、それに彼は非常に眼が悪いというか、むしろ、ほとんどなにも見えないくらいであったので、目的地に着いてみると、泥まみれになっており、彼が通って行った部屋の畳を汚してしまったほどであった。

この伴天連の通行は、都の人々にとっては非常に新奇な見物《みもの》であったのだが、司祭は、寛大な心の持主であり、デウスに対する愛から、苦難を克服し、侮辱を忍ぶことを大いに喜んでいたので、悠然と落ち着いてすべての通路を練って行った。子供たちは街路に出て、大声でののしり叫びながら彼の後をつけ、男たちは戸口に佇み、女たちは窓辺に寄りそっていた。彼らはきっと、人間とも理性あるものとも異なったある奇怪な姿を伴天連に見出せるものと信じていたのである。司祭を伴った例の仏僧は、名望もあり、都の市《まち》ではあまねく知られている人であったので、その折、彼は司祭以上につらい思いをさせられた。というのも、彼は、一行の通るのを見ていた市《まち》の大人、子供たちが騒ぎたてるのを鎮めることができなかったからである。

彼らが妙覚寺に着くと、僧(永源庵)は、一行がもう来ていることを公方様に知らせるために先に入って行った。その間、司祭は、貴人たちの従者が大勢いるところに立っていた。従者たちは伴天連をからかって結構暇つぶしをした。ある者は指を彼の眼の中にほとんど入れんばかりにしたり、ある者は手をたたき大笑いをしながら頭を振り、別の者は彼を見てその形相に驚き、彼のぐるりを廻っては後ろから、また前から観察した。そして誰がもっとも近づくことができようかと互いに争って彼の周囲にひしめき合った。

日本では、いかなる君侯を訪ねる際にも、かならず贈物をせねばならない習わしがある。しかもその人の位が高ければ高いほど、その進物はいっそう立派で高価なものでなければならない。しかし司祭は、自分と伴侶たちの生計を立てて行くのがやっとであるくらいひどく貧しく、したがって進物として呈し得るような品を持っているどころでなかった。だが幸いなことに、彼は砂時計を一つ所持しており、そのような品は日本では知られていなかったので、まさしくそれは注目される品であった。この時計は、司祭が痛悔や黙想の時間のために所持していたものであるが、今や彼が公方様に贈呈する唯一の品となった。

徳川家康使用の時計

彼は公方様から非常に手厚いもてなしを受け、大いに礼遇され、公方様は彼に対し、客に示し得る最高の敬意を表した。すなわち公方様は、盃を彼にとらせて酒を供したが、そのようなことは多くの高僧や大侯たちが、高価な贈物を携えて来訪した時にもなされはしないことであった。公方様はすぐに伴天連に帽子をかぶらせるとともに、今後日本でどのような殿の前に罷り出る際にも、その帽子をとることなく、どこででもかぶっていてよいとの名誉ある特権を与えた。実は日本の仏僧たちの間でも、冠り物でもって互いに異なった特権や位階を示すのである。

以上は最初の訪問であったので、公方様はデウスの教えのこともヨーロッパのことについても伴天連に質問することはなく、かくて司祭は別れを告げて退出した。だが廊下や他の部屋にいた貴人たちは、彼を見ようとして、何ものをも捨ておいて急いでやって来た。そして彼らは彼の風貌や円熟味、沈着さに接して感嘆した。

司祭は家に戻った。そして伴侶たち、およびそれまでにすでに彼が信者として獲得していた幾人かのキリシタンといっしょに、我らの主なるデウスが授け給うた大いなる恩寵に対して限りなく感謝した。すなわち主は、司祭が異国人であり、いとも遠隔の地で、知人も友人も贈物もなく、この訪問についてはその他必要なことを欠いていたのに、さらにまた先には悪魔が比叡山において、実に多くの妨害を行なったりしたにもかかわらず、このたび司祭に公方様訪問のことを容易に成就させ給うたのであった。そして司祭は幾度も祈り、彼も伴侶たちも、我らの主なるデウスが、もはや公然と説教を開始して、当地方に至聖なるデウスの教えを弘布することが聖なる御旨であるかどうかを司祭に知らしめ給えと願ったところ、一同には、すでに公方様を訪ね、その寵愛に浴したことでもあるから今はそれを敢行せねばならぬ時に達したと思われた。そこで司祭は一日家を出、手に持った十字架を肩に置いて、都のある通りの真中に立って、参集した人々に向かって説教を始めた。大勢の男たちが殺到して集まったが、なかには多数の仏僧たちもいた。そして彼らは、伴天連が説くことを正当な根拠に基づいて反駁することが不可能なことを知ったので、全市中を煽動した。そのためにどの地区でも通りでも、伴天連の説教とそのキリシタンの教えについて話をせぬところはないまでになった。仏僧たちは街路を歩き廻って民衆を煽動し、公の場所でも内密にも、デウスのことを幾多誹謗し、伴天連に対して数多くの偽証を行ない、彼は人間の形をし声をしているが、実は人間の形をした悪魔なのであるから、人々は警戒せねばならぬと言った。

しばらく時が経ってから、司祭はキリシタンたち、および例の友人とも言うべき僧侶に、公方様から次のような内容の三ヵ条から成る制札《セイサツ》と名づけられる允許状をもらうことができるかどうか相談した。その第一は、司祭の住居を兵士たちが宿舎として徴発してはならぬこと。すなわち仏僧たちの僧院は、通常、兵士や使者、および外から都の政庁に来る殿たちのために宿舎とか屯所として利用される習わしがあって、彼らはその点免れ得なかった。第二は、公方様が、司祭に賦課とか見張番、その他の義務を免除すること。それらは全市民に義務づけられていることであり、そこに住む仏僧らもまた同様であった。第三は、何ぴとも伴天連を非難したり虐待してはならず、その違反者はしかるべく罰せられるべきこと、であった。

かの仏僧（永源庵）は、彼のためにそのことで尽力することを引き受け、またもう一人、はなはだ名望ある貴人で、政庁の式部職に就いている伊勢守殿《イセノカミドノ》は伴天連に同じく好意を寄せており、両人は、司祭が希望するような公方様の允許状を獲得するに至った。その写しはさっそく板に書かれ、竹に結ばれて、通行人は誰でも目につくように街路に面した戸口に掲げられた。そのためにそれから後、人々は伴天連のことをまったく違った目で見るようになり、ただちに公然と侮辱することも止まり、従来ずっとつねに行なわれて来たような彼の家への投石もなくなった。そして彼ら（日本暦）の年の始めになった。我らヨーロッパ人の許における一月の初日と同じように、この日は日本ではもっとも主な祝祭日であるが、仏僧と名望ある俗人であるとを問わず、人々は皆公方様を訪ねるのが当国の一般の習わしなので、司祭は彼をふたたび訪問した。今回司祭は前よりも大いに威厳を示し、短白衣とカパを着、赤い帽子をかぶり、朱塗りの輿に乗って行った。——それは日本では高位顕職の僧侶の乗物であることを示すものであった。そして公方様の義父にあたり、その内膳頭で、はなはだ身分の高い貴人の進士美作殿《シンジミマサカドノ》が、司祭の保護者となり、司祭が公方様を訪問した時に紹介することを引き受けた。

そしてこのためにキリシタンたちは勇気と力を得、彼らには、我らの主なるデウスが、今後その聖なる教えがますます弘まることを嘉し給うことを知って、いっそう信仰を強められた。

第七章（第一部二六章）

司祭が多数の僧侶や種々の宗派の人々と行なった宗論について

説教を聞きにそこへ来る人々の殺到ぶりは日増しに高まっていった。そしてそれは朝から深夜まで、まったく絶え間がなかったので、ロレンソ修道士は不断に説教し続けたために、ついには血を吐き、もはや立っておれないくらいに衰弱した。だがそれにもかかわらず、彼は〔ひどい肉体的な苦痛がなくはなかったとはいえ〕デウスの恩寵に支えられて、彼の説教を聞きに来たすべての人々に話し続け、彼らの疑問とか、好奇心からの質問に答えることをやめなかった。

そこへ学識において著名なホンギョウジノと称する一人の仏僧がやって来た。彼はそこの僧侶たちが司祭たちに打ち負かされて退去したと聞いて激昂し、デウスの教えに関してはなんら質問せず、長時間にわたり、司祭に対して、地球の大きさや、インド諸国間の距たりとか、国々の特質や風習について質問し、聞いたことを書き留め、ついで立ち上がって帰りかける様子をした。だが司祭は先手をうってこう言った。「あなたが聞かれたことは、一時的好奇心を満すのに役立つに過ぎぬことで、あなた一人が自分の心を慰めることができるだけである。だが御身はかくも大勢の方々を伴っておられることだし、私が御身の諸国へ説きに来ているのは、御身が信奉しておられる釈迦の教えとは全然相反するものでもあるから、どのような教えであるか聞いて行かれるのは不適当ではありますまい」と。その仏僧は答えて、「それこそ拙僧の望むところである。だが御身は疲れておられ、談義にお飽きのようにお見受けしたので、次回に延ばそうと思っていたのである。ではお訊ねするが、御身が弘めに来られたそのデウスなるものは、人が見、眼で認めることができるような形体を有するかどうか」と言った。〔司祭は〕それに答えて言った。「私がその疑問にお答えする前に、まずあなたはそれについてなんとお考えか、また、有形的実体と精神的実体との間にいかなる区別があるかを承らせていただきたい」と。〔仏僧〕曰く、「拙僧にはなんの区別もないと思われる。そして相違とはただ名目上のことで、実際には両者は同一のものである」と。そこで司祭はその僧侶の理解力に応じて、右に述べた一つの実体と別の実体との間にある相違、ならびにもしデウスが四元素の結合から成る肉体的、可見的な実体であると説くならば、そこに不合理が生じてくることについて説明した。僧侶はここにおいて進退きわまって答えるべきところを知らぬことを認め、目下取り扱っている題目をなげうち、「御身は、日本やシナやシャムの全諸国で敬われ知られている至聖なる釈迦についてどうお考えか」と質問した。〔司祭〕曰く、「私には、釈迦もまた、我々同様に死すべき一人間であり、天地の御作者によって造られたものに過ぎぬと思われる。ところで御身は、その御作者はどこにおられるとお考えか」と。〔仏僧〕曰く、「その御作者には幾多の名称がある。シナでは盤古皇《ハンゴノオウ》と言い、日本では伊弉冉《イザナミ》、伊弉諾《イザナギ》がこの世に現われた最初の男女であり、仏教の教法の源であるシャムには、また別の創造主がいると言われている」と。〔司祭は〕、「もしそうであるならば、御身はそれら三つのうちのどれを真の御作者と見なされるのか」と問うたところ、その僧侶は返事をしなかった。彼はどう返答してよいか決しかねて長い間赤面したまま黙っていた。そこで司祭は助け舟を出し、親切な愛情深い言葉で彼に言った。「私がお訊ねしたことに答えるには熟考なさることが必要だ。御身がこんどまたおいでになられたならば、その際にもっと立ち入ってそのことを話し合いましょう」と。こう言い終るか終らぬかに、その仏僧はすでに街路に出ており、姿を消して二度と来はしなかった。

全五畿内でもっとも重立った寺院の一つである紫《ムラサキ》の僧院から、数人の禅宗《ゼンシユウ》の僧侶が、公家《クゲ》を装って訪ねて来たが、彼らは司祭たちの説教を聞いただけで、一言も話さなかった。都の市《まち》の仏僧たちは激昂し始めた。そして彼らは互いに討議した後、このように言い合った。「あの男（伴天連）のところへ殺到する人々の数はふえて行く一方である。そして、もし彼の教法が、民衆の殺到ぶりに応じて弘まって行くならば、その時、釈迦や阿弥陀、その他の仏《ホトケ》の教えはいったいどうなると思われるか。それに、それらとともに拙僧らはどうなって行くことか」と。ところで仏僧らは元来悪魔の道具であるところから、悪魔から説得され教唆されると、露骨に司祭に対し、幾多の偽証を始めた。そして彼らはそれを陰で言うばかりでなく、はなはだ不遜、かつ僭越にも幾多の罵詈と侮辱を交えて、司祭、もしくはロレンソ修道士が説教しているその場所で、大声を発してそれを述べ、聴衆の気持を他に転ぜしめたり、彼らが聞いたキリシタンの教えについて悪い観念や考えを抱かせようとした。だが日本人は、賢明であり活潑な精神を宿しているので、それに邪魔されはしなかった。すなわち人々は伴天連の忍耐を見、そうしたあらゆる妨害も、伴天連を怒らせたり、説教を止めさせたりするのに役立たぬことを認めると、彼らは聴聞した説教をいっそう高く評価し、ますますしばしば聴きに来るようになった。戸外にいて聴聞できない連中は、室内の者を引っぱり出そうと努め、「お前たちもうやめにして、俺たちも聞けるようにに席をあけてくれ」と頼むほどであった。

都の新しいキリシタン宗団の中には、先に受洗した万歳《バンサイ》ジョアンという人がいた。彼は坂東《バンドウ》の出身で都に住んでいた。彼は司祭に同情しており、犬や猫が家の中に入って来て、鰯とか、司祭が炊いておいた米を食べるのを目撃したので、彼は、家の隅に置いて食器入れとして使えるように、木の盥《たらい》を司祭に貸し与えた。そこで司祭たちはその中に持物を全部しまっておくことにした。我らの新年にあたる正月《ショウガチ》の祝いの折に、ジョアンは彼らからその貸した大きい盥を是が非でも返してもらわねばなるまいという気に誘われた。司祭たちは彼に再考を促して以下のように言った。「もうお祭りも始まって、買おうにも別のものは見つかりますまい。それに盥がなくなると犬が、自分たちがすっかりしまいこんでいる乏しい持物を食べつくす危険があることはともかく、私たちがいる家はこんなにも狭いことだし、昼夜を分たずいとも大勢の身分ある人たちが説教を聞きに来るので、その同じ家の中に、米とか御器《ゴキ》、鉢、蕪菁、鰯などがちらかっているのが見えるのは、いかにも体裁の悪いことだ。それにそれらは、もう皆、あの盥の中に見えないようにしまいこんであることだから」と。だがそれらすべての理由をもってしても、彼に督促するのをやめさせることも、せめて別の品を買うまで待たせることもできなかった。そこで彼らは、彼を躓かせないために、それに盥はもともと彼の品であったので、結局は返却することにした。ついで彼らは一枚の粗末な藁の筵を縫い合わせて袋のようなものを作り、その中にわずかばかりの所持品を入れることにした。

ダミアンが、仏僧たちの所有となっている戸外の井戸から水を汲んで来るのに、彼らは手桶を持ち合わせていなかったので、ダミアンは細い竹竿を肩に掛け、一方には平素食事の煮炊きをする鍋を、もう一方には、日本で湯桶《ユトウ》と言い、熱い飲み水を食卓に運ぶのに用いる木製の一種の樽をさげて行った。ところで彼が水を汲みに家を出るたびに、すぐ子供たちが集まって来て彼を嘲笑した。数日前にキリシタンになった一人の身分ある老人は、ダミアンに対して、あの井戸にはたぶんきっと毒が投げこまれると思うから、あそこからはもう水を汲まないようにするがよい。その代りに、ひとり住まいをしており、善人でもある、ある老僧の家で汲むがよい。その人にそれを許してもらうためには、一握りの胡椒を贈るがよい、と忠告してくれた。そこで彼はそのとおりにした。

司祭と討論しようとして、他の一人の僧侶が来訪した。彼は比叡山の学者で、禅行坊と言い、彼は一日、昼食時から夜半近くまで宗論し、伴天連を打ち負かすことができぬものかと苦心した。だがついに彼の方が負けてしまい、デウスの教えはいとも道理にかない、また人間が免れ得ない道理にかなったものだから、多大の尊敬に価すると承認した。

司祭は、改宗したキリシタンたちに祈りを教え始め、日曜日には自分のところへ来るようにと言った。実は彼はまだミサの道具を持っていなかったので、それは彼らのためにミサを捧げるためではなく、彼らが真のキリシタンとして生活するように励まそうとして、連禱を唱えたり、説教を聴かせるためであった。ところで彼らは新しい植物とでも言うべき人たちであったので、司祭が彼らを信者として強化しようと努めれば努めるほど、かの悪しき敵（悪魔）は彼らを堕落させようといっそう力と熱意をそそぎこんだ。すなわち、父親が息子について、兄が弟について、また友人や親族相互の間で、「私はキリシタンになりました」と言うのを聞くと、そう言った人はたちまち、まるで呪われた者か憚るべき破門された者のように、仲間から閉め出され、排斥された。すべての人々が、その者を侮蔑し、憎悪の眼差《まなざ》しを向け、嘲笑し、あいつはキリシタンになったことで、理性なき禽獣になり下がったと言った。彼らはキリシタンたちに唾をはきかけたり嘲弄したので、このような軽蔑や迫害に堪えるだけの勇気とか精神力を持っていない幾人かの気の弱い者はふたたびキリシタンの信仰を棄てて、吐き気を催させるような以前の偶像崇拝に立ち帰った。だが我らの主なるデウスが選び出し給うた人々は、逆境によってむしろ強められ、デウスの栄光と讃美のためにすべてこれらの誹謗を恐れず、たとえさらに苦しくひどいことでも、デウスの恩寵によって堪え忍ぼうと覚悟した。このようにして都では、もっぱら伴天連やキリシタンの話が聞かれるようになった。というのは、キリシタンになった人々は、できる限りデウスの教えが優れていることや完全であることを賞讃し、それまで自分の霊魂が暗闇に取り囲まれていたことに気づいて驚き、従来行なっていた偶像崇拝の誤りと愚かさに反駁したし、その一方異教徒たちは、彼らの偽りの神々を賞揚し、キリシタンの真理の教えを絶やそうとして、我らの主なるデウスに対して幾多の悪口を吐いたからであった。だがいかにキリシタンは攻撃されようとも結局は汚れない聖なる教えの力が勝利を博さずにはおかなかった。

既述のように、絶えず説教を聞きに来た大群衆の中には、種々の宗派の僧侶たちがおり、彼らのある人々は公然とその日常の服装で、またある人たちは、学者や貴人といった俗人に変装して来た。彼らがこのように奸策を弄したのは、もし自分たちが伴天連に論破された際に、その宗団に恥をかかせず、また自らも名声を汚さずに済ませるためであった。だが彼らが名声を損ねるようなことが実際にはほとんどつねに生じたので、彼らは自分たちが恥をかいたことにひどく立腹し、憤って、伴天連の信用を失墜させ、我らの主なるデウスの教えを辱しめようとして異常な手段を求めた。そして彼らにはそれが適当な方法だと思われたので、彼らはもう一度、以前と同じようにほとんど価値もない滑稽な偽証を捏造し、それを洛中洛外に弘めようと努力した。それは次のようであった。

第一、伴天連が真夜中に外出し、死者が埋葬されている野辺に行き、新鮮な人肉を食べるのが好きなところから、自分の手で死者を掘り出すことについては確証がある。その証拠として、その墓の外に、あちらこちらの肉が喰われた死人の手足が現に見出されているのである。これによって、そのような残忍で非人間的な男が弘める教えがいったいどのようなものであるかが皆に判るであろう。その仕業は、理性ある者ではなく、むしろ野蛮人の手になることを物語っている。

第二、僧侶が肉類とか魚類を食べることは、日本のあらゆる宗派や宗団で厳禁されているにもかかわらず、伴天連は平素、豚や鹿ばかりでなく、さらに悪いことに、牡牛、牝牛、馬、犬、および人が嫌うあらゆる不潔なものまで食べる。

第三、日本では、悪魔は狐とか妖怪《アビーデス》の姿で人間を欺くのだが、伴天連は狐そのものであり、異国の言葉を用い、異国から来た修道僧の姿をした悪魔の道具である。

第四、人間を来世で救済し、現世で人間に富、名誉、幸福、勝利、健康、長生きを授けて下さるのは、釈迦、その他の神《カミ》や仏《ホトケ》であるにもかかわらず、伴天連は、それらのことを悪しざまに説き、そのように考えている。それゆえに、たとえキリシタンにならなくても、伴天連の説教を聞きに行きさえすれば、それだけで人々は汚され呪われて、現世でも来世でも神《カミ》と仏《ホトケ》の恩寵から閉め出されるに十分である。

第五、あの男（伴天連）が説いていることが、どんなに愚かなことであるかを一般の者がいっそう明白に認めようとするならば、彼が公然と語っている次の一事を知らねばなるまい。すなわち彼が、天地の創造主であり、人類の救い主だと吹聴しているのは、二人の盗賊とともに十字架につけられた者なのだ。そして日本では、その刑罰は極悪人にしか科せられぬものであって、彼が言っている救い主がいかなるものかを判断できるであろう。さらに我らがもっとも奇怪に思うのは、彼が磔刑に処せられたような悪人を神に仰ぎ敬い讃えるのに接することであり、しかも彼のみならずその宗門に帰依した者までが、その数珠の端に徽章として、または遺物として木製の十字架をつけ、彼が説教するところでは、その十字架を紙に描き、彼はその前で両手を挙げて跪くのだ。

第六、この男は悪魔の道具であり、その教えを説いて廻ると、彼が住む国々、町々と行く先々つねに火災、飢饉、戦争、混乱がつきまとうのである。それゆえ我らは宗教家として、また御身らと同国人として、はたまた御身らが救われるのを切に見たいと望んでいる者として、御身らが彼の話を聞きに行かぬだけでなく、極悪有害な人間として、御身らの家から追い出すように努め、さらに彼に家を貸した者の戸口には不名誉となるような諷刺の貼紙を貼りつけるように勧告する。

かくて家主たちは、人から悪口を言われ、仏僧たちの圧迫に恐れをなし、さっそく司祭に、もうこれ以上家を貸してはおけぬから出て行ってほしいと通報した。司祭は彼らにはっきり答えるとともに、次のように言って頼んだ。「どうか別の家が見つかるまで、このままにしておいてもらいたい。皆さんは私が異国の者であることをお考えになり、自然の人情として私が困窮していることに同情して下さるべきではありますまいか」と。だがそれは効果がなかった。というのは、僧侶、親族、友人、隣人たちは、伴天連を追い出し、自分の身や妻子に神仏の罰がふりかからぬようにせよ、とひどくせき立てたからであった。

この不安は、もう六十歳になっていた司祭の家の老主人の頭に深く根を下ろしており、まるで悪魔が彼をまったくの別人に変えてしまったと思われるほどの狂暴性を発揮した。すなわち、司祭とその伴侶たちがすでに戸を閉めて就寝していたある夜のこと、その老人は一方の腰には木槌を、他方には匕首を差し、手には棍棒を携えてやって来た。そしてひどく怒り、はなはだしく賤しく無礼で下品な言葉でもって、大声で叫び始めた。「中にいる野郎ども。すぐに起きてこの戸口から出てきやがれ。この家では朝を迎えさせぬぞ」と。それに対して中からは、非常に穏やかに、かつへりくだって、「伴天連様は他に引っ越して行ける家とてはございません。たとえあったところで今は真夜中近くでありますし、こんな騒々しい音をお立てになりますと、御近所の方々が御迷惑なさろうこともお考え下さるまいか」という返答があった。それは老人をいっそう激昂させるところとなり、彼は街路中に聞こえるほど大声で叫び、わめき始め、「俺はどうしてこれから先、生きておれよう。この悪党、悪魔の一味、欺瞞者どもめ、俺は奴らの戸口を打ち破って躍り込み、皆殺しにしたうえ、切腹してこの場で死んでやる」と言った。彼はそう言うと身構えをし、両腕をまくし上げ、手にしていた梶棒を振り上げ、打ち壊そうとしてひどく戸を叩き始めた。同人の息子の一人はゲンザブロウと言い、異教徒であったが、別の家から父親が叫びわめくのを聞き、初めのうちは、彼がそのような馬鹿馬鹿しい怒りから醒めるかどうかを眺めてなにもしないでいたが、父親が戸を打ち破ろうとする音を聞くと、さっそく飛び起きて、そこへ馳せつけ、彼の手を堅く押えつけて言った。「親仁《おやじ》さん、気でも狂ったのか、それとも酒に酔っぱらったのか。あなたがこんな馬鹿げたことをすると、あんたも恥だし、子供たちまでいっしょに恥をかかされることが判らぬのか」と。二人の間で喧嘩となったことで、戸を叩く代りにその梶棒で自分の息子の頭を砕こうとした。老人は激昂のあまり、戸を叩く代りにその梶棒で自分の息子の頭を砕こうとした。二人の間で喧嘩となったことで、町内の隣人たちがそこへ駆けつけて来て両人を分け、そもそもあんたたちが、あのような者に家を貸さなかったら、こんな騒ぎはなにも起りはしなかったのだ、と言った。そして彼らは二人ともそれぞれ自分の家に帰らせるようにしたので、司祭が他の家を見つけ出すまで、今回はひとまず事態は鎮まるに至った。

　そこへ禅宗の紫の僧院から、もう八十歳に近い老僧が訪ねて来た。彼は齢《よわい》を重ねていたのと、気分がすぐれぬために、都に自分用に一軒の家を構えていた。生来親切な人で、博愛と慈悲の業に心を傾けていた。彼はあの司祭の貧しい家に来ると、たいていの人々と同じように、ありふれた好奇心から出た質問を始めた。それらはたとえば、日本からシナまでは何里あるかとか、そこからシャムまで、さらにシャムからインドまではどうかとか。我らヨーロッパの諸国では、日本より人の寿命は長いかとか。また、四季は当国の気候と同じようであるか等であった。司祭はその質問に満足な回答をした後に、自分がここで説いているキリシタンの教えについて少しぐらいは聞きたいと思わぬかと訊ねた。それを聞くと老僧は微笑み、自分はすでに解脱《げだつ》のことは心得ており、インドとヨーロッパの珍しいことを知りたいだけだと言った。それはあたかも、自分が奉ずる禅宗は、霊魂の不滅とか宇宙の第一原因、至福なる天国での果報とか来世での懲罰といったキリシタンの教えを否定し、千六百の公案というものが禅宗にあって、人々はそれによってあらゆる良心の呵責をなくそうと努めるものである。だからいまさら自分たちの職分に大いに反する教えを携えて道を外す必要はない、と言おうとしているかのようであった。ところで彼は司祭に同情していたので、他日また戻って来て、少しばかり食物を持参したが、それは非常に清潔で、上手に料理してあった。彼が家にいる間、司祭たちは戸を閉ざしておいた。なぜなら悪戯小僧たちが老僧に投石して、相変らず破廉恥な行為をやめようとしなかったからである。司祭は彼の贈物に対して謝意を表すことに決め、さっそく老僧に、デウスのことや、理性を備えた人間の霊魂が不滅であることや、来世のことを話すよう、適当な機会を探し求めた。はたして彼は説教を聞き始め、大いに興味を持つようになり、我らの教えのことに非常に感動し、驚嘆の念を抱いた。そしてその善良な老人は、引続き説教を聞いた後に聖なる洗礼を受け、その際ファビアン・メイゾンと名づけられた。彼は非常に正直で愛すべき人であり、デウスの教えが自分の一生の間にその地方で弘まるのを見たいとの熱意に燃えていた。彼はしばしば告白し、あらゆる人にデウスの話をするのを常とした。そして彼がまだ、第一原理の教えの中で、ミサの至聖なる秘蹟の尊い秘儀については知識がなかった頃、コスメ・デ・トルレス師が豊後からミサの道具を届けて来た後、冬の厳寒の折であるが、ミサを聞きに来て、ダミアンを傍に呼んで言うことには、「私は伴天連様が、ミサを捧げられる時に、毎朝なにもかぶらずに、あんなに長い間立っておられるのを見ると、本当にお気の毒に思う。それにまた、銀の盃から冷酒を召し上がるのを見ると、お身体に障りはしまいかと、いっそうそのように感じる。どうか、私の家には、小さい銅の炉がついた非常に綺麗な茶の湯《チャノユ》の釜がありますことを、彼にあなたからお伝え下さい。もしお望みならば、それを彼に贈りましょう。それは伴天連様が祭壇のところで、手を温めたり、お飲みになる酒を温めたりするのに役立つことでしょう。朝方にあんなに冷たいままでお飲みになっては、きっとお身体に障るに違いありませんから」と。そして彼は非常に正直に、簡素な生活をし、一日のうち、多くの時間をデウスに祈ることに費やしていたが、彼はまた貧しい人々に多くの施しをしつつ、聖なる生涯を終えた。彼の説得によって、その幾人かの親族や友人たちがキリシタンになったのである。

この家では、また一人の医師がキリシタンになり受洗した。彼は若狭《ワカサ》の生まれで、養方軒と称し、日本の言葉に長じていた。彼は生来善良であり、自らの霊魂を救うことに熱心であったので、キリシタンになった後、妻子をかの地方に残して下《シモ》に赴き、イエズス会の修道院でデウスに奉仕したいとの願いから、コスメ・デ・トルレス師を訪れた。かくて彼は十八年間、司祭たちの伴侶として過した。そしてその後もはや八十歳近くにもなった彼を巡察帰アレシャンドゥロ・ヴァリニャーノは豊後でイエズス会員として採用した。彼は養方パウロと称し、その徳操と大いなる謙譲さにより、万人にはなはだ良い模範を示したのみならず、イエズス会が日本文典や、非常に厖大な辞書を編纂できたのは彼の協力によるところ多大なるものがあった。その間、異教徒に説くためのキリシタンの教理書が完成したのも、彼の協力があったからで、彼は我々に、自分が精通していた日本の諸宗派や

故事《アンティグィダーデス》について知識を授けた。また、彼の助力により、数多くの聖人伝や、その他、我らヨーロッパの著者の作品が翻訳された。なぜなら彼の言葉は、優雅、かつ流麗で、洗練されたものであり、それを聞いた日本人からは、つねに非常に好愛されるからである。

彼の息子の一人もイエズス会に入り、ヴィセンテ・トウインと称した。彼はそれまでに

日本で入会した人々の中ではきわめて稀な才能の持主の一人で、表現力巧みな大雄弁家であり、和漢の文字に造詣深く、日本の諸宗派、ことに全宗派中第一位を占める禅宗についても然りであった。このヴィセンテ修道士は、巡察師から都地方へ派遣され、諸学科、ならびに日本の宗教について、セミナリオの子供たちに教授した。そして子供たちは、彼の許で大いに進歩したので、彼らのうち多くの者は、短い期間でもって、たちまち容易に、かつ巧妙に異教徒たちに説教し、彼らの誤謬や偽りの教えに反駁できるまでになり、かくして多くの人々が我らの聖なる信仰に改宗するに至った。

第八章（第一部二七章）

都における山田ショウ左衛門《ザイモン》の改宗について

この頃、美濃の国では土岐殿《トキドノ》という屋形《ヤカタ》が統治していた。デウスの教えが都《ミヤコ》で弘まり始めたちょうどその頃、彼は僧侶になっていた二番目の弟を都《ミヤコ》に遣わした。それは彼をして、その地の法華宗のある大寺院を占有させ、修道会の総長のような上人《ショウニン》としてそこに留まらせるためであった。その僧侶の伴侶として土岐殿の政庁の最高の重臣中二人の貴人が、彼を導き保護するためにやって来た。一人は小池備後守、他は山田のショウ左衛門《ザイモン》と称した。後者は高貴の出であるばかりでなく、日本の諸宗派にははなはだ精通している点では国内でも稀有の人物であり、それら宗派の一つの中に心の平安を見出したいと切に望んでいた。それゆえ彼は青年の折に、まず比叡山の大学において天台宗の僧団に入った。彼はシナの諸学問を修めたが、はなはだ明敏な頭脳の持主であったので、同派の振舞いには満足しなかった。そこで彼は阿弥陀を崇拝する浄土宗という別の宗派に移った。だがこの宗派も彼には笑うべきもので、自分の学識に価しないものに思われたので、彼は真言宗《シンゴンジュ》と称せられる他の宗派に帰依した。この宗派では、大日《ダイニチ》という名の仏《ホトケ》が拝まれるが、日本人が付与している特性からみると、我らの哲学でいう第一質料《マテリア・プリマ》に非常に類似している。この宗旨では、多大の厳しい苦行とか種々さまざまの犠牲行為が見られる。そして同宗派は、ほとんどまったく、他派の人々には知らせない秘密に基づいており、それに深入りすればするほど、親密な関係にある悪魔に徹底的に支配されている徴候が彼らに現われるのである。ところで山田ショウ左衛門には、この宗派は、はなはだ混乱し、漠然とした闇に一面包まれたものに思われたので、この宗派をも光明のないものとして棄て去って神道《シントウ》に移った。それは神《カミ》の宗派であり、我々はこの「歴史」の冒頭の第一九章[1]においてその起源について述べておいた。だが彼は、そこにも求めるものを見出さなかったので、禅宗に帰依した。この宗派は、来世での懲罰とか至福といったキリシタン宗門の教えを否定するものである。というのは、悪魔が日本では、この原理へ貴人や名望ある人々の大部分を導こうとするからであり、彼らは来世の生命には無関心であり、良心の呵責を抑制し、放肆に、何恐れることなく、堕落した本性の赴くままに、悪習や無秩序に走るのである。

　ショウ左衛門はこの宗派に耽溺し、これに優るものは何ものもありえないと確信しているようであった。彼は都《ミヤコ》に赴き、そこで天竺《テンジク》から来た伴天連が、日本の全宗派を一つの例外もなく論破しているという話を聞くと、実に馬鹿馬鹿しいことだ、自分のような識者の間では問題とするに足りないことだと考えた。そこで伴天連をからかい、わずかばかりの言葉でもって彼を説き伏せようと、一人の従者も連れず、ただ仲間の備後殿《ビンゴドノ》を伴っただけで、変装して教会に赴くことに決めた。ところで彼が帰依していたその禅宗という宗派は、三つか四つの派に分れており、彼が属しているのはタンケ・シキモンと言った。そして彼はその宗派において、大いに長じており、美濃国において畏敬されたのであるが、それは彼が高貴の出であるとか、身分が高いといったためよりは、その宗旨のことで非常に学識があったためなのである。

彼は都の我らの教会に来ると、誰か説教をする方はおらぬか。我ら二人は遠方から参った者で、説教を承りたいのだ、と言った。ロレンソ修道士は、彼らがどのような素性の人かを知らなかったので、教理教育の順序に従って、彼らの前で説教を始め、日本の諸宗派が教える神《カミ》や仏《ホトケ》と、天地万物の創造主なる我らの主なるデウスとの間に大いなる差異があることを証明しようとした。彼がその点について話し始めると、ショウ左衛門は微笑し、修道士に言った。「神や仏が存在していることや、その権力とか能力についてわざわざ説明するには及ばない。それらが幻影に過ぎず笑うべきことであることは、予はすでに幾年も前から知っておるし、賢明で学識ある人々は、そのような考えをなんら評価していない。自分は禅宗に帰依しており、それら神仏とはなんの関係もない」と。そして次のように付け加えて言った。「あなたはもうお聞き及びのことと思うが、禅宗では四大《エレメントス》について教え、そのほかにさらにもう一つ第五番目の本質を加え、それを「無」と名づけている。それも明白にそう呼ぶのではなく、それに付している種々の名称を通じてその本体を説明しているのである。第五の本質を理解するためには、瞑想するために禅宗の信徒に千六百ヵ条の公案を与え、人々は昼夜、このことに汗を流して努力している。しかしそれに全生涯を費やしても、三百の公案を解くに至る者は稀にしか見出されない。我らは昔、シナと天竺《テンジク》にいた、きわめて有力な人たちの手になる著述を多数所有している。だが本当にこの第五の本質の標的を射て、それで心が安らぎ、理性が照らし出された者はその中に誰もいない。しかしこの課題は、いとも深遠で、学者たちによって論議されているゆえ、それについてなにか憑かれた者のようになり、なんらかの知識を収め得た者は、他の宗派のことで蘊奥をきわめたいかなる人よりも優っていると見なされるのである。伴天連はたいへん遠いところから来られたのであるから、その方の教えでは、我々の禅宗のこの核心、焦点であることについて、どのように説かれるのか、貴殿より承りたい」と。

そこでロレンソ修道士は次のように答えた。「御身がそれを訊ねて下さったことはまったく嬉しい。と申すのは、御身は他のお方と違って、私が来る日も来る日も、神《カミ》や仏《ホトケ》のことで、理性を満足させるのにはほとんどなんの役にも立たぬような話をする手数を省かせてくれることになるからです。御身によれば、禅宗においては、その第五の本質について多くの疑問をはさみ、思惑を重ね汗を流して苦心されているとのことだが、その問題こそ、伴天連様をして、非常に遠い国からこの我らの国へ来させた主な原因であり、もっとも有力な動機であると御承知いただきたい。すなわち日本において、日本人に従来知られていなかったその第五の本質が、いったいどういうものであるかが、実際、真に、かつなんらの誤りもなく認められるためには、現世においては、伴天連様方が日本に来られて、そしてその教えによって決定的に解決する以外にはいかなる効果的な方法もあり得なかったのである。換言すると、それこそあの方々の直接の使命であり、目的、願望でもあるのです。そしてそれを理解するためには、ヨーロッパの古代の哲学者たちが、四大のほかに天を第五の本質と呼んでいたことを御身は知らねばなりません。ですがその第五の本質もまた、他の元素と同様に創られたものであって、我々が「デウス」と呼んでいるものと比べると無限の隔たりがある。すなわちデウスは、始めも終りもなく、無限の能力と知恵と善を具備した最高の本質の完全なるものなのである。ですが、そのような高尚なことを理解するためには順序が必要ですから、私はまず御身に、下級被造物と可視的物質の創造について説明しましょう。ついであなた方や私、およびすべての理性ある被造物が持っている、目に見えず滅びることなき実体、すなわち理性的霊魂とはどういうものかを説明しましょう。そしてそれから我々人間の霊魂と、天使や悪魔といった他の霊的で目に見えない本体との間には、どのような相違があるかを説きましょう。このようにして、御身らが、それらのことについて知識を得、理解されたならば、それからデウスのことを話しましょう。デウスこそは、最高の神的存在であり、それを見奉り、その永遠の至福を享受するためにこそ、私たちいっさいのものが創造されているのです」と。

ショウ左衛門はこの説を聞いて非常な喜びと満足を示し、いかなる答弁にも先んじて、突然、紙と墨をもらいたい、と言った。修道士には、彼は聞いたことどもを要約しておくのだろうと思えたが、実は、そうではなかった。彼は重要なこと、また自分の救霊に関してさらに十一ヵ条の質問をしたためた。そして彼はそれらを簡単明瞭に書き終ると、それをロレンソ修道士に渡し、「この私の質問を解いてくれれば、私はキリシタンになります」と言った。ガスパル・ヴィレラ師は、それに対する返答を引き受け、デウスの恩寵によって、彼は質問のおのおのに対してまったく彼が満足するような解答を与えた。ショウ左衛門は、伴天連の返答も、自分がいっそう明らかに理解できるよう、また、よりよくそれを利用できるように、文書にして渡してもらいたいと願った。そしてそれは希望どおりになされた。その際の質問、ならびに答弁については、日本で一小冊子が草せられたことであり、それをここに掲げることはかなりの紙面をとることになるので、私はここではそれを割愛する。

ショウ左衛門は、以上のことを理解した後に、自分はすでにキリシタンになる決心なので、教理の談義を引続き聞かせてほしいと言った。そしてこの談義の間、彼は残りの説教を続いて聞こうとして、翌日また、教会へ戻って来るのであったが、彼はつねに前回の談義のことを繰り返し語ったので、修道士は驚いたくらいであり、彼は教えを聞く求道者と言うよりは、むしろ完成された説教者のように思われた。

彼らは大いなる満足と熱意をもって説教をすべて聞き終えた後、両人とも都《ミヤコ》で聖なる洗礼を受けた。そしてショウ左衛門は、さっそく出身地の美濃の国に帰る準備をし、キリシタンの教理、戒律、洗礼の授け方、葬儀の規則を文書にして携えて行った。しかも彼は、（郷）国では権威者と認められていることだから、かつて人々に禅宗に帰依するように説き努めた以上に、将来はデウスの教えを弘め、その知識を皆に授けるために働くであろう。そしてその国でデウスの教えを受け入れる用意ができたならば、伴天連殿と伊留満殿を迎えるために、従者と馬を差し向けよう、と約束した。ところで彼はその地に帰った後、二、三度司祭のところへ書状を寄こしたが、それは実に力と円熟さと熱意がこもったものであったので、それを見たキリシタンは、誰も皆、さっそく書き写したがったほどであった。

ショウ左衛門は、学識と賢明さによって大いに名声を博していたので、彼が改宗したことは非常な評判となった。異教徒たちは驚嘆し、多くの人はこれほどの人がキリシタンになったとは信じ得なかった。しかるに、はかり知れないデウスの御摂理によって、彼の生命は、改宗後三、四年以上は続かなかった。幾人かの人たちの見解によれば、彼が死去した原因は美濃国の仏僧たちが彼の改宗を知り、一つの大いなる柱を失って、美濃の禅宗がどれほどか信用を失ったことが判った時に、彼らが彼を猜忌し憎悪したためだとも、同宗派の俗人たちも同じ理由から彼に対して激しい憎しみを抱いていたためとも言う。——我らはそれについてなんら確証を得ていないとはいえ――同国から来た人たちの話では、彼は途上で待伏せされ、そこで殺されたということである。だがそれにもかかわらず、彼がその地で布教の先駆的役割を果したことは、大いなる成果を生まずにはおかなかった。なぜなら彼の死去後十五、六年を経て、美濃の国で聖なる福音の伝道が開始された時に、まだ彼が教えを説いたり説得した記憶は、人々の間に生々しく残っていたからである。我らは、主なるデウスが彼の模範と教化のゆえに、その霊魂を憐れみ給うことに信頼している。

この頃、比叡山の重立った学者の一人が、司祭と宗論を交えるために二度来訪した。その二度の討論において、彼は、自らは拒否しながらも道理の力によって司祭の言う真実を認めざるを得なかった。それにもかかわらず、彼は示された根拠に耳をかそうとしなかった。

さらに紫野の（大徳寺の）仏僧たちのうち五人が訪れ、幾つかの質問をしたが、それらは悪魔が悪意から彼らを駆り立てていることを明らかに示していた。だが司祭たちはデウスの恩寵によって巧みに答弁したので、彼らはいとも大勢の人たちの前で打ち負かされたのに接して、少なからず恥じ入った。

天台宗の二人の学者が来訪し、その宗派と我らキリシタンの教えについて幾多の討論をした。しかしついに彼らはデウスの教えが真実であることを認めた。その後、その中の一人が戻って来て、友人のように振舞った。そして幾つか質問した後、唯一の創造主と来世の存在することや、日本の宗教はすべて欺瞞であることを認めた。しかし、幼少時から悪魔に捕えられ縛られている鎖があまりにも強かったので、彼は聖なる洗礼を受けるに至らなかった。

もう一人比叡山の学者で、日本の諸宗派にはなはだ通じている者が、聴聞したことを明確に理解して、デウスの教えは、善いもので、神聖で、正義にかなったものと認めながらも、貞潔な生活をする自信はないので、受洗しないと述べた。

ケッシュウという一仏僧は、禅宗の黙想を三十年も行ない、日本最高の学者二人から、悟《サトリ》を開いた者、すなわち同宗派において完全な理解に達した人としての資格を授けられていた。この資格を認められるのは、あたかも(カトリック教会で)聖人を宣せられるように、非常に稀なことであったから、人々はそれを高く評価していた。彼らがこの方法でこの資格を授ける時には、その人たちを椅子に坐らせ、礼拝するようにして彼らに敬意を示すのである。そしてその人は爾後、有資格者となり、他人に黙想の公案を与えることができるようになる。ケッシュウは自分の家で、庭《ニワ》と称せられる庭園を描かせ、その中に一本の枯木と、その周囲には、自分の学識を承認し、資格を授けてくれた学者たちを配し、それに次のような二句を添えしめた。

ああ、枯木よ、汝を植えしは誰なるぞ。
我は、その始め無にして、ふたたび無に化するならむ。

別の句は、

我が心、有にも非ず、非有にも非ず、

往くことなく、来ることなく、留められもせず。

この仏僧は司祭を訪れて言った。自分は、生前何であったか、現在何であるか、そして死後何になるかを明らかに知っている。したがって私は自分の救いについて必要なことを聞きに来ているのではなく、暇つぶしに、なにか新奇なことや珍しいことを承りに参ったのだ、と言った。だが彼はこのようにひどく傲慢不遜な態度で来たのであるが、主なるデウスの恩寵はそれに優る働きをなし給い、彼は特に非常な熱意と満足のうちに説教を聞き、ついにはキリシタンに改宗し、しかも非常に善良なキリシタンとなった。そして彼の模範によって心を動かされた大勢の人たちが聖なる洗礼を受け、この僧侶がキリシタンになったことを聞いた者は、いずれも驚嘆した。

他の十五名の僧侶が洗礼を受け、彼らは、自らの蔵書や、門弟、および過去の生活におけるすべての慰安と娯楽を放棄した。ある人たちは、デウスの教えに従って、ただ一人の婦人のみを妻とすることを、またある人々は、貞潔に生きることを決意したが、そうしたことは彼らの許にあっては少なからず奇異に思われることであった。

また、一人の仏僧が播磨国から司祭のところへ来た。僧侶は魚も肉も、小麦で作られたものも食べず、ただ雑草と乾した木の実しか食べなかった。そしてそのうえ自ら救われようとして、法華経《ホケキョウ》と呼ばれる釈迦《シャカ》の教典八巻を、自分から学ぼうとする人たちに無報酬で教える願を立てていた。この僧侶は、司祭ならびに修道士にこう語った。自分は十年前に、天竺《テンジク》から来た伴天連たちに会い、彼らから救いの道を教えてもらう夢を見た。ところが翌日、夢から覚めた後、山口には天竺から伴天連たちが来世について説きに来ていることを聞いたのである、と。彼は創造主について教えを聞き、それを理解した後、必要な品を持ちそれまでの誤った誓いや偽りの贖罪の業をやめ、聖なる洗礼を受ける決心をし、もう一度戻って来るつもりで郷里に帰って行った。

また、ある身分の高い貴人の多数の家臣と、その他、都《ミヤコ》地方の人たちがキリシタンになった。さらに都からは百五十里も隔たっているにもかかわらず、坂東《バンドウ》地方の「足利《アシカガ》学校」という日本でもっとも著名な仏教大学にまで、伴天連が来日していること、彼が都に滞在していること、および彼が説いている教えのこと等、その情報が、たちまちにして伝わった。

法華宗の僧侶たちは、すべての他の宗派を含め、もっとも放縦で、誰にも増して悪しき生活をしている。この宗派の者は、僧俗を問わずカトリック教会に入るのにもっとも頑迷で厄介な人々であり、つねに我らが説くことにもっとも逆らい、他のいずれの宗派の人以上に我らを迫害した。

ガスパル・ヴィレラ師が都に来た当時、この宗派の俗人たちは、司祭の生活や習慣について調査を行なった。ところで彼らは、伴天連たちは貞潔を誓い、非常に潔白な生活をしていると聞かされたので、相手を変え、人々から大いに敬われている一人の仏僧のことをひどく怒り出し、「あの坊主は大勢の妾をかかえ、密かに魚や肉を食べ、自分たちに教えるのに金をとる。よくよくこの目で確かめたように、あらゆる点で天竺の坊さんは、あの坊主より優れた人だ」と言った。

そこで仏僧たちは、我らの同僚たちのことを、「狐」とか、別の者は「狐憑き」と呼び、火事や騒動による人心不安が都の市中《まち》に起るたびごとに、それは一に伴天連たちのせいだ、彼らは魔法使いであり、悪魔の教えを説き、かくて日本の国を混乱に陥れてやまぬのだ、と言うのが常であった。真言宗《シンゴン》の仏僧たちは、我らの同僚たちが説くデウスなるものは、自分たちが敬っている大日《ダイニチ》（如来）とまさに同一のもので、その相違は言葉の上だけのことだ、と言った。禅宗の人々は、自分たちがホンブンと称して黙想によって考察する、かの混沌《カオス》は、キリシタンのデウスと同じものだ、と言った。また他の宗派の僧侶たちは、伴天連が排斥され、都からまったく追放されるのを見たいものだと心では思いながら、自らの信者たちの間で少しも信用を失わないようにするために、ほとんど同じようなことを言った。というのは、彼らは、キリシタン宗門へ、人々の改宗が進展すると、それは自分たちの宗派が廃絶し破滅することを意味するのみならず、彼らが何にも増して案じるのは、自分たちが生計および生活の拠り所としている民衆の好意を失ってしまうことを恐れたからであった。

これらのことによって、キリシタンたちはますます勇気を増し、そして主なるデウスが、自分たちを照らし、自分たちに信仰のうちに生きることを教え給うた大いなる恩寵に感謝した。ある人々は、親族や友人を、司祭を訪ねるために、別の人たちは、その人たちをキリシタンにするために連れて来た。そして外から来た人たちは、日本の国の習慣に従って、食料品を贈物として携えては、修道士を訪ねるようになった。

（1）「日本総論」の部分であるが、謄写の時点ですでに失われていた。

第九章（第一部二九章）

ガスパル・ヴィレラ師が別の一軒の家屋を借りた次第、ならびに都のその家で彼の身に生じたこと

司祭が住んでいた家の所有者は、司祭に対して、もうお前さんをこれ以上留めてはおけぬから、どんなことがあろうと出て行け、とひどく強要した。キリシタンや同宿たちは悲しみながら、どこか司祭を泊めてくれるところがないものかと探しに出かけた。そして他により良いところとてなかったので、彼らは四条烏丸町《シジヨウカラスマルノチヨウ》という一区で別の掘建小屋を借り、翌（一五）六二年の四月《アプリル》、すなわち彼ら（日本暦）の第四月まで借用できるように家主と契約した。

日本の家屋は、石や漆喰でできてはいないが、ふつう冬には寒さを防ぐ場所なり施設がある。すなわち、板や粘土の壁のほか、戸や畳《タタミ》、および身体を温めるための炉等がある。しかるにここではそれらすべてのものが欠けていた。というのは、屋根を通して太陽や月や星が見えたし、家の中に雨や雪が降ることは街路と大差がなかった。壁といえば、藁束

がめぐらされているだけで、戸はなく、床は単なる裸土に過ぎなかった。しかもすぐ近くには別の公衆便所があって、その臭気は堪えられぬほどであり、説教を聞きにそこへ来た人々は我慢しかねる始末であった。夜には、人々は、いつものように司祭を襲って投石した。しかも昼間には、悪童どもが嘲笑しつつ追跡し、別の連中は、できるだけ司祭に近づけるように芦束の間に手を突っ込んで、掌いっぱいの土や馬糞を彼に投げつけた。また他の連中は、彼を「悪魔」とか「欺瞞狐」と呼ばわった。悪童たちは次から次へと押しかけて来て、罵倒したり悪戯を楽しむことで、ほとんど一日中の大部分を過している有様であったが、誰もあえてそれを咎めたり戒めたりしはしなかった。だが司祭は毅然としており、強固な精神の持主であったので、忍耐し沈着に振舞うことによってそれらのことに打ち勝ってあまりあった。

同じ通りの隣人たちは、伴天連に対する同情心からではなく、そこの悪童たちの叫び声と悪戯があまりにひどいので、家主に対して強くせがむところがあり、裏の方の別の通りに寺院をもっていた数人の仏僧たちも伴天連がいるためにこの辺りがこのように騒々しいことには我慢がならぬ。是が非でも彼に出て行ってもらわねばならぬ、と言った。家主は皆からあまりにも強要されるので、司祭のところに赴いて、先に述べたような理由から、もうこれ以上御身をここに留め置くことはできない。したがって出て行って、どこか別の家を探してもらわねばならぬ、と言った。司祭はそれに答え、もしあなたと契約を結んでもおらず、来年の四月まで家賃を払っていなければ、あなたの家を出て行くのは容易なことであろう。だがその期限はまだ来ていないことだから、ここから引っ越すつもりはない、と言った。

家主は伴天連が言う理由はもっともであると思い、町の人々には別の返事をしようと決心した。彼はその人たちを集めて次のように述べた。「伴天連がこの町でなにか悪いことをしたり、皆が憤慨なさるようなことでもしたら、私におっしゃって下さい。その時には私は彼を追い出しましょう。しかし、もしそれが宗旨のためならば、この町内には御身らの許に学識あるお坊様たちもいることだ。その方々と伴天連を討論させてみられるがよい。そしてもし伴天連が負けた場合には、お坊様方自身が、彼が無知であることの罰として彼を追い出すことでしょう。しかしなんの理由もないのなら、私は彼と結んだ契約をどうして破ることができるか判りません」と。

町内の人々は、それに同意したように振舞った。だが彼らは、家主が自分たちの勧告に応じないことを知り、そしてまた彼の主な収入が酒の販売によるものであり、それが良酒であるために多くの顧客を持っていることが判っていたので、彼らはその通りの出入口に、何ぴとも今後はあの家で酒を買うことは罷りならぬ。もし買う者がいれば、容器と代金を没収する、と禁止令を掲げた。そこで家主は自分の収入が減ってしまうことが判り、またしても家から出て行くようにと言って司祭を苦しめた。それに対して司祭は、「私は私で別の家を探しましょうが、あなたの方でもお探し下さい」と穏やかに答えた。

しかし寒気は厳しく、風は肌身を刺すようであり、安楽さとはほとんど縁遠く、床の上でわずかばかりの藁の上で眠るのがつねであったので、司祭は寒さのために病気になった。その際医師とては、我らの主なるイエズス・キリストのみであり、忍耐が彼にとっては薬の役をした。その後十五日ないし二十日を経て、彼は健康をとり戻し、またも説教を始めた。

キリシタンたちは、一方においては司祭の貧窮ぶりや、健康を損わせたほどの困苦に同情して涙したが、他方では、彼がそうしたことを、満足し喜んで堪え忍ぶ有様に接し、また、彼の説教における聖なる激励の言葉を聞いて、驚嘆したり慰められたりした。

そこへ、仏僧たちの間で高位を意味する上人《ショウニン》である法華宗のクォウゾウインという者が、大勢の僧侶および同宗の都の市民、二、三十人を伴って司祭を訪れて来た。彼は生来善良で、道理にかなった話を聞くことを好んだ。彼は司祭たちに、自分が説く仏《ホトケ》、釈迦《シャカ》のことを先に御身らが聞くことをお望みなら別だが、さもなくば私の方が先に、あなた方の説教を伺わせていただきたい、と言った。そこで司祭たちは、あなたはそもそも私たちが説くことについて知識を得ようとして、そのために来られたことだから、まずそれを聞かれるがよろしかろう、と答えた。

その仏僧は、かなりの時間、説教に接した後、次のように語った。「幾千冊という釈迦の経典の中には、御身が説かれた教えのことはまったく言及されていないし、それに類似するような別の教えも見当らない。したがって伴天連殿が、自らそれまで教わり導かれて来た教えを説いたり弘めたりしても罪なきことであると同様に、拙僧が生涯、研究し学んで来た釈迦の教えを民衆に教えたとて、拙僧もまた咎められはしまい。したがっておのおのが自らの教えに留まってしかるべきである。それはともかく、拙僧は、月の盈虚の解釈について、私たちの意見がすべて一致しているかどうかを知りたいと思う。すなわち、我らの経典によれば、我らが天には玉の宮殿《タマノクデン》と称する非常に大きい宝石が取り付けられており、そしてそれは透明清澄である。その傍には三十の天使がいて、十五日ごとに交替し、十五は白衣、他の十五は黒衣を装っている。月の第一日目に白衣の一天使がその宝玉のもとに赴き、ついで毎日一天使ずつがふえて十五に達し、その衣の白い色によってその宝玉は私たちが見るようにまったく明るく美しいものとなる。第十六日目には、黒衣の一天使が来て、そこに立っている白衣の天使の一人を引きさがらせて、自らがその場所に立つ。こうして毎日、黒衣の天使が白衣の天使を追い出し、十五の黒い天使がすべてそこに立つと、その時に月はまったく明るさを失い、そのために我々には見えなくなってしまう。さて、御身の天文学でも同様の見解かどうかを伺わせていただきたい」と。

その時、偶然にも、日本で最高の天文学者の一人で公家《クゲ》でありはなはだ高貴な在昌殿《アキマサドノ》という人が居合わせた。彼はそれより先伴天連から、日蝕、月蝕、および幾つか天体の運行に関することを聞き、そのことで彼は伴天連を深く尊敬するようになり、ついには都でキリシタンになった最初の人々の一人となった。彼は自ら洗礼を受けたのみならず、自分とともに妻子や召使いたちにも洗礼を受けさせ、自身はマノエル在昌《アキマサ》と名乗った。ところで彼は漢学に通じ、その点相当造詣が深かったので、仏僧のクォウゾウインにこう言った。

「私は貴僧の学識ならびに権威ある人格に対して尊敬して参ったので、今そのようなひどい妄想とか不条理なことを仰せられるのを伺って遺憾に存ずる。なぜなら月について、そのようなことを話されるなら、子供たちからも笑われるでありましょう。貴僧はたぶん私の顔を御存知ありますまいが、都ではおそらく私の名をお聞き及びに違いないと存じます。私は在昌《アキマサ》と申す者で、天文学を職と致しております。それは釈迦が述べるような粗野なものではありませぬ」と。

　彼らは在昌《アキマサ》の名を聞くと、それ以上一言も答えず立ち上がり、その場から去ってしまった。マノエル在昌は、彼らに月についてはどう考えるべきかを話したいと思ったが、彼らはもう待っていなかった。

　司祭がそこで答えねばならなかったこと、また、仏僧たちが彼を誹謗し破滅させようとして試みたやり方、それらはいずれもさまざまであった。だが結局彼らは司祭の堅忍不抜さに感嘆させられただけであった。

　そこへ坂東《バンドウ》から法華の宗派の会下僧《エゲソウ》と称せられる別の僧がやって来た。彼らは一年中、紙の衣だけを着用することを規則としている。彼とともに、篠原殿《シノワラドノ》という武士も来た。それはある日の夜明け頃のことであり、彼らは説教を聞きたいと言った。そこでロレンソ修道士が、彼らに、全能、全知、全善、永遠、不可見なる唯一のデウスが存在する次第を説いた。

これらの僧侶たちは、衣服こそ貧しく装っているが、そのある者は学識ある人たちなので、大いに自尊心を抱き、不遜な態度を示した。また、この宗旨の人たちは発言することなく、時々指による所作とか合図で討論する習慣を有する。この僧侶もそのようにした。彼は自分がいる場所から突然起立し、その家の一番高く一番よい席に坐り、腰に帯びていた扇子を取り出し、それを拡げて片足の下に置き、片手を脇腹にあて、他方の手の人差指を上方に挙げた。ところでこの姿勢をとったのは、自分の方から言葉に依らない一つの論証を提示するためであった。

ロレンソ修道士は彼に答えねばならなかったが、ほとんど盲目であったので、その僧侶がとった姿勢を見分けることができなかった。そこで彼は傍にいた司祭に、その姿勢を知らせてもらいたいと乞うた。そして彼は、それを知るやいなや司祭に向かい、「伴天連様、お任せ下さい。すぐにこの人を打ち負かしてしまいますから」と言った。それから彼は片手を腰にあて、片手を挙げ、五本の指を皆拡げ、大声で（ラテン語で）言った。“Credo in Deum Patrem Omnipotentem, Creatorem Coeli et Terrae”（ばんじかなひ玉ひ、てんちをつくり玉ふ……デウスと……ゼズス・キリストをまことにしんじ奉る）と。

謹厳さと尊大ぶりを振りまいていたその仏僧は、大声をあげて笑い、同席者一同がそれに和した。そして彼らはそれ以上待っておれず、暇を告げてすぐ立ち去り、二度と姿を現わすこともなかった。

既述のように、比叡山の大学から司祭と討論するために多くの学者がそこへ来たが、彼らの中には、グァチョウボウという八十歳の僧もいた。彼はつまらぬことを幾つか質問した後に、司祭に対し、「殺すなかれ」という我らの戒律について、御身の御見解を承りたいのだが、「人が、生命あるものを殺すことを御身は大したことではないとお思いかどうか」と言った。

司祭は彼に次のように答えた。「我らがここで説く全能のデウスは、万物を創り給うた時に、ただちに、下級の被造物は上級の被造物に隷属し、そして上級の被造物は高尚であるから、その段階に応じて、下級のものによって自らを養い、生命を保つように定められたのである。かくて蚊は蜘蛛の餌であり、蜘蛛は小鳥の餌であり、小鳥は小鳥でさらに猛禽に捕えられて人間の食料に供せられる。そのことから獣類、鳥類、魚類は、この世においてデウスが作り給うたもっとも高尚な被造物である人間の食物として役立つために創られていることがお判りになりましょう」と。すると仏僧は、「キリシタンがある人を殺した場合、それはたいしたことではないとお考えか」と言った。司祭は答えて言った。「デウスは人間に従うように諸物を創り給うたが、他方人間には、自ら命ずる戒律を守ることでデウスに従うことを欲し給い、それゆえなかんずく、第五誡には、『汝殺すなかれ』と述べられているのである」と。

仏僧曰く、「デウスが、殺すなかれと命じ給うのならば、デウスは罪人を処刑することをも禁じるのか」と。司祭曰く、「然らず。デウスはさらに大いなる悪事を防ぐために、国家と領国内において、その悪人をば、法律とその犯行の軽重に従って罰するように定め給うた。さもなければ私たちは国家の秩序を保つことができないからだ」と。

仏僧は司祭の答弁に賛成し、デウスの教えを賞讃し始めた。そしてそこに居合わせていた人々のうちの幾人かはなお外に居残り、教理の順序に従って残りの説教を聞いてキリシタンになった。

デウスの教えが都に弘まるに従って、仏僧や一般民衆の我らのことに対する憎悪はますます激しくなり、彼らは、伴天連を殺すか、都から追放するかどちらかに決心せねばなるまいと言った。ところで、場ノ町《バノチヨウ》というある町から、伴天連は都《ミヤコ》全域を焼き払い、一軒の家もなくなるに至ろう、という別の流言蜚語が市中に拡がった。そのために貧富を問わず皆が司祭に憎しみを抱き、伴天連を殺すか、あるいはできるだけ遠方へ追い出してもらいたいと望むようになった。また、仏僧たちは、洗礼を受けた人をも、いくらか悲しませ、困らせようとして、こんなことを言った。「キリシタンたちは三年以内に死ぬに違いない。

なぜなら神《カミ》と仏《ホトケ》の懲罰、ならびに御怒りのために、そう定められているのだ。それにそのキリシタンの教えが悪しきものであることは、その教えには、釈迦がこの世でなされたような奇跡が見られぬという事実がよく物語っている」と。これらすべてのことに、司祭は逐一十分な根拠をもって答え、彼らを打ち負かした。

仏僧たちはこのことで幾多論議を行ない、デウスの教えが日々に弘まって行くのに接し〔それは彼らがどうにも我慢がならないことであった〕、また、それが進展すればするほど、僧侶の信望は必然的に害され、偶像に対する尊崇心が失われるに違いないと思えたので、この問題について公方様と詳しく相談しようと決意した。だが彼らは、伴天連に死刑を宣告するように公方様を説得できるだけの根拠とてはまったくなかったから、彼らは公方様に偽りの陳述をした後、殿下は少なくとも伴天連を都から追放なさらぬはずはないと思うと結んだ。

公方様は異教徒であったし、異教徒として、同国人である仏僧たちにいっそうの好意と信頼を寄せるに違いなかったのに、彼らが罷り出ると、公方様は彼らが予期していたのとはまったく異なった返答をした。すなわち、彼は次のように述べた。「伴天連は異国の者であり、汝らがやっているような奸計を恐れていたので、予に尽力を求め、予から、都に居住してよいとの允許状を下付されたいと願い出たのである。そこで予はそれを与えた。ところで彼には、都から追放されるに価するような罪はまったくないのだから、そのような残酷な処置に出ることは予の名誉が許しはしない。しかし、もし彼の教えが汝らの言うように悪魔のもので、汝らに害を及ぼすものであるならば、汝らはいっしょになって、討論によって彼を打ち負かすがよい。そしてもし汝らが彼に打ち勝つならば、汝ら自身で彼を放逐することは容易なことであろう」と。

彼らはこの返答になんら異議を申し立てることができなかったので、法華宗の人々は、このことで特に協議したが、その意見は各人各様であった。すなわちある人々は、公方様が仰せられたことを実行して、伴天連と公開討論を行なわねばなるまい、と言った。だが他の人々はそれとはまったく反対意見で、「討論は必要ではない。身共は汝らが、伴天連とそのようなことをせぬよう警告する。なぜなら、もし御身らが千の論点中、たった一点において、しかもそれがごく些細でつまらぬことであっても、打ち負かされでもしようものなら、それだけで日本の全宗門の名誉を傷つけそれに害を及ぼすことになり得るからである」と。

この忠告により、若い仏僧や俗人たちは、爾来、司祭を訪ねることを断念するに至ったので、キリシタンたちは、いっそうしばしば司祭の住居へ訪ねて行く機会をもつようになった。しかし、異教徒たちはさっそくやって来て、キリシタンであれ異教徒であれ、司祭のところへ人々が行くのを妨害した。

家主は、夜分に誰かが自分の家に放火しはしまいかと心配して、夜通し戸口に炬火を絶やさぬようにし、一人の男まで置いた。その男は、家を焼かれはせぬかという家主の恐れのために夜明けまで見張りをせねばならなかった。

この家主は、司祭に是が非でも家から立ち去るように強要したし、もうこれ以上延引することは不可能に思えた際、司祭は、下京の四条坊門《シジョウノボウモン》という地区の姥柳《ウバヤナギ》通りに、仏僧の持家が一軒あって、僧侶はそれを売りたがっていることを聞き知った。だがそのことには多大の用心と秘密と慎重さを必要とした。なぜならば、もし伴天連がそれを購入しようとしていることにその町の人たちが気づくならば、彼らがその売却に同意することはあり得ないことであった。だが町の人たちにそれを気づかれぬように秘密を保つことは不可能であった。というのは、日本人は一般に秘密を守るということではあまり信用のおけぬ国民だからである。それゆえ、彼らはそれを知ってしまい、どんなことがあっても家主にその家を伴天連に売らせないようにするために彼を買収した。だが家の所有者であったその仏僧は、誠実さより貪欲の方がまさる男であったので、町内からの贈与を受け取り、その家を売らぬと約束したものの、他方では伴天連は現下の困窮に鑑みて、どのような日本人よりもその家に対してより多くの代金を支払うに違いないと見て、密かに彼と値段を協定した。

ところで司祭は公方様から、何ぴともその住居を奪ってはならぬ、また、市内の賦課から免除されるという允許状を下付されていたので、ある貴人に乞うて、公方様が家臣の一人を派遣し、その允許状を示すことによって、町の住民たちがもっと自分に敬意を払い、なんら他の妨害も加えぬようにしてもらいたい、と尽力を乞うた。そしてそのことはただちに実行された。

しかし、ここにおいても悪魔はなにか妨害できないものかと試みることを決意した。すなわち、司祭が新たに引っ越して来た時に、町内の人々は男も女も大勢の者が、彼とその家を見物にやって来た。その際、彼らは公方様の允許状を携えて来たかの男を知らなかったので、察するところ、その男に無礼な態度をとり、あるいは、なんのために伴天連に好意を示したり、都で家を持つことを許したりするのか等々、無遠慮な言葉を投げかけた。その男はそれを聞いてひどく怒り、その場で争いとなったが、司祭とキリシタンたちがこれを調停した。それというのも、もしこの調停が成功していなかったならば、司祭がその家に留まることは困難となり、かならずや相当な生命の危険を伴うことになったであろう。だが教会に対するこの町内の憎悪はなお深く根を張っており、彼らは教会がそこにあることをはなはだ快く思わず、それから二十年以上の歳月を経ても、町内の人々は教会とまったく没交渉であったし、コスメ修道士を除いては、その町内から誰一人キリシタンになる者もおらなかったのである。それについては後に(彼のことを記す際に)述べるであろう。

ここで司祭はさっそく一種の祭壇とごく小さい聖堂を設け、キリシタンたちは、ミサを聞くためにそこへ参り始め、数名の名望ある人々がそこで聖なる洗礼を受けた。

司祭はこの地において、過ぐる二年間というもの絶えず悩まされて来た多くの迫害と困窮から、いくらかは休息をとれるようになったが、新たな嵐がかならずや遠からず押し寄せて来ることと予想されたので、それに処する準備を怠りはしなかった。

第一〇章（第一部三四章）

ガスパル・ヴィレラ師が初めて都の市《まち》から追放された次第

司祭（ヴィレラ）は、すでに購入した家を手に入れた後、先に改宗したキリシタンたちの世話をし、彼らを、信仰のことにおいて、良く、かつ堅固に基礎づけることに専念し、同時にそこに大勢集まって来る異教徒たちに説教することを絶えず続けた。彼は、昼間はずっと街路に面した戸に公方様の允許状の写しをはりつけて、公方様がそれを下付されたことを一同に確認させるようにし、夜分にはそれを撤回した。

仏僧たちは眠ってはおらず、彼らは悪魔の道具であったから、事実その手先となり、法華宗の下総殿《シモサドノ》という貴人のところに赴き、〔当時公方様に代って天下《テンカ》を統治していた〕やはり法華宗徒の松永霜台《マツナガソウタイ》（松永久秀）の許で、伴天連を都から追放するよう働きかけてもらいたい、とあとう限りの弁舌をふるって説得した。下総殿は、まるで自分がデウスに奉仕するかのように歓喜してその用件を引き受けた。彼が仕えていた霜台は、仏僧に劣らず伴天連の追放を望んでいたが、公方様は伴天連に允許状を下付しており、それによって彼は都に居住することが許されているし、彼を妨げる者は誰でも処罰されることになっているのに鑑みて、あえて公然と独断でもって伴天連を追放することはできなかった。そのうえ司祭は、当時五畿内で大いなる勢力をもっていた河内国の主君、三好（長慶）殿からも、もう一通同じ内容の允許状を貰い受けていた。霜台自身は三好殿の家臣であったが、彼から裁判権と統治権を奪ってしまっていた。そこで霜台は伴天連を追放することを熱望していたが、自分が関知せず命じもしなかったと人々から思われるように振舞うことにした。

この霜台の家には、今村殿《イマムラドノ》という一貴人がいた。彼はロレンソ修道士が、なにか霜台のところで教会のことで用事をせねばならなかった際には、霜台のところへ連れて行ったり、伴天連の用件や書状を彼に取り次ぐのを常としていた。今村殿は、下総殿や仏僧たちに説得され、大和の国にいた間に、都の重立ったキリシタンたちに宛てて一通の書状をしたためた。その中で彼は次のように述べた。

「公方様は特に松永霜台に対し、「デウス」〔すなわち伴天連〕を都に住まわせてはならぬと明白に伝えさせた。予は幾度もそれを阻止できぬものかと尽力したが、公方様が命ぜられたことだから、この際、請願は不可能事である。それゆえ、御身らはそのことを伴天連に言うがよい。ほかからもそのことは彼のところへただちに伝えられるものと思われる。ところで伴天連は、たぶん赴く先もなかろうから、その時には彼を都から二里離れた勝竜寺の城に行かせ、そこに取りあえず留まらせるがよい。そして伴天連を、霜台の命令がその家に届くまで都に待たせておくべきではない。なぜなら、その場合には、彼はただちに掠奪され、家屋も押収されてしまうであろう。それゆえ彼は速やかにその家を売るべきであり、もし買手が見つからず、または彼が譲りたい人がなければ、その世話を予に任せるべきである。そうすれば予は家臣の一人をその家に泊らせ、そのことを町内の人々に告げしめるであろう。

大和の国において、第八月第八日、これをしたたむ。

この書状は真夜中頃にキリシタンたちに届けられた。彼らはこれを見るや、かくもはなはだしい予期せぬ不幸に、大いに悲しみ苦痛に満されて司祭のところに赴いた。そして彼ら一同は最善の策を協議し合ったが、最年長者でもっとも経験に富んだ人々は司祭に向かって次のように言った。「もしも明日、この書状にあるように公方様の命令が届き、都から追放するために尊師が捕えられ、縛って侮辱し連行されることになれば、尊師も想像できましょうが、それは私たちにとってどれほど大きい悲しみであり苦痛でありましょうか、そしてキリシタンの名を傷つけることいかばかりか計り知れぬものがございます。それゆえ、今ただちにこの教会の道具を私どもの家に運んで安全に守る方が適切であり確実であろうと存じます。そしてこのたびの別離は私たちにとっても、まさに死を意味するほど辛いことではありますが、尊師、どうか御苦労なことでも、ここから三里離れた八幡《ヤワタ》というところへ赴かれ、そこで、ロレンソ修道士が本件で打開策を講じるでしょうから、その決定をお待ち下さい」と。

協議が終ると一同はただちに密かに道具を持ち去った。そして教会には見張りのために数人のキリシタンが残留した一方、司祭はそれから一時間を経て夜半過ぎに出発した。二十人ほどのキリシタンが淀川《ヨド》まで彼に伴い、そこで司祭は、指示された地へ赴くために鳥《ト》羽《バ》というところで乗船するほかはなかった。

キリシタンたちは、途次、司祭との別離を泣き悲しんだ。だが司祭は非常に快活で、彼らを慰め、我らの主なるデウスは、万事これを善いように執り成し給うであろうと言って大いに希望を与えたので、彼らは勇気を得た。彼は乗船し終えた後、彼らのうち十七名を帰宅させ、三名だけは小舟で八幡《ヤワタ》まで彼と同行させた。彼はそのうち二名を翌朝帰らせたので、彼の許にはバルトロメウという都の既婚者のキリシタン一人だけが留まることになった。

ロレンソ修道士はほとんど盲目であったが、さっそく早暁に大和国に向かって出発し、先にキリシタンたちに宛てて書状をしたためた今村殿のところに行き、司祭から託された書状を渡したが、それには次のようなことが述べられていた。

「私は貴殿の御書状によって、私が都から追われることを承知しました。私はなんの罪あって、もしくはどうして追放されるのかを知りたく存じます。と申しますのは、私が自分の行為によって、都で誰かに悪事を働いたとか迷惑をかけ、そのために有罪であると宣告されるのならば、その場合、私は死をも拒みは致しません。しかしそれが、私の説く教えのためであると思し召されるのならば、都には学者や権威者が大勢おられることである。公方様におかれては、御自身の面前において、あるいはどこでも公開の場所において、私たちが真理について宗論を交えることができるように皆に命じていただきたいものであります。そしてもし私が論破されましたならば、その際には公方様が、私が説く教えは無益であり、国家に危険なこととして私を追放されても、それは正当な理由があることでございます。しかしもし公方様には、仏僧たちがその宗論に応じようとしないからとの理由で宗論することは良くないと思し召されるようでしたら、殿下は、私が自由に都に住んでよいとの允許状を自ら授けて恩恵を施されたのは、たった数ヵ月前のことであることをお忘れなさるべきではありますまい。そのようなわけで私は貴殿にお願いがございます。私は異国の者であり、敵の陰謀を防ぐためには、貴殿以外に当国では誰も守ってくれる方はいないのですから、どうか霜台（様）の許で私のために執り成して下さいますように」と。

霜台はこの時、そこから二里離れたところで、ある城の前面に進出し、それを攻撃しようとしていた。そこで今村殿は自分の親しい一貴人に書状をしたため、その中で伴天連のこの書状と依頼を霜台に報告してもらいたいと述べた。

ロレンソ修道士はそこから陣営に赴き、ほとんど夜になってそこに到達した。彼がその貴人に書状を渡したところ、彼は答えて、「霜台殿はお疲れであり、戦のことに忙殺されておられる。したがってこの件で話し合うことは致しかねる。だが後刻、今村殿と会ったならば、この件でどのように処置できるか彼と協議してみよう」と言った。それゆえ修道士は、今村殿にいただいた書状はほとんどなんの役にも立たなかったことを報告するため、不満をこらえて大和の国へ帰って行った。結局のところ、今村殿が彼に言うには、「御身は都に赴き、公方様のところで、伴天連が都に帰れる方法があるかどうか、試みてみなければなるまい。と申すのは、もしそこでそのように決るなら、その時には私は霜台殿に関することなら、私がここで事を促進させよう」と。

かくてロレンソは、既述のようにほとんど盲目なので、小杖を曳いて都に戻った。だが彼はデウスのことには精通しており、このような用務では、そして特に日本の君侯たちと交渉することにかけては、格別の才能と天性の識見を備えている。そこで彼は、公方様の政庁の重立った貴人の一人であり、またその式部職であった（伊勢）伊勢守殿《イセノカミドノ》をすでに以前から知っていたので、彼を訪ね、事の次第を報じた。伊勢守殿は、「公方様はそういうことをなにも御承知でないし、伴天連を追放するよう命ぜられたこともない。だが念のために殿下にそのことをお訊ねしてみよう」と答えた。彼がそのことを公方様に語ったところ、まさしく彼がロレンソ修道士に言ったとおりであることが判明した。そこでロレンソは、万事に目先が利《き》いていたので、伊勢守殿に次のように言った。「御身は今やこれほどまでの御好意を私どもにお示し下さったのですから、ついでにもう一つ別の御好意をぜひ、お示しいただかなくてはなりますまい。それは御身がその御好意を完璧なものとなされ、この五畿内の諸国の方々に、御身がどんなに、異国の者や寄る辺ない人たちを保護されるかを知らせるために、御身が一書をしたため、そのなかで、公方様は伴天連に対する態度をお変えになってはいないことを大和の国、および五畿内の他の地方に知らせるようにしていただきたいのです。私はその書状を携えて大和の国に引き返し、霜台と爾余のことを交渉致しましょう」と。

ついで伊勢守殿がロレンソに手交した書状には次のようにしたためられていた。「当地で聞くところによれば、公方様は天竺《テンジク》から渡来の伴天連を都から追放するよう命ぜられたと言う。だが予が公方様に伺ったところ、殿下は、自分はさようなことをなにも命じてはいないとお答えになった。したがって、上記のような事実に反する説がどこから出たのかも予には判らぬ。予は本状を伴天連に与えるつもりはなかったが、切に請われたことだし、伴天連は異国の人でもあるのであえて授けることにした次第である。貴殿はすでに以前から伴天連と友誼もあり面識もあることとなれば、ぜひとも万事につけ彼に好意をお示しいただきたい」と。

すでに司祭は八幡《ヤワタ》に留まること五日になり、ロレンソ修道士がもたらすに違いない返答を待っていた。しかし彼はなかなか来なかったので、司祭は事態を熟慮した後、そこで彼の許にいたバルトロメウに言った。「私は教会から立ち去って来たことを、もういくらか後悔している。私の方には追放されるに価するような罪はないのだから、たとえ人々が私を殺そうとしていることが判っていても、都の教会とキリシタンを見棄て去るには忍びない。デウスもまた彼らを見棄てたりはなさらぬであろう」と。バルトロメウは、ロレンソ修道士が交渉した結果を聞くために八幡《ヤワタ》で待つように切に司祭に勧めたが、彼はこうして延引するのが待ちきれず、真夜中に豪雨と暗闇の中を八幡から都に向かって出発した。バルトロメウが彼を納得させることができたのは、ただ一つ、彼がすぐには教会に入らずに、返事が来るまで密かに自分の家に住まわせることであった。バルトロメウははなはだ善良なキリシタンであり、教会のことに大いに愛情を寄せていたので、司祭は彼の言うことを諒承した。だが法華宗徒であったその妻はそれをひどく嫌い、ようやく伴天連を自宅の裏に泊めるという条件で承諾した。ただし彼女は同宿《ドウジク》のダミアンが伴天連の傍にいることを許そうとしなかった。そこでダミアンは宿泊できる別の家を探しに出かけた。その妻は、夫が自分のところに伴天連を連れて来たことから夫にひどく抗《あらが》い、大のキリシタン嫌いであったので、司祭も二日後には当分は他のキリシタンの家に移るのを余儀なくされた。

ロレンソ修道士は伊勢守殿の書状を携えて、再度大和国に赴き、それを今村殿に手交した。今村殿は、修道士がそのような書状を入手するということは不可能だと考えていたので、それを見て驚き、ついでそれを持って霜台の許に赴いた。霜台は、公方様が態度を変えなかったのだから、自分も変えまい。伴天連は自分の教会に帰るがよかろう、と答えた。そして今村殿は伊勢守殿に第二信をしたため、霜台殿は同意されていることであり、今後は貴殿も伴天連を保護なさるがよい、と述べた。

これらすべてのことをなし遂げた後、ロレンソは都に帰り、一人のキリシタンの家にまだ隠れていた司祭を訪ねた。キリシタンたちは彼が到着したことを知ると、男も女も司祭の許に馳せ参じた。彼らの悲しみは喜びと変り、一同は長い間、両手を挙げて跪き、我らの主なるデウスが示された恩寵に対して感謝した。

都の寺院の僧侶や異教徒の市民は、先に伴天連が追放されたとの報せに接した時には歓喜し、自分たちが一番願っていたことが実現したというので祝賀した。だがなかには賢明な異教徒も数名いないわけではなく、その人々はこう言っていた。「伴天連は、公方様や三好殿、いな霜台からさえ、都に居住するための允許状を得ている。人々はそれにもかかわらず、なんの罪もないのに彼を追放するのだ。だから伴天連には落度はないわけだ。むしろ反対に彼の国とかその他遠い地方で、このたびの不正行為が伝えられたならば、日本の信用は失墜し、少なからぬ恥辱となろう」と。そのようなことがあったから彼らは、伴天連がわずか数日後に連れ戻されて来たのに接して、いっそう驚嘆した。

司祭はそこからただちに、大勢のキリシタンとともに教会に赴き、一同はそこで、彼が帰って来たことをあとう限り盛大に祝った。

降誕祭が訪れた時——実はそれは都における最初の御降誕の祝会であった——約百名にも達しようかと思われるキリシタンたちが参集し、我らの主なるデウスを讃美し、その御恩寵を賞讃して、その至聖なる御降誕の夜を一晩中祝って過した。そしてその翌年、四旬節の金曜日には、さっそくデウスの御子（キリスト）の御苦難についての説教がなされ、キリシタンたちは教会に来て、鞭打ちの苦行を行ない、告白をしたり、デウスのことに喜悦と熱意と信心を深めて行った。

第一一章（第一部三五章）

司祭（ヴィレラ）がふたたび公方様を訪れ、そして都から堺の市へ伝道に赴いた次第

教会は（前章で述べた）嵐の後、静謐な歩みを保っていた。しかし仏僧や異教徒の俗人たちはもはや誰も司祭のところへ質疑に訪れることなく、むしろ陰でいつも次のように言っていた。「人間が、禽獣にも劣ったキリシタンとなり、ひどく気違いじみた憐れな状態に陥ることとは、最大の不幸であり不運である。そういうキリシタンになる者は神《カミ》や仏《ホトケ》の御恵みや御慈悲から追い出されているわけだから、それはまたその人が地獄に堕《お》とされることを明らかに示すものだ」と。

司祭は公方様を訪問して、自分の名誉を回復させたり、先に下付された允許状を保証して恩恵を示されたことに謝意を述べようとしたところ、公方様はその点、いくらか難色を示し、「当地の民衆は挙げて伴天連に反対して騒いでおり、僧侶たちもまた激しい憎しみを抱いている。したがって予が御身を優遇し、訪問を受けるのを人々が次々と見たならば、

かならずや予にも不慮の出来事が起ることであろう。それゆえ、予を訪ねて来ないように」と言った。

だが、はなはだ高貴であり、公方様自身の後見人を務め、公方様から大いに畏敬され寵愛されている伊勢守殿は、公方様に次のように言った。「殿下はすでに二度も伴天連を御引見になったのでありますから、今もし殿が彼に会おうとなさらぬことが異国に聞こえますれば、あちらでは決して良い印象を与えますまい。むしろ反対に、伴天連の身分は、大いなる名声を有する仏僧のそれに劣るものではないのですから、殿下は、従前のように、廻廊においてではなく、殿御自身のお部屋で引見なされるべきだと存じます」と。そして彼はそれを幾度も繰り返して言ったので、公方様は彼に譲り、その言を容れ、伴天連が訪れて来た時には、彼にふさわしい尊敬を払った。公方様は、生存中はずっとそのような態度を続けたが、まもなく殺害されたのでごく数年だけのこととなった。

司祭は、都においては布教がさしあたってなんら進展しないことが判ったが、生来霊魂の救済ということに大いなる熱意を抱いたので、キリシタンの数がふえぬままでいることには、胸中もはや堪えられなくなった。そこで彼は、どこへ行けようか、どこかもっと成果を収めて働けるところがないものかと熟考した。そして彼には、都以外としては、日本のヴェネツィアとも言うべき堺の市《まち》以上に重要な場所はなかろうと思われた。すなわち、その市街は大きく、富裕であり、盛んに商取引きが行なわれるのみならず、あらゆる国々

南蛮人（「南蛮屏風」神戸市立博物館蔵）

の共通の市場のようで、絶えず各地から人々が参集するところであった。司祭は、堺には自分のための家も知人もないという事情が最初の困難として自分の身に起り得ようと考えたが、その時、我らの主なるデウスは、この市のはなはだ名望があり、広く親族を有するフクダ日比屋了珪なる一市民の心を動かし給うた。彼は伴天連がもし同所に来るならば、自分の邸に泊ってもらいたいと考えて、伴天連を知っていた日向殿《ヒュウガドノ》という一貴人に宛てて、もし伴天連が堺に来ることがあれば拙宅に住まわれるよう説得してほしいと書き送った。ついで司祭が日比屋了珪に、そのことで謝意を述べさせたところ、同人は自分の一人の兄弟を都に派遣して、司祭を訪ねさせた。

都のキリシタンたちは、我らの主なるデウスの教えが、どのような方法であれ弘まって行くことは良いことだと思ったが、司祭がしばらくでも自分たちの許から離れては、また別の新たな支障が生じはしまいかと憂慮して心を痛めた。だが司祭は、デウスの御言葉が拘束されていることは良くない、むしろそれを弘めることが必要であることを理解させて、慰めた。

そこで司祭は、二、三名のキリシタンを都の教会の管理人兼世話人として留め、同（一五六一）年八月に堺に向かって出発した。都のキリシタンたちはそこから一里ほど同行し、まもなくまた戻って来ていただきたいと幾度も切に彼に懇願した。

司祭が都から十八里距たった堺に来た時に、日比屋了珪はその来訪を非常に喜び、あとう限り歓待した。そして彼がそこで我らの聖なる信仰について説き始めたところ、新奇なことであったので数名の者が説教を聞きに訪れた。これらの人の中には幾人か学識のある人々もおり、彼らは幾つかの論拠から、いかなる結論を出すべきかを洞察したが、当時それを実行しはしなかった。なぜならば、同市の住民の自尊心と不遜なことは非常なもので、彼らは貪欲、暴利、奢侈、逸楽をほしいままにしており、加うるに悪魔は狡猾さと奸計によって、キリシタンになることは彼らにとり堕落を意味し、恥辱であると思い込ませていたからである。そのために多くの者は、同国人からのそうした辱しめを恐れ、真理を認めながら受け入れず、大勢の人々が司祭に対して、世間の思惑や評判が、自分たちがデウスの教えの真理に従うことを躊躇させるのだと告白した。それにもかかわらず、了珪の数人の子供と親族たちがキリシタンとなり、それから二年後には了珪も洗礼を受け、自らの生活および行為によって人々を大いに感化し、つねに当市のキリシタンの柱石となり生活の亀鑑であった。そして堺にまだ我々の同僚たちの家がなく、司祭たちがキリシタンの世話をしたり、布教のために他の用件を片づけようとしてその地に赴いた十八ヵ年以上もの間、彼の家は昼夜とも教会の役目を果し、彼のものであった二階を司祭たちは居室とし、そこでミサを献げ、告白を聴き、キリシタンたちにその他の秘蹟を授けたりした。

この日比屋了珪は堺のもっとも名望ある市民の一人クンドという人の長男であった。クンドは非常に賢明で権威ある人であり、その識見によって当市では大いに尊敬されていた。了珪には四人の子供があって、そのうちの最年少者（ヴィセンテ）は、ガスパル・ヴィレラ師がそこで授洗し、当時十三歳であった。この一少年の中に、自然はその逸品を作ろうとしているかに思われた。なぜなら彼はその挙措動作が上品であるばかりでなく、非常に犀利な理解力や秀でた記憶力の持主で、祈りに専念し篤信で、八日ごとに告白し、聖体を拝領するのに大いなる信心を示し、我らの同僚たちはこの有様に接して恥じ入るほどであった。彼は父に、豊後にいるコスメ・デ・トルレス師を訪問する許可を願おうと決心した。そして彼は父にそれを切に乞うところがあったので、父は同所から非常に遠隔の地であったにもかかわらずその許可を与え、司祭（トルレス）に対して息子のために尽力されるよう懇請する書状をしたためた。彼はさっそく我らイエズス会員のあらゆる習慣を身につけようとしてまず髪を切ったが、それは日本人がなし得る最大の犠牲の一つであった。彼はまたただちに絹衣をすべて脱ぎ、日本人たちに現世の無常を説いた。司祭（トルレス）は彼を豊後から横瀬浦に伴い、そこから船に乗せ、従者とともに都へ送り帰した。というのは、彼の父がコスメ・デ・トルレス師にそうするように願ったからであった。司祭が彼に、お前は父に従って、帰って行かねばならぬと告げた時、彼が悲しみ涙を流すのを見ることは、我らが喜びとしたところで、彼は心中少なからず悲しみながらその命に従った。なぜなら彼はもっぱらデウスに奉仕して生涯を終えることを願っていたからであった。彼はミサ聖祭に与かることを非常に喜び、修道士たちといっしょに、非常な敬虔さと信心をもって良心の糺明をしたり祈りをした。彼は一同に別れの挨拶をした後、翌年には戻って来られることを望みながら乗船した。平戸に着くと、彼はその足で教会に赴いた。ドン・アントニオ（籠手田《こてだ》左衛門安経）の夫人ドナ・イザベルは、彼がその地にいることを聞くと、その少年が父親の関係から同所ではよく知られており、人々は彼を我々イエズス会の修道士の一人のように見なしていたので、出発前に自分のところへ来てもらいたいと人をして頼ませた。そこで彼は、ともに旅をしていた人に伴われて彼女を訪ねて行った。ところで彼が彼女や同家の人たちと交わした談話の内容は、苦行についてであったが、それは彼がよく話すことができる話題であった。すなわち、彼は横瀬浦に滞在していた折、そこのキリシタンたちにそのことについて説教したことがあったからである。というのは、同所には彼より巧みに、また、大いなる信心をもってそのような説教ができる者としては誰もいなかったのである。

堺ではさらに十四名の兵士が洗礼を受けた。彼らは市の代官《レジエドール》である一貴人の家臣たちであった。兵士たちは、彼らを知っていた人たちが少なからず驚嘆したほど、その生活において顕著な変化を示した。司祭は、これらの兵士およびその他の人々にそれぞれに適した説教を授けた。すなわち、改宗者たちの数は少数であったとは言いながら増加していたのである。

こうして司祭が堺に移ったことは、彼が知らなかった危険から、免れさせるためのデウスの御摂理であった。なぜならば、彼が都を立ち去った一ヵ月後に、四万人の兵士が都の市街を包囲したからである。当市を統治していた大身《セニョール》の叔父が、そこへ救援に赴き、一大侯《プリンシペ》が彼と対戦した。彼は先に暴力的に大侯からその国を奪取したのであった。この大侯は、根来《ネゴロ》と称せられる僧侶たちを傭兵として率いて来た。僧兵は、ヨーロッパにおけるゲルマン人（傭兵）のような者どもである。

これら両軍勢は、堺の市と都の間に陣営を構え、その間には絶えず幾度か小競合いがあり、仏僧たちが属した側がつねに勝利を博した。この状態が続き、対陣していた間に、司祭にはロレンソ修道士を都へ派遣することが可能になった。そこでロレンソは都に赴き、キリシタンを激励し、彼らとともに降誕祭を祝った後、堺に帰って来た。

この頃、都の二人の殿の一人で公方様の義兄弟にあたる者が、悪魔にそそのかされ、宿舎として役立つとの口実のもとに、我らの教会に泊る許可をもらった。それはキリシタンたちが少なからず困惑するところであった。司祭はこれを聞くとまたもロレンソ修道士を都に派遣したが、主の御旨によって我らの同僚たちを困らせようとした者は、その悪しき企てを放棄するに至った。すなわち、キリシタン側に好意を寄せる多くの殿たちが執り成したからで、そのうち四名のきわめて身分の高い人々は、司祭に書状を送り、助けてくれた人たちに謝意を表するために、ぜひとも都に帰るべきだと言って来た。司祭がまさに出発しようとしていたところ、豊後のコスメ・デ・トルレス師から一書が届いた。その中には、戦争が続いている間は、都へは赴かぬようにと述べ、かつ命じてあった。それは天からの命令であった。なぜならば二十日以内に仏僧の側が勝利を収め、追撃の際に多数の者を殺害した。都を統治していた者は、それがために恐怖に駆られ、市を放棄して、当てにしていた一城に退き、市の一部は掠奪され焼却されたからである。

こうした混乱の際に、数名の仏僧たちは、我らの教会を破壊しようとした。しかし我らの主なるデウスは教会がなんらの害も被らぬように取り計らい給うた。なぜなら数回説教を聞いたことがある一人の異教徒は、教会が従前の状態に留まれるように、勝利者たちから、あらゆる必要な恩典を獲得したからである。それはキリシタンたちにとっては大いなる慰めであった。

勝利者たちは、この勝利の後、あるはなはだ堅固な城を襲撃することに専念した。そこには都を統治していた者の父がいたが、彼は息子のことに係わっていなかった。息子の方は、都を去った時に退いた別の城におり、大いに入念に、約二万の戦士と必要な他のものによって自軍を強化し、密かに敵との間にあった大河を渡って行った。彼は気づかれることなく、敵の不意を衝いて襲撃した。敵陣には三万人がいたにもかかわらず、彼らは打ち負かされ敗走した。ついで父子の軍勢は合流して敵を追跡し、敵に大いなる損害を与えたうえ、都に到達した。ここで彼らは市街にいた敵方の人々や戦場から逃げて来ていた人たちと別の戦いを交えた。しかし上述の勝利は、敵を非常な恐怖と狼狽へ駆り立てるところとなり、彼らは容易に敗北を喫した。

かくて先の敗者は、今や勝者となり、やや荒廃したものの、彼らは市を奪回した。そして我らの教会が、これらすべての災禍の間になんらの損害も被らなかったのは、主なるデウスの御摂理であった。敗走した人たちは、これ以上の打撃を受けることを恐れて和を乞い、公方様が仲裁するところがあったので、都の統治者は彼らをすべて赦した。公方様は全日本の君主であるが、それは単に名誉に関することだけで、実権とか領国においては彼を凌ぐ者は他に多数いたのである。

こうした戦争が続いていた間、都のキリシタンたちは幾つかの信心の業を行なった。彼らは、毎月、仲間のうちの三人が、自分たちのもとで集めた施物をもって貧者の困窮を助ける世話にあたることを決めた。そして彼らはデウスに祈るために一同つねに教会に来ることはもちろん、毎月一日、貧者を援けるために集まることを決めた。

身分が高く、非常に金持のある婦人は、息子も娘もなかったので、夫の財産から自分の分け前があったので、それを市内外にいるあらゆる貧民、癩患者、病人、孤児、および困窮者たちに分ち与えた。こうしたことは日本では通常行なわれぬことであったから、都では大いに賞讃された。もとよりこれを悪く思った仏僧も少数いなくはなかったが、彼らの大部分は真実に抗うことができず、この有徳の婦人の行為を讃えた。

戦争が継続していた間、司祭（ヴィレラ）は堺に留まっていた。その後、三好（長慶）殿という大身が戦いにおいて勝利者として留まるに至った時に、その賢明さと善政により、五畿内には平和が蘇り、先に近江に退いていた公方様も都に戻って来た。そして司祭や堺のキリシタンたちには、もはや時節が到来したと思われたので、司祭もまた都に向かって出発した。

都のキリシタンたちは、二、三里も離れたところまで司祭を出迎えに行った。司祭はさっそく住居を整え、彼らのためにミサ聖祭を挙げるために祭壇や聖堂の準備をし始めた。司祭はその際、ローマから届いていた大贖宥《ジュビレオ》をちょうど折よくもたらした。それはこの地では最初のことであったので、キリシタンたちは贖宥を受けられるようにできる限り入念に準備にいそしみ、その資格がある人たちは告白したり、聖体を拝領した。

降誕祭の夜を彼らはその習慣に従い、大いに荘厳に、そして聖歌を歌って祝賀した。だが我らの主なるデウスが、この国で讃美されるのを堪え難く思った異教徒たちは、夜通し教会に投石した。けれども中にいたキリシタンたちは忍耐の楯をもって勝つべく努めた。

その次の四旬節に、司祭はキリシタンの信仰をいっそう強化し、彼らがデウスのことでますます信心を深め、祈りを重ね、内面的に感動させるようにしようと決心した。その目的のために、彼は日曜日には福音について、水曜日には告白の教えについて、金曜日には主の御受難の玄義について説教し、その時には、彼は彼らに、夜分連禱を唱え、同時に彼らとともに鞭打ちの苦行を行なった。彼らはまだ新しい信者であったにもかかわらず、聖木曜日には、自分の手で棘《とげ》がついた鞭を作り、それで多くの血を流した。

司祭が彼らに対して、夜分に行なった主の御受難についての説教が終った時に、悪魔はキリシタンたちのこの有徳の業および霊的な進歩に対して、ひどい憎しみを抱き、キリシタンに対してなんらか穏やかならぬことをすることで、彼らを妨害せずにはおかなかった。ところで、都と堺には、どの街路にも両側に二つの門があって、夜分にはこれらを閉じる習慣があった。そこで悪魔は、教会の隣人たち、同じ町内の者は皆異教徒であることに着目し、彼らの許に至り、門を吊錠で閉ざすように命じたので、教会にいるキリシタンは出られず、外から来るキリシタンは入って来られなくなった。キリシタンの妻たちは、夫とともに、街路の門のところまで来て、門番たちに対し、世話のやける幼児が家にいることだから、帰宅できるよう門を開けてもらいたいと謙虚な態度で頼んだ。しかるに彼女たちが謙遜し、鄭重に願えば願うほど、異教徒らは傲慢不遜となり、無礼かつ侮辱的な言辞を弄した。もしキリシタンたちが忍耐して、彼らとは争わないという考えで来ていなかったなら、そこで両者の間で大喧嘩が始まったことであろう。しかし彼らは異教徒たちが憤激するのに逆らわず、妻子や従僕といっしょに教会に戻った。そのキリシタンたちのなかには、その街路に住んでいる一人の異教徒といくらか知合いで仲よくしていた老人がいた。彼はその男のところに行き、快く門を開けてもらうことに成功したので、彼らは帰って行った。

実はキリシタンたちは、異教徒らを憤激させまいとして、人目につくところはまったく華美を施さず、教会の内部で祭日を祝っていた。だが悪魔の度を超した憎悪と嫉妬心ははなはだしく、どうしてもそれに堪えられぬほどであった。そこで都の異教徒たちは、仏《ホトケ》の教えは、デウスの教えよりもずっと以前に日本に伝わった。そしてそれは彼らの先祖によってつねに深く敬われて来たのであって、たとえ彼らがなんの救いもなく永遠の苦しみを負って地獄の底に投げこまれることが確かでもキリシタンになりはしない。なぜならキリシタンになることは先祖に侮辱を加えることになり、彼らの偽りの神々の祭祀を汚すことになるからである、と言っていた。この狂気と憎悪に駆り立てられて、彼らは僧侶も俗人も、またもや（松永）霜台のところに出かけて行った。そして彼に、伴天連を是が非でも五畿内から追放するよう命じていただきたい。なぜなら都にあのような穢らわしい人間が住んでいることは、殿たちの名誉と品位のためにも、神仏の宗教を崇拝するためにも為にならないことだから、と切々と頼みこんだ。

だが我らの主なるデウスは、司祭ならびに都地方の新しいキリシタン宗団の保護者であったから、彼らの言葉は、今回は、彼らが欲することを達成するだけの力がなく、我らの主なるデウスは来るべき迫害をなお二、三年延期し給い、その間キリシタンたちは信仰において、また我らの主なるデウスが御好意をもって自分たちに分ち給うた大いなる恩寵を認識することにおいても、いっそう強められた。

第一二章（第一部三六章）

同じ一五六二年に都において生じた他の幾つかのことについて

ガスパル・ヴィレラ師は都へ連れ戻されるに先立って、ロレンソ修道士を通じて伊勢守殿に次のように頼ませた。どうか公方様から私に四ヵ月間の猶予をもらってほしい。私は都に留まり、その間に自分の教えについて弁明し、仏僧たちの偽りの訴えに答えたい、と。この願いが聞き届けられると、我らの同僚たちは公衆の前に姿を見せ、最初の教会にまた戻され、この四ヵ月の間に彼らは都にずっと留まることができる許可を得た。すなわち公方様は、我らの同僚たちが上記のような迫害に堪えていた次第、また仏僧や代官たちが、自分が允許状において伴天連に与えた許可条項に反したことを行なったことを知ると、彼は別のさらに広範囲で好意的な允許状を伴天連に下付して、なんらの危険も加えられないようにしたからであった。それには数名の異教徒の大身たちが自然の同情心から我らの同僚たちに恩恵が受けられるよう尽力してくれたことが与かって力があった。これにより、先に迫害した人々もはなはだ柔和となり、その後、数人は彼らを援助したり好意を示すに至った。かくて我らの主なるデウスは、悪魔が彼らに対して企てた禍をば、キリシタンのいっそう大いなる幸福、またその聖なる信仰の増大へと変え給うた。

これによって、異教徒たちの眼には我らのことについての尊敬が高まり、少数ではあったが、彼らのうち幾人かは説教を聞きに来た。実は今でこそ、彼らは訪れ来て道理に服したのであるが、初めに来ていた多くの人たちは、デウスの教えを受け入れるためではなく、むしろ伴天連を誹謗し罵倒するためであった。今でもそのような人が少数いないではないが、当初に比べると明らかにわずかであった。しかるに市中の平和は長くは保たれなかった。すなわち、敵はふたたび強力となり、新たに他の戦争が始まった。このような際には聴聞者は少ないので、司祭はデウスの教えを弘めるために都の郊外の幾つかの村を訪れた。彼は多数の聴聞者を得、幾人かはキリシタンとなり、他の人々はキリシタンになる希望を抱いたが、大勢の人々は相変らず頑迷固陋であった。

この都の市内では、古来、神《カミ》や仏《ホトケ》に対する畏敬から盛大な祭りが行なわれた。それらの幾つかは、人々が語るように、華麗さ、外面的な費用においてははなはだしく以前に比べて劣るとはいえ、今なお行なわれていた。第六月の十五日には、祇園《ギオン》と称せられる偶像を敬う祭りが催されるが、それは都の郊外に、多数の人が訪れる霊場を有し、次のようにして行なわれる。

祇園祭

祭りの数日前に、各町内とその職人たちに、祭りの当日持ち出さねばならない出し物が割り当てられる。ついで当日になると、朝方、無数の群衆が、この祭りを見物するために都に殺到して来る。また別の人たちは祭りに参加することを誓約したためにやって来る。そして一同は行列のようにして繰り出す。その行列では、まず上部にははなはだ高い舞台が設けられた十五台、またはそれ以上の車が行く。それらの車は、絹の布で掩われているが、すでに古く、長く使用されたものである。そして舞台の真中には非常に高い一本の柱がある。その車は二階、または三階で、その各階には高価な絹衣をまとった、都《ミヤコ》の市民の子供たちである大勢の少年がいる。彼らは楽器を携えており、そうした装いで演技をしたり大声で歌ったりする。その一台一台の後から、自分の職業の印しを持った職人たちが進み、皆、槍、弓、矢、長刀《ナギナタ》、すなわち、はなはだよく作られた鎌の形の半槍のようなものを持ち、本当の兵士たちがそれに続いて行く。これらの大きい舞台付の車が通過すると、他の、より小さい車が続く。その上には、立像によって日本の古い歴史上の幾多の故事や人物が表徴されている〔日本人は、それらを非常に上手に製作する。すなわち、彼らは万事において非常に器用であり、はなはだ完全で精巧な仕事をする。彼らは自然の偉大な模倣者であって、そのような仕事に携わるのである」。かくて彼らはこれらの車を曳いて朝方、この祭りを奉納する祇園という偶像のところに行き、そこで午前を過すのである。

午後、彼らは非常に立派に飾られた大きい輿を持って神社から出る。多数の者がその輿を肩に担ぐが、その中にかの偶像があると言われる。民衆は皆頭を下げつつ、双手を挙げてこの輿を拝む。そしてその時には、たとえ酷暑であっても、輿が通過する間、誰も頭に帽子をかぶったり扇子を使ったりすることは許されない。なぜなら輿に先行している大勢の下賤の者がそうした人を見つけるとその頭を棒でなぐりつけるからである。その後方から別の一台の輿が来るが、人が語るところによると、それは祇園の妾の輿だと言われ、それから銃の一射程離れて一定の位置に、続いて祇園の正妻の輿と言われるものが来る。ここにおいて、正妻の妾に対する嫉妬と悲哀なるものを表徴して、幾つかの滑稽な儀式が行なわれる。彼らはこのような盲目的な愚行を演じて、その午後を過す。そして日本人は自負心が強く、また群衆の数がおびただしいので、この行列の際には、ごく些細なくだらぬことから喧嘩や騒動が起り、その際通常は多数の負傷者が出、幾人かの死者も出る。

堺では七月二十九日に、住吉大明神《スミヨシダイミヨウジン》という神を祀る別の祭りがある。人々の語るところによれば、住吉大明神は昔、日本最高の国王である内裏《ダイリ》の侍臣であったと言う。そして人々は彼を聖人《サント》と見なし敬慕していたので、彼のために堺の郊外約半里のところで、今、堺市の人々の行楽地となっている広野に、大きく、かつ多数の社を建てた。ただしこれら多くの社は、(織田)信長と大坂(本願寺)の僧侶たちとの間に戦争が行なわれた時代に焼かれてしまった。

人々が住吉大明神を祭るのは次のようである。当日午後、人々は銃の一射程半以上の長さがある堺の一街路に赴く。両側とも、壁や門はすべて小さい材木を互いに結んだ柵を一面に張りめぐらせる。それはこのような祭りの際につねに起りがちな騒動に備えるためである。その柵の内部で、人々は行列を眺めるのである。

そうした準備が済むと、半里離れたかの住吉の社から、両手に刀《モンタンテ》を携えた偶像が騎乗して来る。その後から、弓と、矢を入れた箙《えびら》を携える小姓が続き、その後方を手に鷹を持った別の者が続く。彼らの後から、徒歩や騎馬で偶像の伴をする大勢の人たちがやって来る。これらの人たちは皆、武器や武具を携え、「千歳楽《センザイラク》、万歳楽《マンザイラク》」、すなわち千年の喜び、幾千万年の楽しみという意味の言葉を唱えながら歌い、かつ踊る。彼らがかくも喜悦してこれを唱えるのは驚くべきことである。多数の馬が進むが、それらは相当離れており、それぞれの間隔は約三十人分の余地があるほどである。驚くべき大群衆がそこに殺到したが、そのうち多くの人々は、この祭りに加わるのに誓いをたてていた。

馬が通過すると、神主《カンヌシ》と称する白衣の多数の僧が、はなはだ大きい広い袖の衣をまとい、紙か革でできた非常に美しい黒の僧帽を頭にかぶってやって来る。

この後に彼らの女妖術師（巫子）たちが馬で進むが、彼女たちは同様に白衣をまとい、非常に美しく飾り、おびただしい数の婦人たちに付き添われ、歌いながら行く。

そのすぐ後に輿を担いだ大勢の武装した人が来るが、彼らの証言によると、その輿の中に、かの偶像が入っているとのことである。この輿は、それを見るすべての人から礼拝され、人々は双手を挙げて大いに畏敬の念を示す。三、四十人の者がこれを肩に担いでいる。そしてこの人々の後から、いろいろの歌を歌い、「千歳楽、万歳楽」を繰り返す大勢の人がやって来る。彼らはそこから住吉の社へ帰り、かくてこの祭典と行列が終了する。

第一三章（第一部三七章）

ガスパル・ヴィレラ師が都から堺に戻った次第、ならびに同地で生じたこと

一五六三年の復活祭が過ぎた後、司祭（ヴィレラ）は白衣の主日に堺に向かって出発することに決めた。都のキリシタンたちは、司祭との別れを悲痛に感じたが、彼は、新しい植物は、水をやらなければ、容易に萎んでしまうものだと言って、彼らに堺に行く理由を話したところ、彼らは心動かされて彼に譲歩した。

司祭が堺に赴いたところ、日比屋了珪がその地にいた間は、彼の援助や保護を受けられたので市民から迫害されたり妨害される心配はなかった。しかし了珪は商人であって、シナの船が来る下《シモ》（九州）に行かねばならなかったから、彼の不在中、司祭はいくらか心配がないではなかった。

既述のように、当時天下《テンカ》の最高統治権を掌握し、専制的に支配していたのは松永霜台（久秀）であった。すなわち、彼はその点、偉大にして稀有の天稟の才能の持主であった。

彼は完全に自らに服従せしめていた大和の国の、奈良の市に近い多聞山《タモンヤマ》という立派な一城に住んでいた。そして五畿内においては、彼が命じたこと以外はなにもなされぬ有様であったから、位階や門閥においては彼を凌駕する多くの高貴な人たちが彼に奉仕していた。その人たちの中に結城山城殿《ユウキヤマシロドノ》という一老人もいた。彼は学問および交霊術において著名であり、偉大な剣術家で、書状をしたためたり添削することにかけて有能であり、日本の学問の程度に応じた天文学にははなはだ通暁していた。彼には、かくも多くの稀有の才能が集まっていたので、彼は天下《テンカ》のもっとも高貴な人々から非常に敬われ、松永霜台は彼に幾多の好意を示していた。

ところで都の仏僧たちは他の方法をもってしては自分たちの意図を実行することができないことが判ったので、万策尽きたものと考え、この結城殿のところに行き、次のように述べた。「殿は、あの天竺《テンジク》の伴天連が、五畿内において、どれほど有害で憎まれているとか、また、どれほど彼が日本でいとも敬仰されている神仏の宗教を害し、信用を失墜せしめんと努めているかよくよくお聞き及びのことと存ずる。されば伴天連の追放を見合わすような同情は無用でございまして、追放してしまえば殿は彼から、その家屋、所持品、ならびに彼がインドの諸国から持って来ているに違いない上等の珍しい品々を没収することも可能でございます。しかし我らにその点なんら根拠がなくては多少厄介なことも生じるでありましょう。殿はいとも著名な学者であり、大いなる学識の主であられるから、殿が彼と宗論なされるならば、彼はわずかの言葉でもって説き伏せられること疑いなきことでございます。かくてそれを口実に殿は彼を追放し、その家財を没収する機会と完全な自由を得られるであろう」と。結城殿はこの提案を喜んだ。そこで彼はこの件を霜台に報告し、伴天連を殺す方がよいか、追放する方がよいかを彼に訊ねた。霜台は、汝がよいと思うように取り計らえと返答した。

仏僧たちは、自分たちが企てたこの策略のことで嬉しさに我を忘れ、こんどこそ伴天連は殺されるか追放されるかして、ふたたび五畿内に戻って来ることは決してあるまいと確信した。

結城殿の数人の家臣は、都の教会を見物に行き、互いに肘を押しあって、「この教会も家屋も、二、三日中には俺たちの御主人のものになろう」と語り合った。キリシタンたちは、主なるデウスは、今までに幾度もなし給うたように、こんども教会を守り給うと信頼してはいたものの、胸中では悲哀と恐怖の念を禁じ得なかった。

これと同じ頃、ディオゴという都のキリシタンが霜台に訴え出るところがあった。ディオゴは都にいた最善の、そして信仰に確乎不動のキリシタンの一人であった。そこで彼は従者として他の一人のキリシタンを伴い、件のことを促進しようとして大和の国に赴いたが、彼のために霜台の前で執り成さねばならなかったのは、かの結城山城殿にほかならなかった。そのキリシタンが彼を訪れ、用件を述べ終った後、山城殿は彼に言った。「予は汝らがキリシタンであると聞いている。ところで汝らの師匠なる天竺人《テンジクジン》は、国に害を及ぼす者ゆえ、予が五畿内から追放し、教会も家財も没収しようと決心していることを承知しておるか」と。ディオゴは答えた。「この世のことはすべて、全能のデウスが嘉《よみ》し、定め給うことでなければ起り得ませぬ」と。〔結城殿〕曰く、「汝の申すデウスとは何ぞや」。〔ディオゴ〕曰く、「私たちキリシタンが拝み奉るデウスは、天地の御主であり、現世において最高の支配を司り給うのみならず、来世においても同様であります。また、デウスは人類の救い主、自然の造り主《アウトトール》、世界ならびに見えるもの見えざるものの創造者であられます」と。

結城殿はそれを聞いて驚嘆した。そして宗教討論では自分以上にやれる者は誰もないと思えたので、彼は故意にディオゴならびにその従者と討論し始めた。両人は返答を始めるに先立ち、謙虚な態度で、自分たちは教養のない者で、デウスのことについて殿と論争するに足る知識を身につけていない。だが殿が強いられるので、自分たちの能力に応じて、キリシタンとなってこのかた、二、三年間にデウスのことについて理解したことを申し上げたい、と前置きして言った。

そして我らの主なるデウスは彼らを助け保護し給うたので、結城殿は明らかに打ち負かされ、自分が聞いたことに感嘆した。だが完全に敗北したことにならないために、彼は彼らとの話題を霊魂のことに移していった。なぜなら彼は、霊魂は絶対にないものだと思っていたし、この件で訊ねれば、彼らは返答に窮し、キリシタンたちはどう答えてよいか判らぬであろうと確信していたからである。だが彼らを助け保護し給う我らの主なるデウスの恩寵によって、彼らは提出されたあらゆる疑問に対して完全に満足すべき解答を与えた。そこで結城殿は、手で畳《タタミ》を打ち、まるで深い眠りから覚めたかのように額をさすり、讃嘆の言葉を発してやまなかった。彼はそれまでは、伴天連や教会およびデウスの教えに対して憎しみに満ちており、狂暴な獅子のように彼らを滅亡させようと望んでいたのであるが、今や突然打って変り、「いやはや、御身らが申すとおりだから、予はキリシタンになりたいと思う。いかが致せばよかろう」と繰り返して言った。

ディオゴは答えた。「伴天連様は堺におられ、通事の伊留満様もごいっしょです。私どもは新参者でございまして、これ以上教えのことは存じませぬことゆえ、貴殿はその方からこのキリシタンの教えのもっとも重要なことや根本的なことをお聞き遊ばされよ」と。

そこで結城殿はその点につき相当な時間話を続けて言った。「俗人で、家庭を持ち、しかも昨今キリシタンになったばかりの汝らにして、予の質問にあれほど立派に当を得た根拠を挙げて答えられるにおいては、予がその源泉から知識を汲みとるならば、どんなことになるだろうか。されば予は伴天連殿に一書をしたためて、それを御身ら御両人に託そう。そして書中、予は誰か当地に来るようお願い致そう。一方汝らが彼とともに戻って来るなら、その時汝らの用件を決裁するであろう」と。そして彼は伴天連に宛てた書状をしたためたが、その文面は次のようであった。

「拙者は尊師のお弟子方から、たまたま当地において尊師のお教えのことを若干承った。それは予にははなはだ神聖なものに思われ、その教えの奥義をもっと詳しくお伺い致したい。かくお願い申すは失礼なれど、予は高齢のため、また用務のために目下堺に赴くことはできぬゆえ、できればなにとぞ、尊師が当国へ御来錫賜わりたい。そして予は、この両人が尊師を伴い尊師が彼らと同行なされるよう、わざわざこの両人を御許に派遣致す次第である。拙者はこのキリシタンの教えが天下《テンカ》に弘まることを望むとともに、予はそれを全力を尽して保護するであろう。尊師、願わくば我らがこの点、心一つであることを諒承されんことを」と。

ディオゴらキリシタンたちは、それまではなはだ残酷な敵であった人物からこの書状を受け取ると、あらゆる善の源である我らの主デウスに感謝し、大和《ヤマト》から堺に向かって出発した。それは永禄《エイロク》と称する年の第六年第五月の七日のことであった。

司祭は自分を招かせた結城山城殿の書状を手にした時、過ぎし迫害のことや、聖ヨハネの句「至愛なる者よ、汝らすべての霊を信ぜずして、霊の神よりのものなりや否やを試みよ」を想起した。したがって彼は差し当って事態をよく省察し、未来を知り給う我らの主なるデウスに委ね、よりよく御旨を知り得るよう取り計らい給えと願った。そして彼は跪いて“Veni Creator Spiritus”（創造主なる聖霊来り給え）を、一方キリシタンたちは

「天にまします我らが御親」の祈り七回と「アヴェ・マリア」の祈り七回を唱えた後、彼は彼らといかに対処すべきかを相談した。

彼らキリシタンたちは、「かかる件では、結城殿の気に入るようにして、さっそく出発するよりほか返事のしようもありません」と答えた。

司祭は彼らに答えて次のように話した。「御身らが言うことはしごく当然で、私はその敬虔な熱意に同感である。だが私は、まず自分が考えていることを御身らに述べねばなりません。そしてその後で御身らが決めるように振舞うであろう。私がただちにかの地に出向くことは、二つの理由から私には良くないと思われる。その第一は、御身ら一同御承知のように、結城山城殿は異教徒であり、デウスのことを大いに嫌悪しています。しかも彼は、松永霜台のもっとも信頼する友人である。そして霜台は法華宗の信徒であり、結城殿に劣らず我らの敵である人だから、結城殿が計略と欺瞞によって私を呼び出させ、仏僧たちの要求を満足させようとして私を殺させ、あるいは捕縛させることは十分あり得ることである。この第一の理由については、先にも述べたように、私の考えを述べた後、御身らが主なるデウスに祈って私に勧告なさることを私は実行しようと決心している。第二の点は、もし私がデウスへの愛から現世で生命を失った場合、それは私が永遠に来世で生命を得ることにほかならず、私の至福と言えましょう。しかし、私が奈良に赴き、もし宗論が行なわれてしかも結城殿がキリシタンにならぬ場合はどうなるか。彼は無数の異教徒を擁しているから、私がたとえ明白に勝利を収めたとて、彼らはかならずや私が打ち負かされたと言い、その理由によって屈辱的に私を五畿内から追放するでありましょう。信仰が弱い者や、まだ信仰の基礎が十分できていないキリシタンたちにとって、この嵐はきっと、信仰を棄てさせたり不熱心にさせる機会となるでしょう。したがって私には、御身らが良いと認められるなら、結城殿の胸中および、彼が何を企てているのかをもっとよく探るために、まずロレンソ修道士を派遣する方がよいと思われる。それはまた、修道士が結城殿の願いに応じてただちに出かけて行ったことを、結城殿が軽率であったと思わぬようにするためでもある。それでももし結城殿が、修道士が説教したことに理解を示したならば、それから私が出かけて行って、彼に洗礼を授け、必要なその他のことをするでありましょう」と。

一同は司祭の意見に同意した。そこでロレンソ修道士は、書状をもたらしたかのキリシタンたちとともにただちに奈良に向かって出発した。

彼らは奈良に着くとすぐ山城殿を訪れた。彼は一行を待ち受けていたかのように鄭重に、そして喜んで迎えた。

当時、奈良の市街には、公家《クゲ》の身分である別の高貴な人がいた。彼は和漢の諸学に秀でていたので、内裏《ダイリ》は彼を自らの師に選んだほどであった。彼は結城殿とともに天下《テンカ》でもっとも著名な人の一人であり、結城殿は彼と親友であったので、いっしょにロレンソの説教を聞き、彼と宗論を交えようとしてその人を自邸に招かせた。ロレンソは彼らに対して、大いに自由に、そして我らの主なるデウスに信頼しつつ教理を説き始め、題目を順次説明していった。そして彼らも、思い浮んで来たおびただしい質疑をもち出しながら、修道士と話を進めた。そしてデウスの御旨により、修道士は、すべて彼らが完全に満足がいくように答弁した。彼らはこうして数日間、もっぱら宗論を交えつつ過した後、ついに彼らは、聴聞したことを完全に理解したので、両人ともキリシタンになることを決心するに至った。

結城殿は、こうしたことを弾正殿霜台に秘しておくのは良くないと思うと言った。そこで彼は霜台のところに赴き、伴天連やその教えについて良く弁護し、巧妙に、まず霜台の好意を獲得した。彼は霜台に、このキリシタンの教えは、まったく道理に基づいたもので、しかも新奇で、精神的にはなはだ興味深いものであるから、殿はぜひそれを聴聞なさる必要がある。そのためには好都合なことに、伴天連の伴侶であり通事である者が、当地に来ており、説教をしている、と言った。

さっそく霜台はロレンソを呼ばせ、長時間その説教を聞いた。彼は大いに同意し満足した様子を示したので、主なるデウスはもはや彼に聖なる洗礼の恩寵を授けることを望み給うかに思われた。しかし彼の悪意は彼を盲目にしていたので、彼は聖書が「目にて見んも認めざるべし」と述べるような人物であって、種は、役立たず不毛の地に落ちることになった。

ロレンソ修道士が堺を出発する際に、司祭は、六日以内にかの地での出来事を自分に報告するように言ってあった。ところが十日が経過しても彼からはなんの報告も届かなかったので、司祭は彼の身に何事が生じたのか判らず不安な気持でいた。そこで司祭は堺から一人のキリシタンを派遣して、密使として何事が生じたかを見届けさせ、すぐに目撃報告を持ち帰らせることにした。同日、彼は、ロレンソ修道士および同伴のキリシタンたちに出会った。彼らは山城殿から司祭宛の第二信を携えて来た。文中、彼は司祭に洗礼を授けてもらいたいと乞うたのであるが、次のとおりであった。

「尊師の門弟で伴侶のロレンソ殿から、拙者ら、すなわち外記殿と予は、デウスのことを詳細に承った。ところでそれはすべて拙者らには神聖なもので、その教典は豊かな教訓と真理に満ちたものと思われる。そこで拙者はロレンソ修道士殿を霜台の許にお連れしたのであるが、彼も同様に聴聞なさった。この上は、尊師が拙者らに洗礼をお授け下さるために来訪なされるのを待つばかりである。そして御来駕いただければ、予は尊師を霜台のところへお連れ申したい。かくすれば霜台は尊師といっそう昵懇になられ、将来好意を示すに至るであろう。当地でのことは、ロレンソ殿が申し述べるであろうから、本状ではこれにて筆を擱く次第」と。

これより先山城殿は修道士に、自分は今後十日間は多忙なので、伴天連のお伴をする人馬を差し向ける機会がなかろうが、その期間が過ぎれば、人馬を遣わすであろう。したがって、自分が知らせるまでの間は堺で待機されたい、と言っていた。

司祭は、十日、二十日、三十日と待った。そして彼は、もう招かれる望みがなくなり始めたので、都にまた帰ろうと思っていた。というのは、そこで用事があったからである。だが、もし報せが来て、自分と行き違いになっては困るという心配から、さらに十日間待ってみた。するとはたして、四十日が経って、やっと彼を迎えに馬と人が派遣されて来た。

第一四章（第一部三八章）

司祭（ヴィレラ）が奈良に赴き、結城殿、外記殿、および他の高貴な人々に授洗した次第、ならびに河内国飯盛城における七十三名の貴人の改宗について

司祭（ヴィレラ）は遅滞することなく、さっそく大和国に向かって出発し、結城進斎《ユキノシンサイ》を訪れたところ、彼はその来訪を大いに喜んだ。司祭がしばらく結城殿および（清原）外記殿と語らった後、ある宿に落ち着いたところ、そこへはおびただしい聴衆が参集した。それらの人すべてにまったく満足のゆく説教が行なわれ、ほとんど全員が聴聞したことに理解を示した。しかし彼らは、そこには多数の仏僧がいるのと、人々は彼らに対して畏怖心を抱いていたのでキリシタンになるのを思い留まった。すなわち、彼らはキリシタンになったのを仏僧たちが知ると、自分たちを殺させるか、家財を没収しはしまいかと恐れたからである。かくて彼らは現世のものを失うことを恐れるのあまり、永遠のものを断念した。しかし結城殿と外記殿は、もう一度特に説教を聞き、聴聞した最高至上の教えにまったく満足し、両人は聖なる洗礼を受けるに至った。

沢城主高山厨書《タカヤマズシヨドノ》殿という別の貴人はこれを聞き、自らは霜台の使命を帯びて、ある他の地方へ急ぎ派遣されたにもかかわらず、出発したように見せかけ、奈良市内の一軒の家に二日二晩隠れ留まって、日夜絶えずデウスのことを聴聞した。彼はそれに異常なばかり感銘し、ただちにそこで聖なる洗礼を受け、ダリオの教名を授かった。彼は、都近隣のすべての地方、諸国におけるもっとも優れたキリシタンの一人であり、その言行によって誰からもつねに確認されたところであるが、日本の初代教会の強固な柱石となった。その次第は後でそれぞれの箇所で述べられるであろう。

結城（山城守）殿には三十歳になる長男があった。彼は三好殿幕下の武士で、稀有の素質とはなはだ優れた理性の持主であった。彼は伴天連が堺からその地に赴いた時に、たまたま奈良の父の許にいた。彼は教理の説教をことごとく聞き、そこで七名の他の武士とともに、同じく洗礼を受けた。したがって当時そこでは十名の武士が受洗したことになった。

司祭は松永霜台のところへも訪ねて行った。霜台はいとも鄭重慇懃に彼を迎え、時間に余裕があれば説教を聞くのだが、用務に妨げられて果し得ないと言った。しかし霜台は、全宗派のうちでもっとも頑迷固陋な法華宗に属しており、仏僧たちの大の友人であったから、すでにそれまでも司祭ならびにデウスのことにははなはだしい悪意を抱いていたが、司祭に対していっそう激しく顕著な反感を示したことは、彼のその後の行ないが物語るとおりであった。

司祭は、同所に二十日間滞在した後、都の教会へ戻りたい意向を示した。実は彼はすでにかなりの期間、ただ一人の老いたキリシタンに教会の面倒をみさせたままにしてあった。そこで結城殿は言った。「都では、万事、それを代表する人物の格式に応じてしか評価されないし、見受けるところ、従来はキリシタンの名を高めるに足るような権威ある高位、高官の人物は一人もキリシタンになっておらぬようだ。そこで我らは家柄や学識によって都においてよく知られているゆえ、我ら両人が尊師に同行致しましょう。我らがキリシタンであることを市《まち》の人たちが目撃すれば、彼らはデウスの教えに対して従来とは違った見解を持つに至りましょうから」と。

当時、司祭の仲間に山口生まれの一人のキリシタンがいた。彼は三十歳で、教会に奉仕し司祭が外出する時にはその荷物を持ち運ぶのを常とした。このキリシタンは、司祭が先に述べた貴人たちといっしょに、一両日中に都へ出かけようとした時に、ロレンソ修道士のところに来て、ごく内々に次のように話した。「伴天連様はまだあの人たち（結城殿と外記殿）の本性を御存知でないように思います。実際には、伴天連様は当地に来られてからいまだかつてないほどの大きい危険に曝されておられるのでありまして、御身から伴天連様に、そのことをお伝え願いたい。その理由を申しましょう。昨日のことですが、一人の若者が密かに結城殿に話しに来ました。ところで私は、彼らが互いにどのようなことを話しているか知りたいと思い、密かに近くに忍び寄って、その若者が次のように語るのを耳にしました。『殿は、あの人が怒ったり驚いたりしないように振舞っていただかなくてはなりませぬ。そのためには、殿はぜひとも彼に対しては愛想よく、鄭重にもてなしていただきたいのです』と。それに対して結城殿は、『今すぐというわけにはゆかぬ。折を見てゆっくり事を運ぶつもりだ』と申されました。そこで私は、(松永)霜台はデウスの教えを憎悪し、伴天連様を嫌悪していることですから、あの貴人たちに、伴天連様の仲間として旅行するように見せかけて、途中で伴天連様を殺すように命じていることは確かだと思うのです。現に私はそのことを聞いたのですから、御身はすぐにも伴天連様にそのことを告げ、なんらか対策を練られて、今こうして陥っていると思われる危険から免れるようになされるがよいと存じます」と。

修道士はいささか当惑し、悲しんで、その報告を師のところにもたらした。司祭はそれについてしばらく熟考した後に、次のように話した。「御身が語ったことについては、いろいろのことが考えられる。第一に、あの貴人たちは、まだ信仰に入って新しいので、霜台が彼らを説いて、私たちを途中で殺すように説得しやすいことは十分考えられる。しかし私たちには、この奈良で身を隠すことができるような知人はおりません。一方、その男が話を聞き違えて誤解しているということもあり得ることである。結城殿に問い質《ただ》すわけには参らぬ。なぜなら、もし彼がそう決心しているのなら、胸中で思っていることを私たちに打ち明けはしまいからである。だがその男が言ったことが本当でなかったら、私たちが逃避するのははなはだ無思慮な行為であるばかりでなく、デウスの教えは信望を傷つけられ、キリシタンたちは害を被るであろう。したがって最後にこう決めることにする。すなわち、我らは来らんとすることに備える一方、我らはデウスへの愛と奉仕のためにここに来ているのであるから、我らの霊魂をば全能のデウスにお任せするのだ。そして私たちが非常に幸運に恵まれて、一時のはかないこの生命を、無限の歓喜に満ちた永遠の生命と取り替えるに至ったならば、私たちはどんなに幸福なことであろう。しかし、その点いっそう事実を明らかにするように、ロレンソ修道士殿、御身は明日、結城殿の家臣たちに、あの若者が昨日結城殿と何を話したか訊ねてみることはできまいか」と。

修道士はそのとおりにした。すると家臣たちは彼に答えて言った。「あの若者の父親が封禄のことで霜台殿に訴えるところがあり、結城殿が彼のために執り成している。ところでその若者は早く決裁してもらいたいと無理に願ったので、結城殿は、御身が考えるように早急にはいかぬ。適当な良い機会に問題を解決しよう、と述べられたのだ」と。そして先の出来事とは、実際にそのとおりだったのである。

教会に奉仕している例の男は、修道士がその返答を司祭の許へ携えた時に、それを信用しなかった。そして道中のための準備をしているように振舞う間に逃亡して、ふたたび姿を見せはしなかった。

翌日、司祭は二人の大身とともに都に向かって出発した。キリシタンたちは彼らが来ることをすでに知っていたので、一行がそこに到着するに先立って、食料を贈物として携え、五里離れた宇治《ウジ》というところまで出迎えに赴いた。彼らが都《ミヤコ》の教会に至ると、キリシタン一同はこの二人の大身が洗礼を受けたことを知り、大いに喜び感激した。なぜなら彼らは今や自分たちの敵対者たちに対する支援者、また保護者として彼らを得たからであった。先に結城殿に対して、伴天連を追放し、教会や彼の家財を没収するように懇願していた仏僧や異教徒たちは、今、皆がいっしょになって都に入って来たのを見ると、事の経過を知らなかったので、彼らは自分たちが企てたことを実行するために来たのだと思い込んで、非常に喜んだ。しかし、ただちに結城進斎と（清原）外記殿はキリシタンであり、キリシタンの保護者になったという報せが市中に弘まると、彼らの驚きは非常なもので、人々が言うとおりだとは納得できなかった。しかしその報せが真実であることは数日にして確認された。なぜなら、デウスのことにいっそう傾倒し、造詣を深め始めた結城殿は、都において さっそく妻子や従僕にキリシタンの教理の説教を聞かせ、一同は聖なる洗礼を受けるに至ったからである。

これら二人の大身をキリシタンに導き給うたデウスの御摂理は偉大であった。すなわち、それは都において、聖なる福音について従来とは異なった見解を生ぜしめるのに大いに寄与したのみならず、彼らの模範に倣う者が現われ、身分の高い武士や、高位、高官の人たちがキリシタンになり始めた。それらのことは後にそれぞれの箇所で見られるであろう。

この良い成果によって、都のキリシタンたちはますます信仰を強められ、なにか大きい祝日が来ると、さっそく一同は告白する準備をし、資格ある者は深い信心と涙のうちに聖体を拝領した。

結城山城殿の長男は、既述のように同じく奈良で父とともに洗礼を受け、結城《ユキノ》アンタン左衛門尉殿《サエモンノジョウドノ》と称し、当時天下《テンカ》のもっとも著名な支配者の一人であった三好殿に仕えていた。我らの主なるデウスは、キリシタンとして彼に多くの素質を与え給うた。というのは、彼の献身、布教事業における熱意、および司祭たちや教会のあらゆることに対する愛情は並々ならぬものがあったからである。なぜなら彼は従来、はなはだしく悪習や放縦な生活に耽溺していたのであるが、今や大いに変って皆を驚かせ、非常に落ち着き有能な性格の持主となって、一兵士と言わんよりは、むしろ修道士のようになったからである。そして善事はおのずから他に伝わるのが常であるから、彼は奈良から三好殿が居住していた河内国の飯盛城に帰ると、自分の同僚であり友人である他の武士たちに、絶えずデウスのことを話し、「御身らは、あらゆる道理、あらゆる良き判断にもかなうキリストの福音の教えを傾聴してみるように。それはいとも耳新しく、日本ではまったく知られていない教えなのだから、少なくとも聞く必要がある」、と説いてやまなかった。この点、彼はいかなる機会も見逃すことなく不断に皆を説きつけたので、ついに他の武士たちは、一つには彼を満足させてやるために、また一つには好奇心から、彼に言った。「伴天連に都から我らを訪ねて来てもらおう。そしてそれが不可能なら、少なくとも説教師の伊留満を派遣してもらい、その教えを承ろう」と。左衛門尉殿は願ったりかなったりでロレンソ修道士を伴うために、すぐ一頭の馬と人を派遣した。そして、「遅滞することなく、できるだけ速やかに当地の武士たちに説教するため御来訪を乞う。彼らが好んで説教を聞くなら、彼らは良い素質を持っていることとなれば、かならずやキリシタンになるであろうとデウスに大いに信頼している」と依頼させた。そこにはなんらの遅滞もなかった。というのは、ガスパル・ヴィレラ師はただちにロレンソ修道士をかの地に遣わしたからである。

既述のように、ロレンソは外見上ははなはだ醜い容貌で、片眼は盲目で、他方もほとんど見えなかった。しかも貧しく穢い装いで、杖を手にして、それに導かれて道をたどった。しかしデウスは、彼が外見的に欠け、学問も満足に受けないで、読み書きもできぬ有様であったのを、幾多の恩寵と天分を与えることによって補い給うた、すなわち、彼は人並優れた知識と才能と、恵まれた記憶力の持主で、大いなる霊感と熱意をもって説教し、非常に豊富な言葉を自由に操り、それらの言葉はいとも愛嬌があり、明快、かつ思慮に富んでいたので、彼の話を聞く者はすべて驚嘆した。そして彼は幾度となく、はなはだ学識ある僧侶たちと討論したが、デウスの御恩寵によって、かつて一度として負かされたことがなかった。せいぜい我らの教えについて、まだ自分には完全によく判っていないとか、自分が先方に対して完全に満足がいく答弁ができそうにないと思われるような幾つかの質問で相手から迫られた際には、持ち前の賢明さから、周囲の人々に、たとえばこう言っていつも巧みに逃げきった。「御身らの御質問に答えることは容易でござろう。されど御身らは、その問題についてはまだ御用意ができていないから、私が御身らにさまざまのことに考え及ぼすと、御身らの頭が混乱して理解しにくいことと存ずる。それゆえ、本日は、私が只今お話した問題をよく理解するだけに留め、明日ここへお戻りの節、私は、御身らがどの程度お判りになっているか判断した上、その程度に応じて説教を続け、御身らの目下の疑惑の件を明らかに致そう」と。そして彼らが立ち去ってしまうと、彼は司祭のところに行き、自分が知らないことにつき、どのように答えるべきか教えを乞うのであった。

ロレンソ修道士が飯盛城に到着し、武士たちが彼を見ると、ある者はその容貌を嘲笑し、またある者はその貧しい外見を軽蔑し、さらにある者は、自分たちの霊魂の救いを願うことよりは好奇心から、彼の話を聞きたがった。しかし我らの主なるデウスは彼とともに在《ましま》し給い、また彼は弁舌にかけては大胆不敵であったので、彼が一同に説教し始めるやいなや、彼らは初めと違った考えや意見を抱き、彼に対して大いなる畏敬の念を表わし始めた。数多くの質問が出され、討論はほとんど昼夜の別なく不断に行なわれた。彼は一同に非常に満足がゆくように答弁し、悪魔が彼らを欺くのに用いている偶像崇拝と虚偽の宗教が誤っていることについて明白かつ理性的な根拠を示し、さらに世界の創造主の存在、霊魂の不滅、デウスの御子による人類の救済について説いていたので、三好殿幕下の七十三名の貴人たちはまったく納得して、すぐにもキリシタンになることを決心するに至った。その中には三人の首領《カベサス》ならびに重立《プリンシパイス》った人たちがいた。重立った人たちの一人は三ヶ伯耆殿、二人目は池田丹後殿、三人目は三木判大夫殿であった。そして彼らは皆すぐに聖なる洗礼を切に願って、伴天連を伴って来るためにさっそく馬と人を都に派遣し、司祭に対しどうか飯盛城に来て、自分たちに洗礼を授けていただきたいと乞うところがあった。

司祭はただちにそこへ出発し、彼らから大いに敬われて迎えられ、歓待された。しかるに彼らが司祭の説教を聞くに先立って、そのうち二、三名の武士に一つの疑惑が生じて来た。すなわち、彼らが判らなかったのは次のような点である。日本には鳩《ハト》の戒《カイ》と称し、欺瞞によって生活することを専門にしている者がいるが、ロレンソ修道士はひょっとするとそうした一種の欺瞞者ではなかろうか。そしてロレンソは、たまたま下《シモ》の地方でこの伴天連が見捨てられているのを見つけ、その人が話もできず傀儡のほかなんの役にも立たぬところから、ロレンソはその狡猾さと深慮により、日本国内で彼とともに金を稼ごうとして、各地を連れ廻っているのではないか、と。この疑惑については、司祭にわざわざ告げる人さえあった。そこで司祭は、わざとロレンソ修道士が行なった説教をもう一度要約しててきぱきと語り、伴天連たちが日本に来る目的を彼らに説明し、彼らの疑惑について満足のいくように答弁した。これによって、彼らは福音の教えが真実のものであり、伴天連はそれを説き弘める人であるとの確信をまったく深めるに至った。そして司祭は皆に洗礼を授けた。

結城アンタン左衛門尉殿は、飯盛城に近く、城から四分の一里離れた砂の寺内《スナノジナイ》というところに邸を持っていた。彼はその地方で教会を建てた第一人者で、司祭はその教会で彼らのためにミサを捧げ、彼らキリシタンの武士たちも平素、そこに集まって、デウスのことを話したり聞いたり、また祈禱を学んだりした。

同所には、名望ある一人の老人がいた。彼は素朴で、善良な性格で、自らの霊魂が救われることを切に望んでいた。彼は他の七十三名とともに、数日前に洗礼を受けたのであるが、非常に寒かった折、この新しい教会の前の広場に行き、そこで彼が以前異教徒であった頃からまだ持っていた数珠《コンタツ》で祈っていた。日本人は「南無阿弥陀仏」と唱えながらそれをただ手の中で廻し動かすのだが、それはロザリオの半分を二つ結びつけたようなものであった。司祭はたまたま彼の様子を見たので、驚いて訊ねた。「もしもし、あなたはキリシタンではありませんか」と。「さようでございます、伴天連様」と〔その老人は答えた〕。「ではいったいあなたのキリシタンのコンタツはどこにあるのですか」。「ここのこの腰のところに付けております」と〔彼は言った〕。「ところであなたは、手にそんなものを持っていますね。いったいなぜ、それで祈るのですか」。するとその老人はこう答えた。「伴天連様、私は今まで大の罪人《つみびと》でございました。そして私は、キリシタンのコンタツでもってお祈りをし、私たちの主なるデウス様に、私の霊魂に御慈悲を垂れ給えとお願い申しております。しかし私はお説教において、主なるデウス様はお裁きの折、大変に厳正であると承りましたので、私が死にます時、自分の罪があまりに多いために、デウス様が私をその栄光の中へ導くに価しないと思し召されることがたぶんあり得ようと存じます。それゆえ、私はそういう場合に備えて、この数珠《コンタツ》で阿弥陀様にもお祈りし、その時には極楽《ゴクラク》と言われる浄土へお導き下さるようにと願っているのです」と。司祭の伴をしていたキリシタンの貴人たちは、大声をあげて笑い、この老人の意図と信心を祝わずにはおれなかった。司祭は彼を呼び、次のように説明した。「地獄にいてそこで永劫の苦しみを受けている神《カミ》や仏《ホトケ》を拝んではならない。デウスにのみ祈り、その御慈悲に信頼して、デウスからその栄光に導いていただけるようにせねばならぬ。なぜなら、あなたは自分が過去の人生で犯した罪のために恐れているが、それらはすべて赦されているからである。すなわち、デウスはあなたが聖なる洗礼を受けた時に、我らの主なるキリストの御受難の無限の功徳によって、あなたが自らの罪に対して受くべき罰を赦し給うたのである」と。この言葉によって、その老人は大いに慰められ、以前に知らずにいたことをようやく理解した。

　既述の貴人たちは、さっそく自分の妻や家族をキリシタンにし始めた。この飯盛城の麓には、長さ四、五里の大きい淡水湖があり、そこにはおびただしい独木舟、その他の小船がある。三ケ殿はまだ異教徒であった折に、この湖の傍にすでに小さい寺院を建てていた。

彼はキリシタンとなるとさっそくそれを教会に変えた。しかしその後、三千名を越える家臣がキリシタンとなった時に、サンチョ〔彼にはこの教名が与えられた〕は、そこに司祭たちが寝泊りできる建物が付属した美しい教会を建てた。そしてこの三ヶ殿は、日本の教会が五畿内地方で有するもっとも堅固な柱の一となった。彼の邸はあたかも修道院のようであった。十五ヵ年の間、その三ヶの教会で復活祭と降誕祭が祝われた。そしてその際、彼はその地で盛大に祝うために各地各国から参集したすべてのキリシタンに気前よく饗応したので、彼の支出と費用は相当なものになった。

（三ケ）サンチョは日本の諸事に精通し、諸宗派のことにも造詣が深かった。そして彼ははなはだ身分の高い人であったし、キリシタンたちはつねに彼を大いに尊敬したので、イエズス会の人々は、かの地方では、まるで彼を父のように見なし、彼もまたその行ないでそれが事実であることを証した。すなわちイエズス会員は、布教事業において彼の助言や庇護を役立てたからである。サンチョおよび、同じく大いなる徳操の鑑であった妻ルシアは、しばしば告白をすることを常とした。サンチョは平素、デウスのことをもっとも上手に、またもっともてきぱきと説き得る人の一人であり、そのことに格別の喜びを感じていたので、彼はその地方において、イエズス会のためにもっとも功績ある一人となった。この殿《トノ》、および彼が改宗後、時の経過する間その地方で行なったことについては幾多語るべきことがあろう。すなわち、彼こそは、我らの主なるデウスが多数の霊魂の改宗のために選び給うた道具であり、後述することになろう。

第一五章（第一部三九章）

沢、余野、および大和国十市《トチ》城における改宗について

奈良で洗礼を受けた高山ダリオ（飛騨守）殿は、五畿内全域におけるもっとも傑出した人々の一人であり、正真正銘のキリシタンで、その行ないはつねにすべての人々に感嘆の念を起させたほどであった。すなわち聖霊が彼に宿り、その恩寵と賜物を主が分ち与え給うのにしごくかなった性格のように思われた。彼は当時、奈良から十三里距たった沢《サワ》という一城の主で、彼はそれを霜台から授けられたのであった。そこでは、日夜絶えず厳重きわまる警戒が行なわれていた。というのは、すでに幾度も合戦したことのある敵の近くに位置していたからである。彼は以前から、三百の兵と自分の妻子を城内にかかえていたのであるが、同所に奈良から戻って来るやいなや、さっそく伴天連（ヴィレラ）に宛てて一書をしたためた。文中、彼は、伴天連が自分に洗礼を授け、救霊の道を教えてくれたことに幾度も謝辞を述べ、「私はこれにより、まるで大いなる領国《レイノス》と君主国《モナルキア》の独裁君主にしてもらったかのように、いとも心豊かに嬉しく思う」と言い、さらに語りついでこう述べた。

「私はもっとゆっくり教えを聞くことができるように、御身を喚ばせたいが、道中は敵がいるために危険なので、目下のところ、あえてそうするわけにもいかず、よりよい時期が来るのを待つことにする。しかしデウスの愛のため、さっそくロレンソ修道士を御派遣いただきたい。彼なら日本人であるから、もっと自由に道中旅行ができるであろうし、私の家族や兵士たちは説教を聞きたがっているので、彼に説教してもらいたいのである」と。そして彼はただちに修道士を伴って来るために人を派遣し、彼自身は修道士を城から少しばかり離れたところで出迎えた。

ダリオの信仰熱は非常なもので、彼は自分の家族や兵士たちがデウスのことを良く理解した有様に接すると、深い喜びと慰めの感情を禁じ得ないほどであった。そして彼は、最近ようやく洗礼を受けたばかりであるにもかかわらず、その感激、熱意、信心、敬虔ぶりは、ヨーロッパの古く、はなはだ堅実なキリスト教徒と見間違うばかりであった。そして彼の全生涯を通じ、もっとも顕著であったのは、愛と慈悲の行ないであった。

高山右近

ロレンソ修道士はしばらく説教を続け、一同は聞いたことを良く理解するに至ったので、修道士は一五〇名の者に洗礼を授けた。その中には、彼がマリアの教名を与えたダリオの妻や、息子（複数）と娘たち、また身分ある人たちや城兵たちがいた。修道士が彼らにとやかく勧告する必要はなかった。というのは、ダリオは自分の行ないは何事においてもきわめて入念にする人であったので、さっそく城内にきわめて清潔で、美しく装われた教会を建てたからである。そして彼はその教会をコンスタンチイノという一人のキリシタンに委ね、コンスタンチイノはそこの清掃と整理のことだけに専念しておればよかったのであるが、それでもなおダリオは満足していなかった。彼はそこで自分の手で必要なことをするのを喜んだので、むしろ彼はまさしくその教会の香部屋係りの人であるように思われた。

ここへキリシタンたちは参集し、彼は一同に祈禱を覚えさせたり書きとめさせた。さらに彼は伴天連に対して、日曜日や祝日に説教の代りに人々に朗読できるように、当時すでに司祭が日本語に訳していた（十）誡とキリシタンの教義《ドウトリーナ》に関する説明を乞うた。なぜならば修道士につねに同所にいてもらって、人々に説教してもらうわけにはいかなかったからである。ダリオは非常に満足しており、その心の中には、デウスの教えが弘まってゆくのを見たいという熱意が燃え、つねに彼はそのことに想いを馳せていた。彼の言行はいつもかくのごとくであった。

大和国の十市《トチ》城について

かの沢城から五里距たったところに、十市という別の城があった。その城主《カピタン》は石橋殿《イシバシドノ》というはなはだ高貴の人で、彼は当時、もしくはかつては尾張の国の殿《セニョール》であった。彼はその地に戦争が起った時、敗れて大和国の霜台の許に赴いた。霜台は彼を、その妻子といっしょにその大和国の前記の城に配置した。というのは、石橋殿は、ただに非常な名門の出であるばかりでなく、日本国中で彼に優る弓手はなく、したがって彼は諸国におびただしい門弟を有していたからである。

ダリオは彼に、聖なる教えについて知らしめ給うた我らの主なるデウスの大いなる恩寵について書き送り、「予も予の城の一五〇名の人たちもすでにキリシタンである。もし貴殿が説教を聞くお気持があれば、伊留満ロレンソを連れて参りましょう」と述べた。

事はそのように運び、石橋殿は説教を聞いた。彼はいとも真摯な人物で、日本の諸宗教の典籍や学識に精通していた。そこで彼は自分に生じた幾多の質疑を持ち出し、十分教えを受けて後、自らも、妻子や家臣たちも洗礼を受け、彼は死に至るまでつねに変ることなく真のキリシタンとして生き抜いた。

日本の国は政治的に変転が多く、後にダリオは摂津国《ツノクニ》の高槻城に移り、石橋殿は霜台が死んだために十市城から追われることになった。そこでダリオは、石橋殿はキリシタンでありいとも高貴な方であったから、心から彼に同情し、自領に迎え入れ、生涯彼に住居、および二十人扶持を給し、すでに年老い病弱であった彼を、我らの主が御許へ召し給うまで続けた。

ダリオには摂津国の高山《タカヤマ》――高い山を意味する――というはなはだ高い山中に母がいた。ところで彼女は非常に老齢であったし、ダリオは彼女をこのような大きい善事すなわちキリシタンになることから除外しておきたくなかったので、ロレンソ修道士とともに高山に出かけて行き、彼女が男女の召使いたちといっしょに説教を聞くに至らしめ、かくて一同は大いに喜んで聴聞し、洗礼を受けた。

これより先この老女は異教徒として、小さい寺をもっており、死後はそこに葬られることを望んでいた。その小さい寺はジアンと言った。司祭は、その寺に聖ジアンの名を与え、その後そこでミサ聖祭を行なった。そしてこの老女はデウスのことをよく教わり、残り少ない晩年の日々を、つねに主デウスに祈りを捧げて過し、あたかも聖女のように世を去った。それは息子のダリオにとって大きい慰めであった。

沢城の人々がキリシタンになって約一年を経、司祭は彼らを訪問しようと決心した。城の数名のキリシタンは、敵のことを心配し、護衛して彼に随伴するために六里離れたところまで出迎えた。彼らは途次幾人かの死者を目撃し、その後、少しく道から距たったところに約三百名の兵士がいるのに出会ったが、彼らが奈良の主君（松永）霜台の家臣なのか、それとも敵の軍勢であるのか判別することができなかった。しかし彼らはデウスを頼りとして道をたどった。

ダリオは城外一里のところで司祭を出迎えた。彼および他の城の人々が伴天連の来訪に接して感じた慰楽は非常なもので、彼らはまるで天国から天使の訪問を受けたと思っているかのようであった。司祭は、さっそくキリシタンになることを希望していた人々に洗礼を授け、彼が同所に滞在中、先に洗礼を授かった人たちは皆、まず修道士から告白の箇条について説教を聞いた後、大いなる信心と慰めのうちに告白した。このようにして彼らは悔悛の秘蹟の効力により、いっそう信仰を強められた。ダリオには他国にいる既婚の二人の姉妹があった。彼はロレンソ修道士にそこへ赴いてもらい、彼女らに説教をし、彼女らが家族ともども洗礼を授かるように取り計らった。

これらの人々が受洗した五、六ヵ月ほど後に、沢城では次のような事件が起った。当初、同城の主君で、その地から収入を得ていた別の城主は、五年前に松永霜台にそこから追い出され、放逐の身となっていた。彼は近くの伊賀国に留まり、かの沢城を奪回できぬものかと万策を尽し、しばしばそれに攻撃を企てていた。ダリオ高山殿は、キリシタンになった後、毎朝非常に早く起き、コンタツを手にして、一種の礼拝所を設けてあった小さい砦に行き、そこで毎日長い時間跪いて祈り、デウスのお執成しを願うのがつねであった。城外近くのところに、他の仲間たちと住んでいた豪農の一人は、それに注目した。彼には金持になる良い方法だと思われたので、追放されているもとの城主のところに赴いて次のように彼に話した。「もし殿様が私に好意をお示し下され、しかじかの封禄を与えるとの書付けを賜わるならば、殿様が数日後にふたたびあの城の主となれる、いとも容易な方法をお報せ致しましょう」と。そして彼らが互いに契約を結んだ後、豪農は言った。「高山殿は今やキリシタンとなってダリオと称しますが、あの方は毎日、朝方にこれこれの砦に赴き、跪いて祈りながら、いつもこれこれの窓辺に長い間おられます。したがって殿は二、三千名の兵を率いて夜密かに赴かれ、これこれの場所にお立ちになり、大きく重い火縄銃《エスピンガルダス》を持った二十名を先発させるべきであります。そして私が殿に合図しましたら、彼ら全員にいっせいにあの窓に向けて発砲させていただきたい。かくすれば高山殿はかならずやその場で殺されてしまいましょうし、それに失敗することはあり得ませぬ。そこで私は即刻城門を開きましょう。そして殿は多数の軍勢を率いて侵入され、城内にいる者は一人逃さず皆殺しにして、なんの危険もなく殿がふたたびその城の主とおなりになりましょう」と。

　彼らが内密にこの契約を結び、その決行日を決めた後、その農民は、このいとも困難な任務を自分ひとりの力だけに頼らないで、密かに他の仲間たちを計画に引き入れ、援助してくれるなら金持にしてやろうと約束した。それらの連中は皆異教徒であったが、その中の一人はダリオのところに行き、彼に対して企てられている待伏せと叛逆の計画をすべて打ち明けてしまった。そこでこの陰謀の張本人である農夫は、さっそくある巧みな口実のもとに呼び出され、彼が城に踏みこむやいなや、その犯罪にふさわしい裁きを受けた。一方ダリオとその城は、かくも大いなる危険を免れ、例の別の敵（旧城主）はその極悪非道の企てが挫折したことを認めた。しかしダリオとキリシタンたちは、主なるデウスが自分たちに示し給うた恩寵に対して、ますます心の底から主なるに感謝し奉った。

余野の地について

摂津国《ツノクニ》の余野というところに、ダリオの大の友人で遠縁にあたるクロダ殿という身分の高い貴人が住んでいた。ダリオは彼に対し一書をしたため、切に心から勧めて言うには、是が非でもデウスのことを聞いてキリシタンになるように、すなわち、自分はこの教え以外にはいかなる他の救いの道もないことは絶対確実だと保証する、と。ダリオは、親戚や友人の間では非常に尊敬されていたので、クロン殿は、彼から与えられたこの忠告を受け入れてロレンソ修道士を呼ばせた。修道士は四十日間、その地に滞在して彼らに説教した。というのは、その余野には、日本の宗教のことに通暁した人々がいて、絶えず修道士と宗論したからで、ついにはこの期間の終りにクロン殿は、妻子、兄弟、父および家臣たちとともに洗礼を受けるに至り、同家の人たちだけでも五十三名を数えた。

その後、修道士のダミアンが止々呂美《トドロミ》というところで、クロン殿の別の家臣たちに説教した時に、約六、七十名が教理の説教を聴聞したが、説教の真最中に一人の若者が扉から中に入って来て、血走った眼で人々を押しわけて修道士が説教していた場所まで進み、修道士の腕を激しくつかまえ、荒々しく無礼な言葉でもって、「起て、すぐあの戸口から出て失《う》せろ。これ以上ここで説教をすることは許さぬ！」と言った。この若者の闖入は、辺りの人たちを驚かせた。なぜなら彼らはその男を知っており、彼がそのような並はずれた馬鹿げたことをする資格がないことを知っていたからである。そこで彼らは容赦しようとせず、同所で説教を聞いていた若い数人の求道者は、彼を捕え、すぐその場で殺してしまおうと決心した。このような場合、日本人は決断が早く、長らく何かと協議などしはせぬのである。すると悪魔は、この男の口を借りて言い始めた。「貴様らは、俺が我慢できるとでも思っておるのか。あそこで説教している野郎は、俺が日本において久しく敬っている神《カミ》や仏《ホトケ》を侮辱しやがる。そしてお前らが今まで拝んで来た神《カミ》や仏《ホトケ》以外に、別に諸民を救う者があるということをお前らの頭に叩き込もうとしているのだ」と。若者の血走った眼の形相は、彼がどんなに心を痛め激昂しているかを物語っていたが、彼はもう一度、悪魔的な怒りのうちに、修道士に、起ち上がって出て行け、と要求した。それは、自分がそれまで支配していたこの地の人々の霊魂を修道士に奪われるのを、こうした強硬手段で公然と妨げんためであった。一同は今や明らかに悪魔がこの男の中にいることを見抜いたので、まず初めに彼をさんざん殴りつけ、足で蹴った。もし修道士がそれを止めていなければ、その男は間違いなく彼らに殺されてしまったであろう。かくて彼らは彼を外に追い出し、静かに説教に列席し続け、そして聖なる洗礼を受けるに至った。

その後、数ヵ月を経、すでに高齢であったクロン殿の父は病気となり、その生涯を良く全うした。その後まもなくクロン殿自身も病気となった。彼は多くの家臣の主君であり、一同は彼の庇護の許にキリシタンになることを望んでいたが、父の没後、ほどなくその息子であるクロン殿も逝去するに至った。

しかるに同所で洗礼を受けたキリシタンたちは、まだ信仰が新しく弱くもあったので、悪魔は彼らに棄教させようとして別の奸計を選んだ。すなわち、その国には、名称こそ（ヨーロッパ）の修道女に該当するが、生活がひどく堕落している多数の比丘尼《ビクニ》がいた。そのうちの幾人かはクロン殿の奥方の親族であった。そしてその奥方はその血統から言うと非常に高貴な方で、池田殿と言う（摂津）国で最大の殿の一人の実の娘であった。池田家は天下《テンカ》に高名であり、要すればいつでも五畿内においてもっとも卓越し、もっとも装備が整った一万の軍兵を戦場に送り出すことができた。それらの比丘尼《ビクニ》たちは悪魔の道具となり、かの新しいキリシタンの奥方を襲いに行った。彼女はまだ若く、四人を数えた息子や娘たちもまだ幼児であったので（亡き）夫に代って同家を管理していたのである。比丘尼らは奥方にこう言った。「御許様に御同情し、御不幸をお悔み申し上げます。ところで、奥方様がキリシタンになっておられることが御許様の名誉にふさわしくないことや、また、御許様が只今御不幸な身になっておられますのが、そもそも御許様が（亡き）御夫君を思うあまり、神《カミ》や仏《ホトケ》に仕え敬うことを怠り遊ばしたための明らかな罰であることくらいは、深く考えるまでもなくただちにお判りになりましょう。また、クロン殿がキリシタンとなってほんの短い期間にどんな報いをお受けになったことか明らかにお判りのことでしょう。それゆえ、御許様が神《カミ》や仏《ホトケ》の激昂から免れたいとお望みでしたら、他の懲罰が下るまでぐずぐず仏教徒に立ち帰るのを延ばしておられてはなりませぬ」と。そして比丘尼らは、伴天連や伊留満の誰かがふたたび奥方のところに来て、彼女を激励したり、信仰を強めさせたりするのを妨げようと巧みに手を使い、なにかと策略を練った。また教会から奥方に宛てて出された手紙さえ、彼女の手に渡らぬようにすることを心得ていた。奥方は、一方では、はなはだ理性的な人で、また人からもそのように認められており、良心に促され、先に受け入れた信仰や聖なるデウスの教えに堪え抜こうと思っていた。しかし他方では、あまりにも頻繁に、親族、友人、そして特にあの偽りの尼僧たちからうるさく説得されたので、疑ったまま優柔不断の態度を続け、あえて最後の決意をしかねていた。結局、彼女には、「邪曲なる者と交わる汝は邪曲なる者とならん」(1)との聖書の言葉が実現することになり、彼女はデウスから離れ、死の陰、死の国に住まうことになった。彼女はキリシタンの信仰を棄て、まだ幼かった自分の子供たちをも背教に導き、亡夫の兄弟と結婚した。そして家臣たちは、(女)主《あるじ》がこのように弱く病んでいたので、皆ちりぢりになり、信仰において冷淡となり、幾人かは棄教してしまった。

その後数年を経、ダリオ(高山飛驒守)の息子ジュスト右近殿は、当時十三、四歳であったこの奥方の長女と結婚した。そして彼女は、母親の支配と管轄の外に出るやいなや、起ち上がり、高山右近というとも傑出したキリシタンの妻としてつねに非常に善良な生活をした。そして彼女と右近殿は、彼女の母親に心から同情して多くの書状をしたため、文中、彼女が陥っている暗黒の世界から抜け出るように説得した。かくてついに我らの主なるデウスは〔司祭たちやキリシタンたちが、犠牲ならびに祈りにおいてデウスに対し、彼女のためお執成しを願い続けること二十年の後〕、彼女のために予期していなかった救済策を講じ給うた。すなわち、信長と荒木の戦争の結果、信長は池田の所領をすべて他の大身たちに与えたが、この奥方の所領である余野もその中に含まれていた。そのために彼女は追放され、他に方策もなく、困窮のあまり高槻に赴いた。そこはキリシタンの町であり、彼女の娘婿であるジュスト右近殿が生まれたところであった。ダリオは、彼女の霊魂を獲得するのに良い機会が与えられたことをきわめて喜んだ。ダリオは、新たに説教してもらうためにロレンソ修道士を呼ばせ、限りなく慈愛深いデウスの御旨によって、マリア——彼女は以前にそう呼ばれていた——は、自らの罪について大いに痛悔し、心の中で自らが誤っていたことを認めるに至った。ところで当時彼女には、息子たちと、寡婦になっていた次女と、もう一人年下の娘とがあった。それゆえ、右近殿と彼女の娘ジュスタが高槻城で主君であった時に、その母親は、すでに成人していた息子たち、および彼女と二度目の夫の間に生まれた他の小さな子供たちを連れて、高槻に来たのであった。夫は小さい子供たちといっしょに洗礼を受け、マリアはまず教会で皆の前で痛悔し、一同を大いに教化し満足させるところとなった。そして彼女は前よりもはるかにデウスを認め信心して、また教会に迎え入れられた。我らの主なるデウスは、彼女がふたたび偶像崇拝に溺れる危険から、いっそう安全に護ることを欲し給うた。そこで彼女はようやく四十歳くらいになったばかりであったが、彼女が告白し、公に回心したことを示した後、立帰り後、数ヵ月目に襲った病気によって、デウスは彼女を御許に召し給うた。デウスは彼女にこの恩寵を示さんがため、その時まで待ち給うたように思われる。

これより先、信長が殺されたその同じ年に、その後継者羽柴筑前殿が越前国に進み、同国の君主柴田（勝家）殿を切腹せしめるという戦いが生じた。この激戦において、参戦していたマリアの年長の息子二人――母親とともに回心してキリシタン信仰に立ち帰っていた――と、同じ年にキリシタンになったその夫も戦死したので、マリアには当時三人の娘が残るだけとなった。彼女たちは皆キリシタンで徳高く、模範的な人々であった。ダリオと右近殿は、彼らが救われる望みが乏しかっただけに、その霊魂がキリシタン信仰に立ち帰ったのを見て大いに慰められた。そしてこの出来事は、同地方のキリシタンの心に、デウスへの信頼を高めしめた。

（1）「サムエル後書」二十二ノ二七。

第一六章（第一部五四章）

本年（一五六四年）および前年に、都地方で生じた幾つかのことについて

これまでに経験して来たことから、ガスパル・ヴィレラ師が都《ミヤコ》において忍耐したことが大きい成果をもたらしたことを物語っている。すなわちそこでは当初、人々は彼を迫害し嫌悪し軽蔑したばかりか投石さえした。しかるに彼の方では、福音を、その市街ならびに周辺に弘めようとしてできるだけのことをした。そして当代ともなると今やすでに、内裏《ダイリ》に次いで日本中で最高の殿である公方様のようなきわめて身分の高い人々が、彼に幾多の名誉を授け、公方様は司祭を迎え、彼と語らい、彼に盃《サカズキ》を与えた。また、数名の貴人が次第にキリシタンとなり、都の周辺にはすでに幾つかの教会が建つまでになった。

一五六二年の九月に、司祭は当時しばしば行なわれていた戦争が終った後、また、戦争のために、すでに堺に滞在すること一年にもなっていたので、堺から都に戻った。キリシタンたちは大いに喜び、非常に慰められて彼を迎えた。司祭には、彼らがいっそうよく教

えられ、信仰のことで基礎づけられるためには、基本的な真理と、ごく初歩的な信仰の教えを彼らにもう一度教えこむのがよいと思われた。そこで彼らに、日本の宗教が教えているのとは、すべてにおいてまったく異なっていること、すなわち創造主、天国、地獄の存在などのことを明らかに示し、さらにデウスの御子が人間になり給うたこと、ミサの玄義、その他彼らの宗教上の利益として必要なことを説明した。かくてデウスの恩寵に助けられ、彼らには、新しい熱意とか生活における改新などが現われるに至った。

（一五六二年の）降誕祭が訪れた時に、司祭は彼らを十分喜ばせようとして、ヨーロッパから届いていた贖宥を彼らに告げ、それによってどのような利益や報酬が得られるかを説明した。その贖宥を受けるためには、告白をしたり、定められた日に断食をする必要があったが、彼らは大いなる信心をもってそれを行なったので、司祭はそれに接して感嘆した。

この時、司祭は当国の習慣に従って大身の幾人かを訪問した。彼が都にいることが異教徒たちに知れると、その大勢が聴聞に来た。そのうちの数人はキリシタンになったが、大勢ではなかった。異教徒たちは、デウスの教えが真実のものであり、人々はそれを守らねばならぬことが明らかに判っていた。しかし彼らは次のような口実を設けてキリシタンにならなかったのである。曰く、「自分たちはキリシタンになっても、キリシタン宗門が要求するような徳を守ることには堪えられぬであろう。そしてそれに堪えられぬならば、自分たちは救われぬ。さらに自分たちは肉欲を満足させることができぬから、現世では苦しまねばならぬ上に、地獄では永劫の苦しみを受けねばならぬ」と。悪魔は、こうした誤った理由を挙げることによって、彼らを地獄に導いたのである。多数の人々は、自らの良心に苦しみ、良心によってキリシタン宗門が正しいことを確信したが、上記のような別の理由によってキリシタンになることを妨げられたのである。

仏僧たちは、宗論することでは成果がほとんどないことが判ったので、教会に来なくなったばかりか、教会がある通りに一度も足を踏み入れなくなった。その理由として、彼らは、自分たちが奉じている宗派以外の教えのことで伴天連と論争などできはしないと言うのであった。しかも他方では彼らは、人々に我らのことについて嫌悪の気持を起させようとして、説教しながらデウスの教えに対する誹謗の言を吐くのが常であった。

キリスト御降誕の祝日には、キリシタン全員が告白した。そして聖体の玄義に関する訓話と説教があらかじめなされた後、準備ができている人々は聖なるその秘蹟に与かった。そして彼らは信心に満ち、異常なばかりに感動し、涙を流して、主キリストの聖体を拝領した。その夜、彼らは教会で主を讃美して一晩を過し、司祭はキリスト御降誕の玄義について彼らに説明した。司祭は彼らの態度や信仰のことにおける天真爛漫さを目撃して、しばしば初代教会に思い及んだ。かの至福の時代にあって人々は皆が一つの愛に心を合わせて集い、そして霊的な喜びの中に同様の降誕祭を祝ったのであった。

（一五六二年の）降誕祭から（一五六三年の）四旬節までの間、司祭はキリシタンに福音

南蛮渡来器物の店（「南蛮屛風」）

書の説明をした。かくて彼らは信心と信仰を増していった。数人の異教徒が説教を聞きに来ることもあったが、彼らは初期の人たちとは動機を異にしていた。というのは、それらの人々は理性に従おうとして来たのである。これに反し初めに来た人々の中には、むしろデウスの教えを受け入れるためよりは、それを嘲笑し侮辱するために来た者が多かった。もとよりこの時期にあっても、そうした嘲笑する者がいないではなかったが、初期ほどそんなに数は多くなかったのである。

　このように布教事業、およびすでにキリシタンになった人々を強化することは進展したが、日本の習慣が終ったわけではなく、彼らがそれまで享受して来た平和と安泰も長くは続かず、たちまち残酷な戦争と騒擾に打って変った。そしてそれは戦乱が絶えずある都《ミヤコ》だけに留まらず他の諸地方にも及んだ。すなわち、当時統治していた殿は暴君であり、七ヵ国を強奪していたのであるが、悪魔に唆された数人の異教徒は、すべてそれらの戦争を伴天連のせいだとし、彼がデウスの教えを都で説くことを許したから、あのような騒動や不安が起ったのであり、伴天連は追放に価する、と言った。これらあらゆる威嚇や攻撃にもかかわらず、司祭はいっさいをデウスに委ね、自らの運命を主の御手にまかせて、福音の教えを説いてやまなかった。異教徒たちは戦争の不安のためにさっそく説教を聞くことから遠ざかったが、キリシタンたちは恐れることなく聴聞に来た。

都で初めて祝われた一五六三年の四旬節が近づくと、司祭はキリシタンたちに益するところ多かろうと考えて彼らのために週に三度、すなわち日曜日には主日の福音について、水曜日には告白について、金曜日にはキリストの御受難について説教した。キリシタンたちは、金曜日の説教にひき続いて鞭打ちの苦行を行ない、涙を流し、信心を深めた。

ところで説教を聞きに来る異教徒は少なかったので、司祭は、デウスの教えを弘めるために都周辺の幾つかの村落に赴いた。司祭は大勢の聴衆に接したが、数名はキリシタンとなり、他の者は彼らと同じように洗礼を受けたいとただ望むだけに留まり、別の者は、自分たちが聞いたことを受け入れるだけの能力がなかったので、相変らず強情で冷淡であった。それゆえ、このような際には柔和と忍耐が必要で、我らの主なるデウスが種子を用意して、それから待望の実を刈り入れるようにし給うまで待たねばならぬのである。

司祭は聖週間の典礼を、自分が司牧するキリシタンのために、できうる限り感銘深いものにした。聖木曜日に、彼らは多く涙を流し、深い信心のうちに聖体を拝領した。復活祭には一同が参集し、九名の人が洗礼を受けたが、その中には一人の金持で、その属する宗派においてかなり信望ある市民がいた。彼はかつては自らの誤謬と偽りの説に固執していただけに、一度、真理を認めてから後は、いっそうの信心と信仰をもって、聖なる洗礼を

三好長慶

受けるに至った。

復活祭が過ぎた時に、またしても戦争が勃発し、仏僧たちは新たに兵士を調達し終えた。そこで司祭はキリシタンたちと協議したのであるが、一同には、主の御名において、戦争熱が少しく醒めるまで、しばらくの間、司祭は都から遠ざかり、この機会に堺のキリシタンを訪問するのが良いと思われた。その間、都の市には一人の老人のキリシタンを教会の番人として残し、同時にキリシタンたちにも老人の世話をしてもらうことにして、司祭は堺に向かって出発した。もとより司祭は、そこでさっそく成果を収め得ようとは全然期待していなかった。堺の市民はきわめて自尊心が強く、また、「私がキリシタンになれば世人は私のことをどう言うだろうか」といった面子《めんつ》のことにひどくこだわっていたから、少なくとも、長い期間かからねばできることではなかった。というのは、彼らは、公然と、「自分たちが信用や、世間からの人望を失うのでなければ天国へ行けぬものなら、むしろそんなところへ行こうとは思わない」と言っていたからである。こうして彼らは欺かれて地獄への道をたどっているのである。

夏が訪れた時に、司祭は日本人修道士ロレンソを河内国飯盛城に派遣した。その国主であり主君は三好修理大夫殿《ミヨシシュリノダイフドノ》という異教徒であった。既述のように同所では多数の貴人や名望ある人々が洗礼を受けていた。司祭は時々彼らのうちの一人が建てた教会を基地として彼らを訪ねるのが習わしであった。そして司祭と修道士が、説教したり勧告することによって同所で収めた成果には顕著なものがあった。司祭はそこから三ヶ殿という一貴人の領地へ呼ばれて行った。この地は飯盛城に向きあって、ある湖の真中にあり、そこへかなり大勢の聴衆が集まって来て、そのうち大部分の人がキリシタンとなったのである。

司祭は本年、日本の北端である坂東《バンドウ》地方の諸国を探求し、その地の人々にも聖なる福音の知識を授けようと決心した。しかし彼はそうした不確かで新しい企てを始めるために、この五畿内の新しいキリシタン宗団を牧者なしに放置したくはなかったので、結局彼には、今仕事としている五畿内に留まる方がより確実であり、いっそうデウスに奉仕することになろうと思われた。ことに都《ミヤコ》は日本の諸宗教の源であり、最高の政庁の所在地であったからである。

司祭が堺に出発するに先立って、全日本で最大の勢力を有する仏僧である比叡山《ヒエノヤマ》の僧侶たちは、伴天連を都から追放し、教会ならびにキリシタン宗団のすべてを破滅せしめることに決めた。司祭ヴィレラはそれを聞くやいなや、キリシタンたちを集合させ、彼らと相談して、「自分はいかなることがあっても、御身らを見捨て去りはしない。それどころか、皆といっしょに死ぬこと、この世の何ものに代えても御身らを置き去りにせぬことを固く決意し覚悟している」と説明した。しかし彼らは司祭に対して無理やりにこう言った。

「どんなことがあっても、御身はそうした危険に身を曝してはなりませぬ。むしろこのたびの嵐が鎮まるまでは堺に移られるべきであります。と申しますのは、仏僧たちは、キリシタンを迫害するつもりはなく、ただ伴天連様を都から放逐し、教会を我らから奪おうとしているのでございます。それゆえ、伴天連様が都で仏僧たちの出方を待っておられるならば、そのために我らキリシタン自身を危険に陥れることになってしまいます。そして伴天連様が、デウスへの愛のために甘んじて死に給うならば、御身はそれがために天国においていっそうの幸福を得られましょうが、我らは御身を失い孤児となり、ほとんど取り返しのつかない損失を被ることになってしまいます。そのほかにも、そのことから幾多、霊魂および肉体に関して害悪が生じることとでございましょう。したがって御身は、しばらくの間、遠ざかられますよう。そうすれば私たちは御身が間もなく平和裡にお戻りになれるよう配慮いたしましょう」と。そこで司祭は彼らの切なる要請に譲歩した。そして彼らのうちの数人は、堺の市街まで彼のお伴をした。

　都の統治は、この頃、次の三人に依存していた。第一は公方様《クボウサマ》で、内裏に次ぐ全日本の絶対君主である。ただし内裏は国家を支配せず、その名称とほどほどの規模の宮廷《エスタード》を持っているだけで、それ以上の領地を有しない。第二は三好殿で、河内国の国主《レイ》であり、公方様の家臣である。第三は松永霜台で、大和国の領主《セニョール》であるとともにまた三好殿の家臣にあたり、知識、賢明さ、統治能力において秀でた人物で、法華宗の宗徒である。彼は老人で、経験にも富んでいたので、天下《テンカ》すなわち「都の君主国《モナルキア》」においては、彼が絶対命令を下す以外何事も行なわれぬ有様であった。

比叡山の僧侶たちも、同じように都では大いなる勢力を有していた。彼らは富裕で名望もあり、そこには約三千名の仏僧がいた。それゆえ彼らは一同から畏敬されていた。彼らは霜台に、天下の善政および治安に役立つとて、十三ヵ条をしたためて提出した。そのうち二ヵ条は伴天連に対するものであった。その第一条には、インドから渡来の伴天連を都から追放せねばならぬ。ただにかの都の市から放逐するのみならず、日本全国から追放し、その教会も破壊すべきである。なぜなら伴天連は、日本の人々ならびに祖先が大いに崇拝して来た偶像を悪し様に言う。かくて一般庶民は、釈迦《シャカ》や阿弥陀の経典に対して畏敬の念を失い、大胆無謀となり、大逆重罪に陥るに至るのである。第二条には、従来伴天連たちが居住したところは、山口や博多のように、戦争によって破壊された。したがって公方様ならびに三好殿は、いかなることがあろうとも、伴天連らを都のすべての諸国から追放せねばならぬ、と述べられていた。

霜台はこれに答えて次のように言った。「伴天連は異国の人であり、公方様と三好殿ならびに自分から都に滞在する許可と保護を乞うた。そして我ら三人はいずれも彼に允許を与えている。それゆえ、あらかじめ彼を吟味もしないで追放することは我らの名誉にかかわることで、許されぬ。したがって予は、貴僧らは結城山城守殿と外記殿のところへ行くように命ずる。彼らははなはだ高貴な方だし、著名な在俗の碩学であり、伴天連が説くことを審査して、もし伴天連が国家にとって有害な者であることが判れば、結城殿らに彼を都から追放し、教会も没収するよう命ずるであろう」と。

しかし既述のように事態が進展し、両名（結城殿と外記殿）はキリシタンに改宗し、我らの聖なるカトリックの信仰を受け入れるに至った。この事件は、五畿内でそれを耳にしたすべての人を極度に驚かせたが、なかでも特に比叡山、その他の地の仏僧たちは驚愕した。彼らは、あれほど学識があり、日本の諸宗教に精通している人々が、自分たちが軽蔑し無知な人と思っている外国人に討論で打ち負かされるようなことは絶対にあり得ないと確信していたのである。

これらの人々（結城殿と外記殿）および三好殿幕下の六十名の貴人が改宗した後に、仏僧たちは、もはやこの侮辱に堪えられなくなり、少なくともそれら六十名の貴人を棄教させ、それによってデウスの教えの信用を失墜させることができまいかと試みることにした。そしてそれを果そうとして、ある者は公然と彼らと宗論し、他の者たちは彼らを迫害し始めた。だがその貴人たちは、皆名望ある人たちであったし、デウスは恩寵を垂れて彼らを庇護し給うたので、彼らは信仰を堅く守って動ぜず、ついにある日、仏僧たちおよび仏僧たちが寵愛しているその信徒たちに対して武器をもって立ち上がるに至った。

これらキリシタン貴人たちの忠告に基づいて、司祭は河内の国主である三好殿を訪問し

毛利元就

た。すなわち、彼らはいずれもその三好殿の家臣であり、司祭がなんらかの機会を求めて国主を訪ね、その際彼にデウスの教えが崇高であり優れていることについて、なにか話すよう努めるべきだと述べたのであった。司祭は人々を改宗させることに大いなる熱意を抱いていたし、キリシタンたちが説かなくても、その用意はすでにできていたのである。ともかく国主は彼を大いなる愛情と慇懃さをもって迎え、ゆっくり聖なる福音の説教を聞き、「確かにこのキリシタン宗門のことは、すべてが予には非常に良いものと思われる。予はできる限り、教会とキリシタン宗団を擁護しよう」と述べた。国主がこのように好感を抱いたので、その家臣であるかの貴人たちは皆、非常に慰められ、意を強くし、安堵した。なぜなら彼らは、これによって憂慮を晴すことができ、もはや仏僧たちの策略を恐れなくてよくなったからである。この際、司祭は十三名に洗礼を授け、その翌日、都《ミヤコ》に帰った。

当時山口を支配していた国主は、安芸の《アキノ》毛利殿《モウリドノ》と称した。彼はすでに高齢で、かつてその策略ならびに老猾さにより、残虐なやり方でもってかの国を奪い取ったのであった。彼は一向宗の信徒であった。そのために、またむしろ自らの性格から、彼は生存中自分の領国において、伴天連や伊留満がデウスの教えを説いたり、古くからその国にいるキリシタンたちの世話をすることを断じて許さなかった。それどころか、彼は彼らを圧迫し、かつて教会があった敷地を彼らから奪った。そういう次第でキリシタンたちはあえて教会を再建することも、公然と集まってデウスのことを話すこともなかった。

山口のキリシタンたちが、都に住んでいたガスパル・ヴィレラ師にこのことを報告したところ、司祭は公方様のところに出向き、山口のキリシタンたちが被っているこの不法行為について、恩恵と救済策を乞うた。公方様は、自分の臣下で、山口の国主である毛利（元就）殿に宛てて書状をしたため、なかんずく、御地のキリシタンを保護し、かつて貴地において破壊された教会を再建していただければ嬉しく存ずると述べた。一人の非常に身分の高い貴人がこの書状を携えて行ったが、折から毛利殿は戦争に従事していた。山口のキリシタンたちは、そのことを知って非常に喜んだ。だが暴君（毛利殿）は、彼らを憎悪していたので、公方様のこの好意を秘してしまった。

第一七章（第一部五六章）

フロイス師とアルメイダ修道士が豊後から堺へ、さらに同地から都へ旅行した次第

一行は降誕祭後最初の八日目は好天であったので乗船し、三日間かかって海峡を横断して伊予《イヨ》の国に到達した。しかし凪の日はあまり続かず、彼らは日本でよく見られるとてもひどい嵐に遭遇した。船は小さく、彼らは巡礼たちと同乗していた。その巡礼たちは太陽とか月、また、鹿、その他の動物を拝む人たちで、伴天連たちが同乗者として身近にいることを大いに嫌悪した。また、彼らは、同じ嵐で遭難した別の船の荷物を海上で目撃した。だが彼らが頼みにしていた主なるデウスは、彼らを豊後から四十里離れた（伊予）堀江という港へ無事に導き給うた。

四国《シコク》島は（周囲）百里ほどであろう。それは四ヵ国に分れており、そのうちこの（伊予）国がもっとも豊富に米を産出する。その四ヵ国は、伊予、讃岐、阿波、土佐と称する。彼らはその堀江の港に碇泊した。それは同船の船頭がその地の出身者であったからである。

伴天連の絵（『吉利支丹退治物語』）

堺に赴くためには非常に廻り道をすることになるが、豊後では他の船がなく、彼らは堀江に寄港するという条件で船頭と行をともにすることになったのである。そしてデウスは、万事、御自らのいっそうの光栄となり、御身への奉仕となるように取り計らい給うた。

すなわち、彼らはこの地（堀江）に上陸すると、都《ミヤコ》で改宗した初期のキリシタンたちのうち、幾人かの人々に逢った。そのうち、内裏《ダイリ》の邸にいる公家《クゲ》であるマノエル在昌《アキマサ》という一人のはなはだ高貴な人がさっそく訪ねて来た。彼は伴天連と伊留満が到着したことを、どのように表現してよいか判らぬほど非常に喜んだ。彼らはその夜の大部分をそこで過し、互いに慰め合ったが、在昌の喜びようはひとかたならず、帰宅しようとせぬほどであった。いな彼は朝までそこに留まって、主なるデウスが、自分ならびに日本全国民に示された御慈悲について、司祭たちと語らった。彼は稀にみる威厳と賢慮を備えた人で、デウスのことについて非常によく説明できた。またその家族は、まるで聖職者たちのようであり、人々は彼に聖寵の働きがあることを明らかに看取できた。彼の妻は、出産が間近であり、自分がいた家からは二射程以上も離れていたにもかかわらず、その翌日には、息子や娘たちを伴い、贈物を携え、大喜びして司祭と修道士を訪ねて来た。司祭（フロイス）は彼女を慰め、わざわざ訪ねて来てくれた労を謝した。というのは、彼らも同じようにこの地（堀江）の者ではなく、都から豊後への旅路にあったからである。彼らは双方にとって、こんなにも本来の旅路から遠く距たったところで、思いもよらず邂逅できたことに驚いたが、司祭は彼女に信仰上のことを教えた後、一同はもう夜に入る頃になって家路についた。主なるデウスの嘉《よみ》し給うところによって、その婦人は、まさにその夜、男児を出産し、翌朝にはさっそくそれを司祭に報告させた。ところで彼女は出産のためにまだ非常に弱っていたので、ルイス・デ・アルメイダ修道士が人をして彼女のところへ薬を持たせてやったところ、彼女はそれによってすぐに気分が良くなった。

司祭らは八日間、この善良なキリシタンたちとの交際を喜んだ。この期間中、絶えず説教が行なわれて、六人が聖なる洗礼を受けた。この貴人在昌は、自らの信心から、息子の一人をデウスに奉仕させるために捧げようと決心した。息子は当時十一歳で、活潑で賢い少年であったが、後年、口之津で病死するに至った。

司祭らは、この堀江港から、塩飽《シワク》という別の港に行った。その船の船頭は、彼らにそこへ連れて行くことを約束していたのであった。そこは豊後から堺までの道のりの半ばのところにあり、航海は六日間続いた。寒気は募り、ひどく身にしみ、船の中にもたくさん雪が降る有様で、ルイス・デ・アルメイダ修道士は、この寒さは自分が今までに経験したのとは非常に違っていると確言した。

彼らが塩飽に着いたところ、堺へ連れて行ってくれる船がなかった。そこで彼らは一艘の小舟に乗って、十四里離れた別の港に運ばれるのを余儀なくされた。実は人々から、そこへ行けば、きっと航海を続ける便を見つけることができるであろうと言われたのであった。だがこの間には大勢の海賊がいたので、彼らはやはりそこに行く別の一船といっしょに航行した。しかるに航海中にその船は彼らから離れてしまった。こうして彼らは単独で航海を続けたのであるが、一同は海賊の船団に出会いはしまいかと恐怖に閉ざされていた。しかし主なるデウスは、彼らが目指す港に到達することを嘉し給うた。この港を坂越《サコシ》と言い、一行はここで十日ばかり滞在して、堺行きの便船を待った。実はその港には、堺行きの大きく堅牢な船があったのであるが、その船に乗っていた商人たちは、伴天連や伊留満たちが、かの五畿内地方へデウスの教えを弘めに行こうとしていることを知って、彼らが乗り込んで来るのを絶対に許そうとしなかった。そうした日々を過した後、一行は堺に向かう別の船に乗った。そして一夜、堺に到着するに先立って、彼らはその町が焼けるのを目撃した。この大火で約一千戸が焼滅した。ところで彼らは豊後から堺まで、この旅行に四十日を費やしたのであった。

彼らが下船するに先立って、堺の高貴にして名望ある一市民、日比谷ディオゴ了珪は、折から港内はかなり荒れていたが、一行の上陸用に一艘の大きいボートを差し遣わした。こうして彼らは同家に直行したのであるが、了珪は、まるで王侯が着いたかのように、彼らに対して、いとも気前よく、愛情に満ちた歓待をした。彼は彼らを、邸内であるが、母屋《おもや》から離れたところにあるはなはだ美しく新しい一屋に泊らせた。というのは、堺の人々は裕福で、多数の客用の住居を構えているからである。彼らが休憩した後、まだ異教徒であった了珪の妻と、息子や娘たちが司祭（フロイス）と修道士（アルメイダ）を訪ねて来た。彼らはその風采、教養、また礼儀作法の点において、まるで王侯の子女のようであり、彼らは一時間ほどそこにいて、伴天連たちと同席していることを喜んだ。

一行のうちのある人々は、一月の二十幾日目かに堺に着いたが、途中、厳しい寒さを忍んで来たので、二人は病気になっていた。司祭と修道士の一行には、三、四名の同宿少年と、同数のキリシタンたちが道案内役として加わっていた。修道士は、健康を害していたのと、堺でなさねばならない用件が別にあったので、同所に留まり、了珪の家で保養せざるを得なかった。しかし司祭は、一刻も早くガスパル・ヴィレラ師に会いたいと考えた。というのもヴィレラは約四ヵ年にわたり、一人の聴罪師もなしに、ただひとり、この地方に留まっていたからである。それゆえ、フロイスは、さっそく翌日日曜日に、食事をとった後、都《ミヤコ》に向かって出発した。彼は伴侶である少年たちと五、六名のキリシタンを連れて行った。その際同じく司祭は、都へ持って行くことになっているすべての食料品をも携えた。堺の数人のキリシタンは、その習慣に従って先行し、堺の市街から半里離れたところにあって、多数の神《カミ》の社がある住吉《スミヨシ》というところで、司祭とその同行者を待ち受けた。彼らはそこで、司祭のために、はなはだ清潔で綺麗に調理した飲食物を用意していた。彼は彼らと別れた後、堺から三里距たった大坂《オオザカ》への道をたどった。そこは一向宗の上長で、全日本でもっとも富裕、有力、不遜な仏僧の都市であった。この僧侶は、阿弥陀同様に有難がられ、阿弥陀に対してと同じように畏敬されている。なぜならその信徒たちは、阿弥陀が、彼ならびにその後継者たちに化身すると信じているからである。そしてこの僧侶は、キリシタンの恐るべき敵である。司祭と同行した人々は、司祭がその地（大坂）で人から見つからないようにとわざと夜になるまで待った。そして荷物と同行者のことで騒ぎを起させないようにと、彼らは司祭をある貧しくみすぼらしい木賃宿に入れ、一方、キリシタンたちは、残りの荷物および少年たちといっしょに、ある金持の異教徒の立派な家に宿をとることにしたが、彼らはそこで非常に鄭重かつ親切にもてなされた。ついでキリシタンたちは司祭を残して来た場所が不適当なので、司祭に同情し、その夜八時か九時頃に彼を訪れ、自分たちの宿に連れて来た。彼らはそれを深く考えて行なったわけではなかったが、実はまったくデウスの御摂理であったのである。ともかく宿主は司祭をいたって鄭重にもてなした。宿主はその信心から、二十本ほどの燈明がついた阿弥陀の祭壇を持っていた。

彼らが同家で、所持品や装飾品を取り片づけ、一同就寝した後、真夜中頃になって、突如、市内で大いなる騒動や叫喚を耳にした。多数の武装した人々が、徒歩でまた騎乗して街路を駆け、彼らはただちにその原因とおぼしいことを推察した。すなわち、キリシタンたちは、三、四時間前に司祭を連れ出して新しい宿に移ったが、そのもといた家の隣のそばで、突然火災が発生したのであった。

それは恐るべき大火であった。というのは、きわめて富裕であった仏僧の城も御殿も、また日本中でもっとも華麗な寺院の一つであった寺院も、灰燼に帰してしまった。同時にその仏僧の多数の財産も焼失し、三、四時間以内に約九百戸が焼け、また、人々が確言するところによれば、その際、火災から逃げ得なかった婦女子、老人、病人ら百名が火中で死に果てたと言う。

自分の生命と、救出できたわずかな家財の置き場を求めて、群衆が街路を走る有様は悲惨であり、同情すべき光景であった。ある者は武装して街中を騎行し、人々を励まし、別の者は、家財を運びに、またある者はそれを奪うために往来した。婦人たちは髪をふり乱し、ひどい身なりで腕に子供を抱き、叫び泣きながら街路を逃走した。司祭とキリシタンたちがいた宿の主人は、当初は火勢を軽んじて、なにも心配は要らぬ、火はこの家から遠いから、御身らの安全を保証すると言って一同を安堵させた。

しかるに火は風に煽られて、ますます勢いを強め、市街は四方八方、地獄の観を呈するに至った。硝煙と火花と火焔は、もはや大通りの大部分を掩った。そこで宿主の親族や友人なり知人が、火元からいくらか離れていたこの家に避難しようと、大勢の人たちが家財や家族を伴ってやって来た。宿主はこのように自分のところに避難所を求めて来た親族や友人たちに、伴天連がいる部屋をやむなく提供せねばなるまいと見なした。だが他方では、自分が伴天連やキリシタンたちを自宅に泊めていることが発覚しはしまいかと怖れもした。そこで彼は彼らに対して、初め頃は穏やかに、ついで荒々しく、御身らは別の宿を探してもらわねばならぬ。もう助けてあげられぬから、伴天連も、荷物も、同伴の他の連中も家からさっそく連れ出してもらいたい、と言った。

キリシタンたちは、このまったく予期せぬ突然の出来事に極度に当惑した。彼らは、同宿の少年たちを伴い、荷物を肩にして市街の大部分の人たちが参集している小丘に赴いた。そこにも、おびただしい数の婦女子がいて、大声で泣きわめきながら、我が身と家財を見守っていた。

すでに夜明け近くになっていたが、キリシタンたちは、司祭を連れて行けるような場所をどこにも見出せなかった。そこで彼らは何度も何度もあらためて上述の宿主のところに赴き、どうか自分たちがどこか避難所を見つけるまで我慢して、もうしばらく待ってもらいたいと両手を合わせて頼んでみた。彼らは大いに悲嘆にくれ、憂慮に閉ざされつつ避難所を探してみたが見つけることはできなかった。司祭と同行したキリシタンの一人に、博多生まれのカトク・ジョアンという者がいた。彼はかつて博多が破壊された時に、バルタザール・ガーゴ師の生命を救助したことがあった。そのジョアンは、ある門のところで偶然にも、先に司祭や修道士と坂越から堺まで同船した人で、ここ（大坂）で世帯をもっている一人の男に出会った。ジョアンは自分が目下、困窮に陥っているあまり、伴天連が発見される危険にあることを彼に告げ、大坂の支配者である仏僧は、自分の幾人かの敵を怖れて、いたるところに強力な守備兵や見張りを配置していることだ、伴天連が市街から脱出する方法が見つかるまで、あなたの家に泊めていただくことはできまいか、と訊ねてみた。その異教徒は、快諾して次のように言った。「貴殿らが、これほど不安で困った状態に陥っておられるのを見て、お気の毒に存ずる。拙宅は当地で、城の真向かいにあって、お坊さん方や、この地を往来するすべての人たちの目につくところにあるが、御身をお助けしよう。ところで貴殿らは、他に助かる術もなく、拙者に援助を求めておられることだから、拙者は、伴天連殿を、市街から脱出できる方法があるまで、我が家にお泊め申すだけでなく、同宿方も、すべての荷物も、拙者がお助け致そう」と。こう言って、彼はさっそくそのキリシタン（ジョアン）といっしょに出かけ、司祭を訪れ、司祭を変装させ、自分たちの真中に入れて自宅に連れて来た。それから彼は驚嘆に価するほど気を配り、かの丘にあった荷物や少年たちを引き取るために同所に赴き、自分がまるで同家の奴隷ででもあるかのように、自ら荷物を運ぶ手助けをした。彼は、二人の少年と、一インド人、一シナ人合わせて二人の従僕といっしょに、司祭をごく小さく天井の低い二階に入れたが、そこは平素は物置に使われるところで、手で上げ下げできる梯子でやっと通じるようになっていた。彼は彼らをそこへ連れて行った後、決った時刻に手ずから彼らの食事を携えて来て、幾度となくなにか必要なものはないかどうか、自分に言ってくれさえすればよい、御身らの安全を保証するからなにも恐れる必要はない、と言った。

大坂の仏僧は、かの火災は、自分の敵の幾人かが故意に自分に仕掛けたものと確信していたので、あらゆる城門に配置しておいた守備兵や見張人だけでは満足せず、市中にも二、三度厳しい布告を出し、何びとも自宅に他国の者を宿泊させるにおいては死罪に処すると禁止令を出すとともに、もしそのような者を泊らせていたり、そうしたことを知っている者は、ただちに自分(仏僧)のところへ届け出ねばならぬ、と述べた。そして毎時、その仏僧の武装した家臣がやって来て、火災を免れた家々を捜索し、他国の者を見つけ出して殺そうとの欲望に満ちて先のようなことを告げ知らせた。

宿主は彼らを知っていた。そして彼らが自分の家の戸口に来る前に一芝居を演じ、まず唾を吐き、ついで低い声で、二階にいる人たちに向かって、戸口から見られないように奥の暗いところに姿を隠すようにと言った。それから当の仏僧から差廻しの者が来ると、彼は戸口に佇《たたず》み、口髭をこすり、手を刀の柄《つか》に当てて、「私は金持になるために、誰か疑わしい奴に出くわさんものか、それともそういう奴が我が家に来てくれぬものかと、そればかり願っている次第。なにぶんにもお坊様がそういうことにたいへんな恩恵を施して下さるということですからな。御心配御無用、先へと行かれるがよろしい。我が輩、そのことではこの家で、十分よく気を配っておりますゆえ」と言った。

同夜、警戒はいっそう厳重であった。そして司祭がいる家の前には、二百名の銃を持った人たちが見張りをしていたので、この家主に嫁いでいた気の毒な異教徒の妻は、伴天連がそこにいることが発覚しはしまいか、そしてもしそうなれば、自分も夫もただちにその科《とが》で惨めにも殺されはしまいか、と心配した。そこで彼女は密かに夫に向かって、彼らを明朝までしか泊めてはならぬと迫ったが、夫はそのことで彼女を叱り、説得して彼女がまったく不安がらないように取り計らった。

ルイス・アルメイダ修道士、および堺のキリシタンたちは大いに悲嘆していた。なぜなら誰も外からは大坂の市《まち》へ人を派遣できなかったから、彼らは、司祭や同宿やキリシタンたちがどうなったかについて、なんらの情報も得られなかったからである。しかるに大坂の宿主は巧妙な手を使い、二日目に、堺の彼らの許へ報告を届けさせることができ、彼らは皆、自分のところに泊めていることだから安心されたい、と言い送った。

司祭は、第一日目の朝、すぐにも都へ行くか、堺へ引き返すか、それともどこか他のところへ行くことができないか、と訊ねた。キリシタンたちは、道中の警戒が緩和するまではまったく不可能だと答えた。

三日を経て、騒動はまたいくぶんか落着きを見せた。そこで宿主はキリシタンたちと協議し、御身らには川を遡って都から一里半のところまで荷物を運ぶ舟を、また伴天連とキリシタンたちのためには乗馬を用立てよう。そして自分は、なんらの危険もなく御身ら一同を大坂の市から脱出させて、そこから十五里距たった都へ行く道へお連れしよう。実のところ見張人たちが市街に出入りする人々に対する吟味はまだ厳重ではあるが、キリシタンや同宿たちは日本人であるから、この人たちのことはなにも心配はないし、伴天連様が発覚しないために、私はかならずなにか一つの手段を見つけよう、と言った。そして彼はさっそく口実を設け、これは罹災者の荷物で、今から私は大坂の市外へ持って行くのだ、と言って搬出し始めた。

ある水曜日の朝、空が白み始めた頃、彼は折から寒さが厳しかったので、伴天連には一種の屑糸《くずいと》の頭巾である綿帽子《ワタボウシ》を目深くかぶらせ、商人の衣装をまとわせ、五、六名のキリシタンといっしょに非常にゆっくり進んだ。司祭は一行の先頭に立ち、城門を警護し、城外少し距たったところまで並んでいた番人や武装兵の真只中を通り抜けて行った。宿主と他の同行者たちは、大声で火事のことや、自分たちが家で家具とか家族のことで苦労したことを語らった。そして彼はその地では非常によく知られていたので、番人たちはその会話でまんまと注意をそらされ、一人も彼らを訊問しはしなかった。

市外に出、小銃の一射程ほど進んだところで、彼らは一軒の貧素な藁小屋にたどり着いた。宿主はここで、一人の従僕をして一行のために食事の用意をさせており、このたびの冒険がいとも幸いに成功したことについて、大いに愛情と喜びを示しながら皆を招待した。ついで彼は、少年たちは荷物とともに都に向かって川を遡って行くようにと命じ、自らは、司祭やキリシタンたちのためにあらかじめ前の日借りてあった馬の世話をするためにただちに引き返した。彼自身は、一行が同地を離れてしまうまで、なお半里のところまで徒歩で司祭のお伴をした。それから彼は別れを告げ、そこから自宅に戻った。

彼らはその日、まったく平坦な野を旅した。雪は、四、五パルモの高さに積り、相当な大雪で、日本人たちは、かつてこれほどの大雪を見たことはないとか、こんなことは六十年このかた聞いたことがないと確言していた。村の幾軒かの家屋は、上まですっかり雪で掩われているのが見られた。進めば進むほど雪はひどくなって、徒歩でも乗馬でも前進することができないまでになった。そこで彼らは乗船できる舟が見つからぬものかと、河畔へ行った。彼らは一艘を見つけたが、乗客に満ちており、人々はシャベルで雪を川にはき出していた。彼らはそれに乗り込んだ。残りの道程はわずかに二里であったが、寒気が厳しかったのと、同夜は暗闇であったので船頭たちが舟を浅瀬に乗り上げさせてしまい、朝になってやっと脱出できる有様で、目的地に達するのに、同日の午後、および翌日まで船中で八時間も要してしまった。

十一月十日に、司祭は平戸を出発し、一五六五年二月一日、聖母マリアの御潔めの祝日（二月二日）の前日に都に到着した。ガスパル・ヴィレラ師、および都のキリシタンたちは、司祭の到着を大いに喜んだ。彼らは、フロイスがインドから自分たちを援けに来たことにも増して、一行が大坂で危険から脱出できたことにいっそうの喜悦を示した。

都の全キリシタン、および、八里も十里も離れたところから来た他のキリシタンたちは、さっそく来訪し、ガスパル・ヴィレラ師が、ともに語らい、仕事の重荷を助けてもらえる一人の援助者として新たな同僚を得たのに接し、心から大いなる喜びを明らかに示した。

第一八章（第一部五七章）

司祭（フロイス）が都に到着した後、そこで生じたこと

（本年）正月《シヨウガチ》、すなわち、第一月を意味する日本人の新年の祭りは、我らの暦の二月一日にあたった。この日は彼らの数々の祝日の中でもっとも祝われ、この際、奉仕する者は主君を、友人や親族は互いに訪問し合うことが、日本のあらゆる諸国諸地方での一般的な習慣である。その時、彼らはあるはっきり決った進物を携え、誰しもが最良の衣裳をまとって行くのであるが、この儀礼はことに都《ミヤコ》、ならびにその近隣諸国で遵守されている。司祭たちも同様に年賀のために公方様を訪れねばならなかった。彼は日本においてすべての国主、ならびにすべての貴人のうち、内裏に次ぐ最高の顕位を有する。彼はこれらの日々に、近隣の諸侯や遠隔の諸公のみならず、同様に仏僧や僧院長からも、そして尼僧からさえ訪問を受ける。その際、人々が一定の順序で彼のところへ持参するのは、脚のついた木製の小さい盆台に、我々ヨーロッパのものとは異なる、同質の紙で作った幅の広い紐《フイタ》で結んだ紙十帖と、その上に両面に塗金した一本の扇であり、また幾つかの寺院の仏僧は、紙

片に記し三パルモの長さの棒の先に付けたある種の護符を彼の許にもたらすのが常である。これらは彼の家の加護となり、悪霊を追い払うのに役立つのである。この正月祭にあたって、公方様は来訪者に対して一言も話さない。もっとも高貴な人たちには、彼は盃《サカズキ》を与え、他の者は彼の前で頭を地面まで下げて彼にお辞儀をし、ただちに転じて退出する。そしてより下級の者に対しては、公方様は姿を見せない。彼らはたとえ良き高価な贈物を携えても、決して彼の部屋に通されはしない。そして上述の方法によって、奥方《ライーニャ》すなわち彼の夫人も、彼の母堂も一つの離れた宮殿において人々から訪問を受けた。

正月に行なわれる右のような一般の義務のことはともかく、もし伴天連たちが、日本人異教徒にとっていとも名誉のある、儀礼的なこの公方様への年賀訪問から除外されるのに接したならば、異教徒たちは、デウスの教えをなんら高く評価もせず、伴天連たちを深く畏敬するには至らなかったであろう。また日本人は、未知の人を通常、その外観や服装だけで評定するのであり、仏僧たちもこれらの日には、人物を権威づけるために外観を華美にすることではなんでもする有様なので、都《ミヤコ》の古いキリシタンたちは公方様を訪問するようなな場合には、司祭たちは、できるだけ服装によって威厳を示すようにと切に懇願した。この件において司祭は彼らの経験に従わねばならなかった。なぜなら彼らの見解では、上記の大身たちは尊大であり、もし人々が平服で彼らの前に罷り出るならば、それを侮辱なり冒瀆と見なすと言う。すなわち、この外面的に華美を装うことは、少なくともまだ異教徒たちが司祭の品位とかキリスト教についてなんの知識も持ち合わせていなかった当初においては、キリシタンの信望を高めるのに貢献したのである。ところでガスパル・ヴィレラ師はすでにこれまでに二度、公方様を訪れたことがあった。第一回には短白衣にストラをかけ、第二回には、ポルトガルの新しい布地のマントと修道服を着用した。今回、ガスパル・ヴィレラ師は、カメロット製の開いた白衣、古くはあるがオルムス製の金襴の飾りがついた大法衣を着、四角い僧帽をかぶり、そしてフロイスはマントと修道服を着、シナの大官や権威ある人々がはくような撚糸絹の上靴をはき、おのおの十五ないし二十名のキリシタンに伴われ、自身の輿に乗って行った。ルイス・フロイス師は公方様とは未知の間柄であり、初めての訪問でもあったので、彼への贈物としては、大きい水晶鏡、黒帽、少量の麝香、ベンガル産の籐杖《カンナ》を携え、ガスパル・ヴィレラ師は自身の紙と塗金した扇を持参した。

　教会から公方様の宮殿までは、四分の一里、またはそれ以上であろう。一同は、美作進《ミマサカシン》士殿《ジドノ》という、はなはだ高位の殿で、宮廷でももっとも有力者の一人である内膳頭の邸へ直行した。彼は公方様の舅であった。この方は折から不在であったので、その長男（進士主馬允）が来て一行を出迎え応対した。彼は司祭たちに多大の敬意を表し、塗金した器で盃《サカズキ》を与えた。その後、父が来席した。司祭らは彼に一片の上等な伽羅《アギーラ》木を呈して挨拶し、ついで彼とともに宮殿に赴いた。

公方様の宮殿は深い濠で囲まれており、それには広く良くしつらえられた木橋がかかっていた。入口には伺候するために各地から参集した三、四百名の貴人がいるようであり、御殿の外の広場には、おびただしい馬と輿が並んでいた。

司祭たちが中に入って行くと、そこのすべての諸侯は皆彼らに大いに敬意を表した。彼らはしばらく控室で待った。ついでガスパル・ヴィレラ師が前記の貴人とともに中へ入って行った。彼が出て来た時に、他の司祭は彼とともに塗金した屛風《ビョウブ》で囲まれ、すべて木造の贅沢で華麗な部屋に入った。公方様は、この時の大勢の来訪に対して、時間の許す限り彼らを鄭重に応接した。それから別室に続く他の扉が開いた。ここの一室には奥方《ライーニャ》が坐していて、喜んで彼らを迎えた。それから彼らは鄭重に挨拶した後に、内膳頭の息子とともに、同じ囲いの中にある公方様の母堂の邸に赴いた。途次、彼らはまず、贅沢で豪華に飾られた四つ五つの居間を通った。ところで母堂がこの来客たちを迎えた部屋には、多数の貴婦人たちが坐していた。盃が運ばれ、まず彼女がそれで味わった後、そこの貴婦人の一人にそれを彼らのところへ持参させ、母堂は手ずから箸《ハシ》――食べるのに用いる棒――で肴《サカナ》を彼らに与えた。その間彼女は、異国の人たちには、日本の礼式はさぞかし新奇で不馴れに相違ないのに、彼らがそれらの礼式にいとも通じているのは驚くべきことだと言った。これらの貴婦人たちは、相互に編んだ長髪を、ヨーロッパの貴婦人の衣服に見られる長い曳裾のように約一プラサも、広間を敷きつめた畳《タタミ》の上で引きずっていた。

公方（様）の母堂は身体つきが大きい婦人で、年老い、はなはだ威厳があった。同所にいた婦人たちは皆大いに沈黙と控え目な態度を保っていた。母堂の近くには、美しく清潔に、手入れが行き届いた阿弥陀《アミダ》の祭壇があって、阿弥陀の姿は小児の形で、非常に美しく、金の後光がさしている頭には頭飾りがついていた。かくて司祭らは退出した。

初めに主人が外出先から帰るまで、司祭たちが待機していた内膳頭の家では、デウスのことについて家族たちに対して長い談義が行なわれた。それは一同の気に入り、彼らが聴聞するのを喜んでいることが判った。

翌日、ガスパル・ヴィレラ師は、三好殿を訪ねるために、ただちに河内国へ出発した。三好殿は飯盛城に住み、そこにはこの河内国主の家臣である約二百名のキリシタンの貴人がおり、司祭はそれらの人たちの告白を聴くためにも出かけたのであった。彼らは都の隣接諸国を意味する五畿内《ゴキナイ》におけるもっとも高貴なキリシタンたちであった。

法華宗の僧（「七十一番職人歌合」）

司祭（ヴィレラ）が出発した後、公方様宮殿の数名の身分の高い貴人が我らの教会へデウスのことを聴聞に来始めた。彼らは七、八日間引続き聴聞し、大いに理解を示し、ことに彼らのうちの二、三名は大いに切望して洗礼を乞うた。そしてそれは実行された。彼らが提出する難題と、発する質疑は果てしなかった。ことに禅宗《ゼンシュウ》徒は、なんらの論点も、哲学的な論証も、思弁的な詭弁も望まず、手で触れ得る知覚的明証を欲する。すなわち彼らは、教会で我らが彼らに説くように、デウスなるものが、しかもそれほど良いデウスが存在するのならば、いったい今までデウスの慈悲はどこに隠れていたのか。そしてやっと今頃になってデウスが日本人に伝えられるとはなんということかと述べるのである。しかし、彼らは相当ひどい混迷さと暗愚に捉われていたから、我らが彼らを相手にするには苦労を要したとはいえ、彼らは良き本性と判断力の持主であったから、後には真理をいっそう効果を収めて把握するに至った。

我らにとって、日本のこのように異なった宗派や相反する諸見解があることは大いに有利なことであった。それは我らの主なるデウスの教えをこの国に導入し弘布するのを容易ならしめた。なぜならば、もしすべての日本人が一致して唯一の宗旨に団結していたとしたならば、我らの教えを彼らに受け入れさせることはきわめて困難であったろう。

メストレ・フランシスコ（・ザビエル）師の命令によって、日本で異教徒にキリシタンの教理を教えた方法は次のとおりであった。まず彼らに証明するのは、世界万物の創造主が存在すること、世界には初めがあって〔彼らのある人々が信じるように〕永遠のものではないということ、太陽や月は、彼らの神々ではなく、またいずれにせよ生物ではないこと、さらに霊魂は肉体から離れた後も永久に生き続けること、理性的な霊魂と感覚的な霊魂との間にはいかなる相違があるか、この相違は彼らが知らぬことである等であった。それらが理解されると、こんどは彼らのうちの幾人かが提出する幾多の種々の難題や、彼らが自然現象に関して発する質問に答弁がなされる。次に彼らに日本の諸宗旨を説き、おのおのに、ことにその人が信じている宗旨のことを話し、彼らがそれまで聴聞したことと比較して、両者の相違を判らせるようにする。そして明白な根拠をもって彼らの説を反駁し、各宗旨の誤謬を示さねばならぬ。彼らがそれを理解すると、各人の理解力に応じて、三位一体の玄義、世界の創造、ルシフェルの堕落、アダムの罪について述べ、それからデウスの御子の現世への御出現に説き及び、その聖なる御苦難、御死去、御復活、御昇天、十字架の玄義の力、最後の審判、地獄の懲罰と天国に迎え入れられた人々の幸福のことを説明する。そしてこの目的のために彼ら（日本）の言語でなされた一定の説教によって、彼らをこれらの真理の理解に導いた後、授洗に先立って、デウスの掟の十誡と、彼らがそれまで行なって来た異教的な儀式を忌避せねばならぬこと、また、いかに主なるデウスの教えを遵守せねばならぬか、および自分

ザビエル

たちの罪について悔悟せねばならぬかを説いた後、この最初の洗礼という秘蹟の必要さと、その秘蹟の玄義を明らかに彼らに説いて、彼らに洗礼を授けるのである。

これらの若い貴人たちは、キリシタンの教義を彼らの文字で書き取り、ただちに暗誦したのみならず、帰宅後は自分たちが聴聞したことをも書きつけ、ついで教会に戻った時、書きつけたことが聴聞したことと一致しているかどうかを見るために、書き物を修道士(ダミアン)と対照してみるのであった。そしてこれらの人々が良いキリシタンとなるのに非常に与かって力があったのは、次のような事情に基づいていた。すなわち、彼らは、明白な証拠と、争うべからざる理性的根拠により、自分たちが救われるためには、福音の教えが教える以外の方法とては決してあり得ないことが確実であると思えたからこそ洗礼を受けたのであって、絶対にそれ以外のことを顧慮したからではなかったのである。

十五歳ないし十八歳の数名の若い貴人が、召使いを伴い、徒歩または騎馬でしばしば教会に来た。彼らは絹衣を装い、長い刀を帯び、いとも謙遜に、教養もあり鄭重な態度で自分たちの難問を提示し、はなはだ理解力と喜悦を示して傾聴したので、司祭たちは、彼らをして創造主を認めさせるのに苦労のし甲斐があると思えたほどであった。

この一五六五年の四旬節は、当地方のキリシタンたちが、デウスのことにいっそうの喜びを覚え、それを理解するのに眼を開き始めた最初の時節であった。司祭は日曜日に福音について、水曜日には修道士のダミアンが悔悛の秘蹟について、金曜日にはミサ聖祭後に御受難について説教し、その日の夜分に修道士はこの説教をもう一度要約した。彼が詩篇ミゼレレ・メイ・デウスを先唱する間、彼らは一同敬虔に鞭打ちの苦行をした。

聖週にキリシタンたちは、十里、二十里、三十里の遠方からも訪ねて来るようになった。その中には四十名以上の貴人もいて、たいていは妻子を伴った。彼らは遠方から馬や輿で来たのではあるが、途次、大雨に降られたので功徳を積んだ。司祭はそれらの日々に百二十名近くのキリシタンの告白を聴いたようであり、約六十名が聖体を拝領したが、初期の当時としては多数と言うべきであった。

聖木曜日に、司祭は「掟」について彼らに説教した。この日、都の人々は、至聖なる聖体が中に閉じられる「墓」を初めて見た。そして主の聖体がふたたび取り出されるまでは、弓矢や輝く武器を携えた警護の武士に事欠くことはなかった。キリシタンたちは、生来、苦行を好むので、彼らは互いに贖罪用の衣や、荊冠、棘のある球がついた鞭を入手し、聖体の前へ三度来て、その際に血と涙を流した。

夜分に暗黒の聖務(1)が終った後、一人の日本人少年が四福音書から抜粋された御受難の物語を、彼らの言葉で一同に朗読したが、いとも謙遜で品位があり、一時間半もそれに費やしたほどであった。その後、司祭は彼らにそのうち主な箇所について説教し、その間彼は一同に痛悔と、我らの主なるキリストの御受難に思いを寄せるべきことを勧説した。ついで鞭打ちの苦行が、大いに熱心に、涙と敬虔さのうちに行なわれたので、司祭たちは、デウスの御子のいとも聖なる御苦難が、新たに発見された世界のこのもっとも遠隔の地で、しかも偶像崇拝の風潮に満ち、悪魔がいとも敬われている一都市において、かくも盛大に高揚されるのに接して驚嘆した。

聖週の儀式が終った後、聖土曜日の真夜中を過ぎ、かの修道院《カーザ》は、すべてはなはだ良く、華美に装った高貴なキリシタンの男女で満ち、皆はミサ聖祭を待った。その地所は非常に狭小であったが、キリシタンたちが切に望むので、慰めのために行列を行ない、ミサが終った後、その日（復活祭）を祝うとともに祝賀の説教がなされた。

いっそう互いに愛情を深めるために、都のキリシタンたちは、司祭によって採用された習わしとして、復活祭と降誕祭には、他の地方から来るキリシタンたち一同に食事を給することにした。だが、それに招かれることになった貴人たちは、自分の所領から必要なものは大部分、都へ届けさせ、そこに集い、人々は食事をし、夕刻までデウスのことを語らい、主の御栄えのために幾つかの歌を歌った。すると異教徒たちは、外から人々の声を聞き、また教会や祭壇の装飾のことも知っていたので、中へ入れてもらいたいと切に願った。人々は彼らにそれを断わることができず、そこへ入って来た異教徒の婦人たちのほとんどの人は跪き、祭壇の方に向かって両手を挙げ、我らの主なるキリストの聖像に礼拝した。その夜、また翌日になり、キリシタンの兵士や貴人たちは、司祭に別れを告げて家路についた。

ガスパル・ヴィレラ師は、上京《かみぎょう》において、公方様、または日本の最高の君主である内《ダイ》裏《リ》の宮殿の近くで、数ヵ月、デウスの教えを説くために一屋を借りることができぬものかと考えた。しかし、彼はこれを三年来、成就せんものと試みたが、この計画に反対する種々の障害があったために、ついに成功するに至らなかったのである。

（1）"Officio das trevas"(f.187). 聖金曜日の夕べに唱える晩禱を暗黒の聖務（また日課）と呼ぶ。

第一九章（第一部五八章）

都の市街、およびその周辺にある見るべきものについて

私たちは巨大で豪華な日本の諸建築をヨーロッパのそれと比較することはできない。なぜならば、ヨーロッパの諸建築は威厳、富裕、頑強さにおいて幾倍も日本の諸建築に優っているからである。だが日本人は自国民以外の国民を知らないし、そのうえ当地のようにヨーロッパからいとも隔離された地方に位置し、かつまた度重なる戦争のためにひどく荒廃した諸国に住んでいるので、我らは、彼らが自分たちの建築物に対して、いかにも大いに満足していることを奇異とするに足りぬのである。なぜならば日欧双方の建築を眺めた我らの目にも、日本の諸建築は、賞讃と尊重に価する若干の特色を有するからである。

日本建築において他のいかなることより優れている点は、清潔さと秩序であり、それは寺院でも、諸侯、および貴人たちの住宅、庭園、御殿においても見受けられる。それゆえ、以下、都《ミヤコ》で著名なものの中の幾つかを示そうと思うが、これらによって、私たちは、日本人がかつてどれほど偶像を崇拝し、かつ尊んだか、また、彼らがそうしたことを、いかに

京都の町並み（住吉具慶筆「洛中洛外図巻」，東京国立博物館蔵）

促進しようと努めたかを推論できるのである。

都の市街のほか約四分の一里のところ、東山《ヒガシヤマ》、すなわち「東の山」という山に近い平坦な原に三十三《サンジュウサン》間《ゲン》という寺院がある。これは昔、太政入道《ダイジョウニュウドウ》というはなはだ著名な殿によって建てられ、つねにその後継者たちによって改築された。それは長さが百四十ブラサもあろうと思われ、中央にただ一つ大きい門がある。この門と向き合って、阿弥陀――その寺院の御本尊――の像がある。それは婆羅門風の坐像で、孔があいた大きい耳、無髯の顔、縮れ毛を有する。はなはだ大きい像で、すべて塗金されており、その塗金は、ヨーロッパの最良のものにまったく劣らない。さらにそれには一種の天蓋があり、それから幾多の鈴が太い鎖で吊されており、人々の談によれば、それらはすべて塗金である。偶像の巨大な像の周囲には、相談役の座にあるかのように、円形をなして、小さい仏の塗金された像がおびただしく並んでいる。

さらにこの仏《ホトケ》の前に三十体の神《カミ》(像)があるが、いずれもかなりの大きさの像で、すべてそれらは一種の祭壇上に立っている。それらはここで笑劇か演劇が演ぜられているように見え、それらすべての形状はきわめて良く均斉がとれている。手に武器を携えた武士たち、悪魔たちの像、肩に大きい袋を持った男の姿の風神、風神にその袋を与え、風神の手に角《つの》を置く、きわめて醜い悪魔たち、背中につけている輪から稲妻を放つ雷神などである。だがこれらの像の中でもっとも芸術的で、奇抜でもあり適合しているのは、人の乞食の像である。すなわち、それはその人物の貧苦と困窮の様子をきわめて迫真的に表わしているので、真に鑑賞に価する。上記のようにすべてこれらは入口のすぐ近く、この大きい仏《ホトケ》の前に立っている。

それからすぐに両側に七、八段の階段が続き、寺院の端まで全長に及んでいる。この階段上に一千三十三体の仏があり、すべてその段上に順次立ち並んでいるが、すべてほとんどまったく同形である。それらはいずれもはなはだ背の高い男の大きさで、すべて阿弥陀《アミダ》の息子で慈悲の神である観音《クワンノン》を表わしている。各像には三十本の腕と三十の手があり、なかんずく二本は身体の大きさに比例し、その手を胸の前に挙げている。他は小さく大きい二本の手の近くで分れ、それらのうちの二本は像の腰に巻き付いており、手にはいずれも槍を持っている。日本人によれば、それらの仏像に多数の腕と手があるのは、観音が慈悲として人間に施す数多の恩恵を示しているという。さらにどの仏像にも、胸から上だけの小さい仏《ホトケ》の像が七つ付いた冠を頭上に戴き、その後ろの頭飾りからは幾多の光が放たれている。そしてこれらすべての像は、頭から足まで極上の金が厚く塗られ、その容貌は美しく、良く均斉がとれている。そして人々がこれらの驚くべき多数の像を見渡すならば、誰しもきわめて崇高だという印象を受ける。

この建物には幾多の人々が絶えず参詣するが、それは同所で祈るためよりは、むしろ見物のためなのである。

そこから約半里進むと、東福寺というはなはだ高貴で古い僧院がある。そこには見目よき灌木や木立とともに、夏でも非常に涼しい小川がある。境内には多数の寺院（建築）があり、それらの幾つかの中には、我らヨーロッパ人が描くのよりははるかに醜い悪魔の一像があり、それが巡礼者たちから少なからず崇拝されている。境内の最高の地点には、はなはだ大きく、かつ華麗な、すべて木造の三つの寺院（建築）が相互に近い間隔で建っている。その壮大な全建築は、非常に太い木柱の上に立てられ、地面には磨いた切石が敷かれている。三つの建築のうちの二つは一階建に過ぎない。第一の堂には、すべて塗金した異常に大きい釈迦像がある。釈迦は婆羅門風に蓮華の葉に坐しているが、すべてその釈迦像の大きさに相応し調和している。そしてその背後には、仏《ホトケ》よりも高い一種の金属性の板があり、それには千体以上の小さい偶像が付いているが、いずれも約一パルモの長さで、なかんずく四十体はすべて塗金され、二歳の幼児よりやや大きいと思われる大きさである。

また、釈迦像よりやや小さい像が二体、その傍にある。

同所には四天《シテン》（王）と呼ばれる恐るべき容貌をした大いなる巨人のような四体の別の像がある。日本人によれば、それらは世界の四方と天国への出入口を武装して警護している四名の兵士を表徴しているという。その一人は手に剣を持ち、両足の下には非常に醜い悪魔を踏みつけ、他の一人は、書くための筆を、さらに他の一人は、巻紙を手にしている。いずれも塗金されており、第四番目の者は鉾を所持している。そして鳩がその大きい建物に入らぬように、外には屋根まで達する網が張られている。

それに続いて同じ大きさの他の堂がある。それは学問をした者が学位を受ける一種の大学講堂のようである。上方には壁板に、セイロンの川にいるような一匹の蜥蜴《とかげ》（竜）が色とりどりに描かれ、すべて一つの非常に大きい輪で囲まれている。日本人たちはそれを拝んでいるが、そのわけは、法華経と称される八巻の中の釈迦の経典によれば、釈迦が行なったある説教中、ほかならぬこの仏《ホトケ》が蜥蜴王の娘を救ったからで、法華宗では非常に有名な話であり、彼女はこの仏に計り知れぬほど高価な宝石を提供したのである。建物の内部には、一つは前に、他の二つは傍にと、三つの並んだ階段が付いた、非常に高い木造の内陣があり、段の上に、椅子、そしてその前に机が置かれている。その椅子には座長が腰かけるのであり、天蓋の代りに、ぐるりには多数の旗と幟が懸けられている。だが階段の足もとには別の低い机があって、そこには学位を受ける者が腰かける。

第三の堂は二階建で、他の建物よりもはるかに高く、上方にあるものはすべて、石の上にある非常に太い木製の柱に支えられており、下には壁がなく柱だけである。はなはだ高い階段によってそこへ昇ると、周囲に廻廊がある。その寺院（建築）の中に入って行くと、寺の中央に指物細工でできている山のようなものが築かれている。その山の中の荒野で、釈迦が、五百羅漢[1]、すなわち彼の五百人の弟子を集めたことを示している。釈迦は全身塗金され、美しく、好感の持てる容貌の青年のように造られ、その寺院の周囲全体には、彼の弟子たちの立像があるが、その大多数は、有髯、剃髪の老人風に造られている。そのうちの幾人かはガラス製の眼を持ち、いとも完璧、かつ巧妙に造られているので、もし突然その建物の中に入れば、それらはまるで生きているかのように思われる。それらは非常に完全に造られており、すべてはインドのそれのように巡礼苦行者を象っている。しかしそれらの容貌は目撃した人々をしてただちに敬虔の念よりも悪寒を覚えさせ、その建物が悪魔に奉献されたものであることがすぐに判るのである。

以上三つの寺院（建築）と相対し、両側に座席のある、非常に長くて広い一室がある。種々の樹木がある諸庭園の中にある。その建物は、往昔、学生たちが講義を受けたところで、それはおそらく彼らにとり、一種の学校として役立ったのであろう。しかるに時が経つうちに、天下《テンカ》、すなわち日本人の君主国を支配した権力者たちが、彼らの偶像の祭祀に関心を示さず、その信用を失墜せしめ、しかも都および日本の他の諸国において仏僧から寺院の収入を徴したので、東福寺の屋舎や寺院の建築は崩壊し、またひどく腐朽して、すでに多くはまったく見る影もなくなり、少数だけが新たに再建されたのである。

この東福寺の境内には、もう一つ別に離れた建物がある。同所には、その僧院の以前の総長、または管長の幾つもの礼拝所があり、そのおのおのには実物そっくりの当該長老の像が見出される。その人物は僧正の衣をまとい、祭壇上の椅子に腰かけている。その幾つかは、はなはだ精巧にできた扉や幕で囲まれている。同所に住んでいる仏僧たちは、それらを拝み、仏として尊崇する。

これらの礼拝所がある大建築の後ろには庭のようなものがある。ここへ人々は、長老たちの遺骸を焼いた後に灰にしたものを集めて埋葬し、その上に墓石を立てるが、その幾つかには金文字が刻まれている。その墓石には、彼らの氏名、年齢、死去した年代が記入されている。この寺院には、まだ他に注目すべきことが多いが、すべてを述べることは長きに失するであろうから割愛する。

都の近傍に、多数の巡礼が訪れる二つの別の寺院がある。その一つを祇園《ギオン》、他を清水《キヨミズ》と言う。ここに絶えず巡礼が殺到し、良い水の源泉でもあり、——その地からの眺望はすばらしく、日本中で著名である。

当時、公方様（足利義輝）が住んでいた宮殿は、上京《かみぎょう》の二条《ニジョウ》、すなわち「第二の通り」という名称の地に建てられていた。都のキリシタンたちは、司祭たちや修道士たちを、そこ（二条の宮殿）および他の場所でさらに見るべきところへ案内することを引き受けた。公方様自身が不在であった時に、一人のキリシタンの貴人が彼らを宮殿の中に導き入れ、公方様が静養するために宮殿内の離れたところに建てた一住居を彼らに見せた。それはきわめて清潔で、親しみが持て、また快適なものであった。窓の外には、杉、松、蜜柑、その他我らヨーロッパ人には知られていない種類の、新鮮な緑色の珍しい樹木が植えられた庭園があったが、それはいとも巧妙に育成され手入れされていて、あるいは鐘、あるいは塔、その他種々の形で、多くの百合、薔薇、雛菊、および種々の色彩の花もあった。人々はそれらを静養と慰安のために植えているのである。

さらに宮殿の真中の別の庭が続くが、それは最初のより優れていた。厩はいとも上等な材木で造られ、上等な敷物が置かれていて、身分の高い諸侯をそこへ通すこともできるほどであった。馬はどれも個々に仕切った部屋に入れられており、その下方、および四方が板で掩われていた。ところで敷物がある場所はすべて、馬の世話をする人々の居室に定められていた。

司祭らの一行は側の戸口から、非常に幅広く長い街路に出たが、両側には新鮮な緑色の、同じ形の樹木が一面に植えられていた。その街路は内裏《ダイリ》の宮殿（御所）に通じている。内裏はもはや以前のように人々から服従されてはいないが、全日本の絶対君主である。その宮殿は古く、ひどく破損していた。というのは、先代の公方たちは、それを新築することに尽力せず、御所のことにはほとんどまったく気を配らなかったからである。この市街は、平地にあるので、そこから散策に出かけると、万物ははなはだ美しく、また快く、新鮮な緑の野とか、見るべき良いものなどが多いのである。

そこから一同は、広く真直ぐでまったく平坦な街路を進んだが、人々は夜になるとその街路を皆両側とも門と鍵で閉鎖する。ここには、絹や緞子の機織り、その他扇子の製作者、また各種の別の職人が大勢いた。それらの店舗の真中に、全市でもっとも参詣人の多い百《ヒャク》万遍《マンベン》という阿弥陀の寺があった。ここでは終日、ことに夕刻になって、かの職人たちが店を閉じ、仕事から解放されると、おびただしい群衆が殺到して喜捨をしたり、大声でその偶像に祈ったりした。ところで男女が主に信心している仕種の一つは、彼らが数珠を手にして「南無阿弥陀仏」と叫び唱えながら、次々続いて歩を早め、寺院（建築）の外側を廻り、その際、入口のところを通過するたびごとに、両手を合せて偶像の前で頭を下げることであった。

ここからキリシタンらは司祭や修道士たちを細川殿の御殿《パソ》に導いた。細川殿は都《ミヤコ》の市街がある山城の国の本来の国主である。しかし彼およびその先祖は、数年来戦争において不運であり、細川殿は追放されたので、その御殿は破損していた。だがその庭園は日本の古い物語や文献の中で大いに讃美され、今なお往時を偲ばせるに足るものを大部分残し示していた。それらの庭園の一つの中央に、すばらしく美しい水をたたえた池があった。その水は遠方からそこに引かれ、刈り込まれた繁みから池に流れ込むのであるが、その繁みは人工を施したものではなく、自然の業のように思われる。この池には幾多の人工の小島があり、木と石でできた非常に綺麗な橋で互いに繋がっており、いずれも皆、はなはだ美しく鬱蒼とした樹木の下に横たわっている。

そこから一行は半里ほど平坦な道を進み、非常に大きい森に至った。そこは禅宗の本山で「ムラ（サ）キノ」、すなわち「紫色の野」と称される。そこには互いに距たり離れて多数の僧院があり、それぞれに属する寺ならびに僧侶が見られる。この仏僧たちは、大部分が日本のもっとも高貴な人々に属し、高位の者、また貴族であって、もっとも尊敬されている。というのは、ふつう日本の貴族に共通したものと言えば、この禅宗に属し、そして彼らが実際に行なっていることだが、同所で互いにごく近く住むことである。彼らは自らの霊魂の救済のこととか来世のことには気をつかわず、禅宗の教義に基づいて霊魂の不滅ということとともにいっさいを否定しているので、現世ではただひたすら自らの幸福、慰安、娯楽を求めている。したがって彼らは互いに家屋の優雅さ、清潔さ、また庭園の技巧に秀でることに専心する。というのも、その僧院へは各地、また遠国から幾多の貴人たちが見物に訪れるからであるが、彼らは誰にでも僧院を開放して見せるのではなく、その宗派の帰依者だけに限っている。

司祭やキリシタンの一行は、我らヨーロッパのとは異なった、非常に巧妙にできたはなはだ美しい門を通って、これらの僧院の一つに入った。そして方形の石が一面に敷きつめられた廻廊に至った。その廻廊の両側には、漆を塗ってあるかと思われるほど白く、艶のある壁があった。この廻廊の片側には庭があったが、そこには、遠方から運ばれ、この庭のために求め選ばれた特別の石でできた、一種の人工の山また丘以外にはなにもなかった。この岩山の上には、多種多様の小さい樹木と、幅一パルモ半の路と橋がかかっており、そこでは、こうした技巧は一段と鮮かである。地面は、一部には、粗く真白い砂が敷かれており、他のところは小粒な黒石でできている。それらの間に、高さ一コヴァド半(2)、ないし二コヴァドの幾つかの自然石の塊があり、その上には多くの薔薇《ローザ》に交って草花が植えられていた。仏僧たちの説によれば、年中、それらのうちどれかが入れ替わりに花咲くとのことであった。

ついで一行は、同僧院の別の一院を訪れたが、そこには廻廊、および新鮮な緑の庭園があって、その清浄で秩序整然としている点では先の僧院に劣らぬものであった。そして司祭たちが異国の者であり、またかなり大勢のキリシタンを伴っていたので、大勢の仏僧たちが一行を見るために外に出て来て、「あなた方は、都《ミヤコ》で新たな宗教を弘めようとしている『デウス』か」、と質問した〔というのは、彼らは司祭やキリシタンたちのことを、そのように呼ぶからである〕。またこの僧院の一つの戸口から一行を見物するために七、八名の男の子が出て来たが、彼らは長い、彩色の絹衣をまとい、非常に長い付髪を背中から垂らしていた。彼らはここで教育を受けている貴人の息子たちで、ある者は後日、僧侶になるために、またある者は、ただ読み書きと日本の礼儀作法を習うためであった。

僧院には巻物の書物を読経するための広間がある。それらの書物は、各人の前にある美しい漆塗りの小さい台の上に巻かれている。司祭やキリシタンの一行が進んで行く部屋の板までが鏡のように輝いており、それらの家屋が優雅で清潔なことは驚嘆に価する。これら僧院のおのおのには、祭壇上に仏《ホトケ》の代りに、開山《カイサン》、すなわち彼らの宗派の創始者である最初の僧侶の像があり、その前には香と花が、特定の器に入れて祭壇の装飾として置かれている。

ついで一行は別の一寺へ赴いた。その傍には種々に彩られた、木造の四角の塔のようなものが建っていた。それは廻りに幾つかの軸を配し、その上に載って特定の部屋に区切られていた。その中には、釈迦の弟子たちが書いたあらゆる書物が収められていた。それは一切経《イッサイキョウ》と称される、漢文で記された厖大な数の書物で、人々はその位置を動くことなく、立ったまま、あるいは坐したままその装置を廻転させるだけで思いのままに多数の書物を見ることができるのである。

一行はまた地獄の判官に奉献された別の一寺も見物した。その立像ははなはだ大きく、かつ嫌悪すべきもので、身の毛もよだつようであった。その像は手には裁判のための笏を持ち、その像の傍には別の二体の悪魔がいる。それらの一体だけで三人の男くらいの大きさがあり、罪人の罪科を記すために手に筆を携えている。他の一体は罪科を読み上げるために紙のような板を持っている。壁には多くの種類の地獄の苦難の様相が描かれ、呵責を受ける多数の男女の姿や、彼らを苛む悪魔たちがそこに見られる。この建物に喜捨し祈りに来る参詣者は大勢である。

一行は、途次、この寺に馳せて行く一人のはなはだ貧しく醜悪な女の像に出くわした。彼女は背や頭や手に、多くの古い襤褸《ぼろ》や布切れ、また幾本かの長い毛髪をつけていた。司祭たちはキリシタンらに、それは何を意味しているのかと訊ねた。キリシタンたちは微笑し、そして異教徒たちの妄想と愚劣さを恥じるかのように、次のように語った。「彼らの考えでは来世には一人のはなはだ不出来で、怒りに満ちた老婆がおり、死者の霊魂がかならず通過せねばならない川の畔に住んでいる。同女は『サンズガワノウンバ』すなわち『三途川の老婆』と称し、この世で彼女に施しをしなかったならば、それらの者がそこを通過する時、彼女はその衣服を奪うので、彼らは裸でその川を渡らねばならず、彼らにとって彼女は幾多の悩みの種となっている。だから人々は現世においてあのような喜捨をして同女の像を飾るのである」と。

紫の僧院（大徳寺）から半里、あるいはそれ以上進むと、かつてある公方様が静養するために設けた場所がある。そこは非常に古い場所なので、今なお大いに一見に価する。同所には特に造られた池の真中に、三階建の一種の小さい塔のような建物がある。池付近には小さい島々、各種の形に枝を曲げた多くの松、その他快く、はなはだ美しい樹木がある。人々が語るところによれば、以前には、公方様がこの池に彩りを添え美しくするために遠方や異国から集めさせた、多くの、しかもいろいろな異なった種類の水鳥がこの池にいた、とのことである。

二階には、幾体かの仏像と、まったく生き写しの公方自身の像が彼の宗教上の師であった一人の仏僧の像とともに置かれている。廻廊が付いた上階はすべて塗金されていた。そこは、かつては公方様の慰安のためだけに用いられ、彼はそこから庭園や池全体を眺め、気が向けば建物の中にいながら池で釣りをしていた。上層にはただ一部屋だけあって、その部屋の床はわずか三枚の板が敷かれており、長さは（空白アリ）パルモ、幅は（空白アリ）パルモで、まったく滑らかで、たった一つの節もない。

この建物から少し距たって、叢林の間から一筋の引水が流れ落ちて来るが、その水は夏でも非常に冷たく、先に述べた池にそそぎこむ。

この庭園には、都から散策するために多くの人が訪れるが、そこの番人たちは、同所で肉や魚を食べることを何びとにも許さない。肉や魚を食べるのは不浄な行為であり、この場所を汚すことになるからだと言われている。

一行は通りすがりにまた別の一寺院を見た。その中には、かつて天下《テンカ》を治めた、すべての以前の公方たちが生き写しのように描かれていた。

復活祭（後）の八日目に、一行は内裏《ダイリ》の親族にあたるある著名な説教師の講話を聞きに出かけた。おびただしい人々がそこに殺到していた。というのは、ちょうどその時は、彼らにとっては彼岸《ヒガン》と言って、我らキリスト教界の四旬節にあたり、十字架の道行をする日々のような時節であったからである。途中で一行は非常に大勢の男女に会ったが、二千人を超えると思われ、彼らは手に数珠を持って祈っていた。彼らはある寺院から出て来たが、そこで彼らは同じ説教師が百日間にわたって引続き行なった説教をその時まで聴聞したのであった。

同所から司祭やキリシタンの一行は、非常に美しく高い松がある通りを他の大勢の人々とともにたどって、浄土宗の一僧院に赴いた。同宗徒たちは阿弥陀を拝んでいる。その僧院は高い丘の上に建っている。一行は、説教がまだ始まっていないと聞かされたので、長い間待ったが、それはキリシタンたちが、我ら伴天連たちが寺院の中にいることに仏僧たちが気づけば、たぶん一同がそこから立ち去るまで仏僧たちは説教を始めないだろうと語ったからであった。司祭たちは、仏僧たちが説教する際にどのようにするかを見聞することを切に願ったために、一同は説教が開始されるまでずっと待ったのであるが、一同は目撃したことに少なからず恥じ入った。その次第は以下のごとくである。

すなわち、説教が始まる前に、かの全聴衆は、半時間も数珠を持って跪き、両手を挙げ、見せかけ得る最大級の敬虔な態度を示した。小さい鐘が鳴り、人々はそれを聞くと皆、大きく、深く感動した声で、また数名は涙をためて、中断することなく「南無阿弥陀仏」と唱えた。ところで幾人もの人々は、この「南無阿弥陀仏」の呼称を、街頭でも、家の中でも、売買の際にも、つねに種々の旋律でもって繰り返すほど、熱心に行なうのである。そして多くの男女、ことに現世のことに無頓着となり、自らの霊魂の救いということに専心している老人たちは、信心の業として、死んだり、力尽き果ててしまうまで、真夜中を少し過ぎた頃に家の中で起き出でて、小さな鉢——特にこの祈りのために作られたもの——を持ち、一本の棒で叩く。そして彼らはその音に和して、夜の残りを天明に至るまで、隣近所全体に聞こえるほど大声で阿弥陀の名を歌いながら呼び続けるのである。その宗派の仏僧たちも、その僧院の中で同様にする。ところで学僧たちがその長い説教中で述べる、説教台でのもっとも権威ある文句の一つは、「イチネン・ミダブツ・スクメツ・ムリョウザイ」（一念弥陀仏即滅無量罪）である。これは、「ただの一度でも阿弥陀仏《ホトケ》のことを思い浮べる者は、ただちに無数の罪が許される」という意味である。

別の鐘で三度目の合図があると、全聴衆はまったく静粛になった。司祭たちは説教者が入場したことを認めると、僧院の中に登って行った。そこには男女が充満しており、大勢の僧侶たちが祭壇の傍に坐していたが、彼らは両手を衣の中に隠し、眼を床に伏せていた。というのは、彼らはこのような見せかけとか偽善行為にははなはだ長じているからである。

説教者は、一同から見えるように、交差した脚のある高い椅子に坐っていた。彼は自分の前に小さい机を置き、その上には一冊の書物、すなわち彼の教書の原文《テキスト》と、一個の鐘があり、そのほかにはなにもなかった。彼は下衣は白く、上衣は紫の、幅の広い絹衣を装い、その上にシナ風の金襴の袈裟《エストラ》を斜めに懸け、塗金された扇を手にしていた。彼は四十五歳くらいの人で、色白く、美しい容貌で、自然の愛嬌を保っていた。その声は円熟味を帯び、言葉は柔和さを保ち、説教に際しての表情と動作は注目に価するものがあった。彼が説教する方法は、前に置いた書物の中の一節をまず読み、それからこれについて迫力ある解説をしたが、非常に巧みに行なったのでその場に居合わせてそれを理解した人々は、彼の技能と方法に驚嘆したほどであった。

都《ミヤコ》にいる説教者たちは、ヨーロッパにおける我らの場合と同じように、通常もっとも雄弁で傑出した学者たちであって、民衆の間で大いに尊敬を博している。

その説教の主旨とするところは、列席者たちに、現世ではいかなる境遇においても、阿弥陀の聖名を敬い、阿弥陀を大いに尊敬し敬慕することを怠ってはならぬことを銘記せしめることにあった。すなわち阿弥陀の中にこそ、人々は自らの救いを見出だすことは必定であり、その教えは、他のすべての教えが出づる源泉なのであるから、決して他の宗教に従ってはならぬ。そして阿弥陀が民衆を救済するためにたて給うた四十八の誓願をつねに念頭に留めおかねばならぬ、ということにあった。これを述べる際、彼は多数の譬喩、寓話、例を挙げ、時々聴衆に向かって、扇で机を叩きながら、激しい口調で幾つか訓戒すると、次にはふたたび冷静な話し方で説教を継続し、このようにして彼は説教を終えた。

これら高名な説教者たちは、いとも名誉欲に駆られているので、はなはだしく自らの罪悪に陥り、悪徳と感覚的享楽に耽溺している。したがって当時キリシタンたちが我らに語ったように、彼らはたとえデウスの教え以外になんら救いがないことを明らかに認めることがあっても、ただ民衆から受けている賞讃や世俗的な高い評価を失うまいとするばかりに、我らの教えによって救われることよりも、彼らの教えに留まって好んで滅んで行くであろう。かくて彼らは民衆を欺き、現世の膏血を絞り、貧富を問わず、自分たちが欲するものすべてを彼らから獲得するのである。デウスの力強い鼓舞激励があったればこそ、かつてメストレ・フランシスコ師は、今までに世界で発見されたうちもっとも遠隔なこの日本の地へ、切なる願いを抱いて訪ね来られた。彼はデウスのもっとも聖なる教えが、日本の諸宗教が培われるところであり、その源泉でもあるこの都の市《まち》で受け入れられることを望み、これほどはなはだ遠く、また自らの創造主のことにははなはだしく知るところなき民を探し求めて来られた。彼には、ほとんど人間的な援助も好意もなく、これほどの高貴な使命を達成するにはあまりにもふさわしからぬことであるが、ごく弱い道具わずかの伴侶しか連れてはいなかった。

そしてデウスの御摂理は、とりわけ貴人たちが我らの教えを受け入れ始めるように取り計らわれ給うた。すなわち彼らは自らの霊魂を救おうとの純潔な目的から、明瞭で明白な証拠に基づき、かつ経験によって教えられたように、真の救霊の道はデウスの教え以外にはないことを認めたからこそ、その教えを受け入れたのであった。

　都の市街に入るすぐ手前に、七百年前に弘法大師という悪魔のような僧侶によって建てられた一僧院がある。四角形に造られた非常に厚い粘土でできた壁がめぐらされているので、同僧院は非常に尊大ぶった印象を与えている。内部には、庭《ニワ》と称せられるはなはだ美しい緑の庭園がある。この僧院は東寺《トウジ》と言い、そこに住んでいる仏僧たちはすべて高貴な人々である。

　この僧院の一隅に、都の市《まち》の誇り、また飾りとして、一種のアルコラン(3)、または「塔《トウ》」と呼ばれる円く、非常に高い塔が建っていた。内部で人々は、廻り階段で上に昇った。塔はすべて木造で、五階を上に有し、周囲には外に差し出された五つの庇屋根があって、偉大な芸術的建築物であった。外部上方には銅製のいくつかの円いマーパ(4)があって、幾多の鐘や、厚く長い鎖がついており、それらは装飾になると同時に、この建物を堅固にすることに役立っていた。そしてその塔は、非常に大きく華麗な建築であり、とりわけ外に突き出た屋根を付して、高く聳え立っていたので、都へ赴く人々にとり一目瞭然たる最初の大建築であった。

　ガスパル・ヴィレラ師が、都の市街に到着して約二ヵ月の後、彼がデウスの教えを弘め、仏僧たちがそれに反抗し始めた頃に、突如天から稲妻が落下して、かの誇らし気で豪華な建築物〔それは日本人によれば、釈迦が説教していた地面から出現したものに似せて作った別のもの〕にひどく激烈にあたったので、落雷はその塔を上から下まで火を放ち、焼きつくし烏有に帰せしめ、灰燼と化してしまった。そのためにその建物は基礎さえも残存しなくなった。この事件は仏僧たちにとって、あまり好ましからざる、そしてさらに不愉快な前兆であった。

（1）これは十六羅漢の誤りである。したがって、フロイスは本文二二九ページの記述にあるように、東福寺の山門を目撃したが、実際には堂上に昇ったのではなく、日本人から内部のことを聞いて「日本史」執筆の際に書き加えたことが明らかとなる。十六羅漢を五百羅漢と誤ったのは、日本人の解説者の責任であろう。
（2）“covado”. 古く用いられた長さの単位。六六センチメートル。
（3）原語“alcorão”. イスラム教の教典、またその寺院の塔を意味する。
（4）原語“mapas”. 地図、またはそれに類したもの。

第二〇章（第一部五九章）

都へ出発するまでに、堺の市においてルイス・デ・アルメイダ修道士の身に生じたこと

ルイス・デ・アルメイダ修道士が堺にいた時に、彼の身辺に生じたことをよりよく理解するためには、彼自身が一書簡中で記していることを、本章と次章で引用するのが有益であろう。同書簡には次のようにある。

「私は都《ミヤコ》のための幾つかの用件を果し、それからさっそく出発するつもりで堺に留りました。しかるに主なるデウスの御旨によって、私は九州からの途次、ひどい寒さのために力尽きてその地に到着しましたために、激しい痛みを患い、死ぬかと思うほどでありました。私が同所で病んだ二十五日の間、私を看護してくれた人々の並々ならぬ親切さは特筆すべきもので、私が両親の家にいてもそれほどの親切さに接し得まいと思われるばかりでした。同家の主人ディオゴ（了珪）は、必要の際には私を助けようとして、二、三人の男たちとともに私の傍で眠って、夜中にも私を看護してくれさえしました。一人のキリシタ

ンの医師が私の世話をしてくれたのですが、彼はその治療に非常に造詣深い人でした。かのキリシタンたち全員が私の病気に対して示して下さった同情は驚くべきもので、了珪の夫人や子供たちも、絶えず見舞ってくれましたが、それはあたかも私が彼らのきわめて親愛なる兄弟のようでありました。主の御旨によって私の気分がよりよくなった時に、私はまだ旅を続けるに足るだけの体力がありませんでしたから、デウスの御言葉を聞くことを望んでいる幾人かの人々に説教しようと決心しました。かくて聴衆の八名がキリシタンになることを主が嘉《よみ》し給いました。これには、彼らが、私の宿主とその子供たちが、どんなに熱心に私の看病をするかを見受けたことが与かって力があったと私は思います。

この頃、宿主である（日比屋）ディオゴ了珪のモニカというキリスト教名の娘が、一人の婦人に付き添われて私のいたところへ訪ねて来ました。彼女はまず、私がつねに身に携えている聖母（マリア）のいとも敬虔の念を起させる聖像の前で祈りを捧げ、ついで私に向かってこう語りだしたのです。『私はデウス様の御慈悲によってキリシタンとなり、デウス様ならびに栄光の聖母（マリア）様が私にお勧めなさいますように、生涯貞潔に過す決心でおります。それゆえに私は髪を断ち切ろうと堅く心に定めています。と申しますのは、女がそうすると、日本では、その人は、ヨーロッパにおけると同様に世を捨てるか、修道院に行く人と見なされる習慣だからでございます。そこで私は父上に、一生涯、私を奴婢《ぬひ》のように酷使してもらいたいとお願いしようと思っております。しかるに私は罪深い者でありますために、今や、父上は私を、母の弟である叔父と結婚させるつもりでおられることを承りました。その方は一向宗の非常に熱心な異教徒で、僧侶のように毎日、釈迦の教本を読んでおります。もしその結婚が事実となりますと、私が霊魂を失う大きい危険にさらされることは疑いを容れません。ですが私はいかなることがあっても、父母の決定には同意いたしますまい。私は、万事がイエズス・キリストの光栄に帰せられるようになりますよう主キリストにお頼り申しておりますが、また伊留満様におかれましても、父上にこの私の意向を説いて下さいますようお願いいたします』と。

私はこのことについて彼女に次のように言いました。『あなたの願いは聖《きよ》く善きものであります。しかし、あなたはやっと十六歳になったくらいで、悪魔がこれから先、あなたのその良い志を妨げようとして幾多の仕方で、どのように多くの試練を加えるかということでは、まだなんの経験もお持ちでないことをよくお考えいただきたい。あなたが死ぬまで肉体と霊魂の純潔を保たれるならば、あなたはデウスの御前において、はなはだ大いなる栄光の冠を獲得できましょうが、もし挫折するならば、あなたは永遠に自らの霊魂を失ってしまいます。そしてそれは、いとも名望ある地位におられる、あなたの御両親、兄弟、親族の方々にとって少なからぬ恥辱となり、大いなる悲しみとなりましょう。それゆえ、あなたが、あなたの敵に抵抗するのに、多くの強い勇気を御自身にお感じにならないのでしたら、叔父（君）とではないにしても誰かと結婚なされる方がよいでしょう』と。

彼女はそれに対して次のように答えました。『私は自分自身、および私の敵に打ち勝つために、自らを抑制できるでありましょうと、デウス様に御信頼申しております。私は禁欲して、その苦難に堪えられるかどうかを知りたいと思い、三日間、飲食をまったく断ってみましたが、そのたびに主からいっそうの慰めを授かるのを感じたことですし、どんなにデウス様がその断食の折に私に力と慰めを授け給うたかを知りました。したがってデウス様はあらゆるこれから先の他の苦難においても私に力や慰めをお与え下さると信じます』と。そこで私は彼女に、デウスへの御奉仕に堪え抜こうとするつもりでしたら、自分自身のことに大いに警戒するようにと切に言いきかせて、彼女に別れを告げました。

その翌日、私は彼女の父と語って、まずその娘モニカが自分に対し彼女が切に願っていることを申し出たこと、次に、三つの理由から御身は彼女を、かの男と結婚させることはできない、すなわち、第一に、その人は異教徒であり、大の偶像崇拝者であるから、第二に、彼は彼女の叔父である、第三に、彼女はその結婚問題にまったく関知しようとしないから、と申しました。

これに対して彼は次のように私に答えました。『堺の市《まち》のキリシタン宗団はまだごく新しいので、当地には彼女と結婚させることができるようなキリシタン信者は一人もおりません。それゆえ彼女をその叔父と結婚させたく思うのです。そうすればその人は結婚した後にキリシタンになることができるでありましょう。それに私はもうすでに彼女を嫁がせることを約束してしまいました。ところで彼は当地ではもっとも富んでおり、有力な人々の一人で、彼女との結婚を切に望んでいます。そのことはもはや公になっていて、当市の上流階級では周知のことであります。もし私が彼に娘を嫁がせなければ、その人には大きい恥辱となりましょう。人々は私に対して尊敬の念を失い、私は大勢の敵を作るに至りましょう。しかし、娘をあの男と結婚させることが、デウス様の戒律に反することになるのでしたら、私は御身がこのことでお命じになることをなんでも致しましょう』と。

私は彼がすべてこうした大いなる困難があるにもかかわらず、デウスにこの大きい奉仕をしようとしていることを賞讃し、そして別れを告げました。しかし彼はどのようにしてこの結婚を取り止める方法を見出せようかと苦慮し、まったく困惑して去って行きました。ところで主なるデウスは、その後恩寵を垂れ、彼が求めたものを授け給い、その結婚は取止めとなりました。

私がその市街《まち》にいた日々に、私はモニカに幾多助言するところがありましたが、彼女はそれを大いに謙遜に、そして多くの感謝の気持を表わして受け入れましたので、私は本当に幾度と言わず彼女のうちに、その容貌ならびに誠実さにおいて、一人の聖女を見るようでした。ことにあの都市（堺）は人口が多いのですが、高貴なキリシタンの娘としては、彼女以外に一人もいなかったのです。彼女は非常に慎しみ深く、祈りに専念しています。彼女は父の幾つもの居室のほかに、同家のいっさいの繁忙さを免れて離れた別の一室を持っ

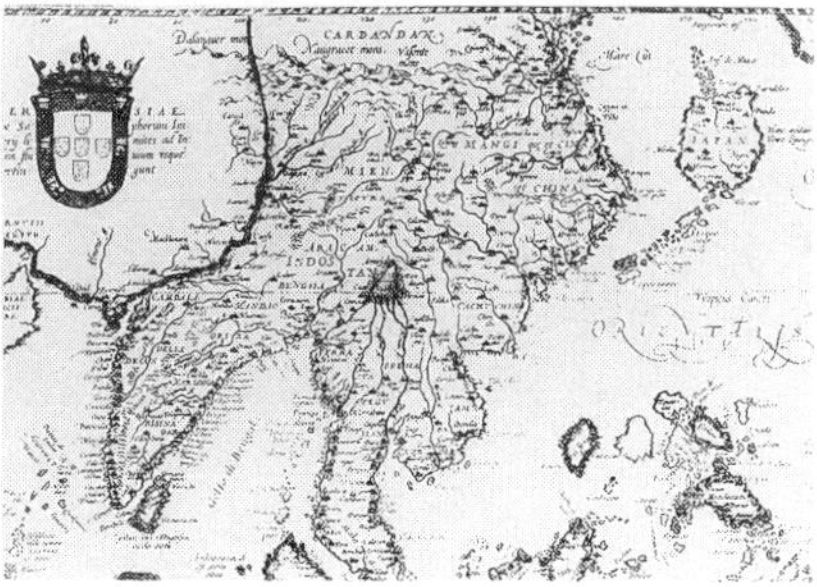

銅版東インド・日本古図（1590年刊）

ています。その中に彼女は十字架像とデウスのことに関する書物を持っており、自国語の読み書きに精通しているものですから、それらの書物を読んでいます。確かにこの国民のもとで、デウスのことにこれほどの嗜好と堅い志を見出し得る私どもの喜びは非常なもので、これだけでも我らをして、この国における幾多の艱難を、もっとも甘美な慰楽と思わせるに足りるのです。

ある日私は、十一歳になる彼女の弟（ビセンテ）に、我らの主なるイエズス・キリストに対する汝の愛はいかほどか、と訊ねました。彼は答えて、『私は主に己が生命を捧げたいと思うくらいです。たとえ異教徒たちが私の身体を寸断しても、私はキリシタンであると公言してやまないでしょう』と。

この頃、私はすでに快方に向かっているようでしたので、篠原《シノワラ》（長房）という名の殿を訪ねる決心をしました。彼は当時は堺におり、都《ミヤコ》では非常に勢力があり、人々から畏れられていました。彼が支配していた領地は、この（堺の）町からは遠いところにあります。ヴィレラ師は都から、私が篠原殿を訪れて、その好意を得るようにと、希望を書き寄こしました。（日比屋了珪）ディオゴは、私がこの訪問を、当国で慣例となっているように駕籠に乗らないで別の方法で行なうことを許しませんでした。駕籠は、非常に軽い材木で作られ、方形で簾がついた二つの小窓があり、中に坐っている者が望む度に開閉できるようになっている。非常に小さく、内部は一人がちょうど安楽に坐れる程度です。二人がこれを担ぐのですが、道程が〔長ければ〕、交替できるよう四人が担ぎます。高貴な人や仏僧たちは皆これを使用し、贅沢で華美なものを所持していることを誇りとしています。ところで篠原殿がいるところまでの道程はかなり長く、私はまだ完全に健康にはなっていませんでしたし、それに宿主（ディオゴ了珪）がそのために切に希望しましたので、私は駕籠に乗って行くことにしたのです。

私たちがこの殿の館《パソ》に赴きますと、折からそこに居合わせた篠原長房殿の秘書は、竹田一大夫というキリシタンでしたので、殿はさっそく私たちに中に入るようにと命じました。後ほど、篠原殿は、秘書（竹田一大夫）が私と話す機会に、デウスのことを聴聞することを望み、殿といっしょにいた二十名の武士も同席しました。私と同行し、すでにはなはだデウスのことに通暁している一人の日本人修道士が、彼らに一場の説教を行ない、あなた方ふつうの日本人が信じている神々は、いったい何者であるか、そしてその起源はいずこか、一方世の創造主なるデウスはいかなる者であるかを彼らに説き、またその相違を熟考した後に、自ら拝むに価するのは誰であるかを自ら判断すべきであると説き明かして、一同を感動させました。聴聞者は皆、我らの主なるデウスの教えを大いに賞讃しました。この説教に際して、秘書（竹田一大夫）がどれほど喜んだかを見ては、彼が人々に先んじてデウスの教えを信仰したことをいかに満足したかを如実に述べ得ないことは確かです。そしてデウスの恩寵によって、この篠原殿の家臣である三名の武士は、このたびの説教にいたく心をひかれ、それ以後引続き説教を聞きに来て、ついにキリシタンとなるに至りました。

その間私には、ガスパル・ヴィレラ師を訪れるべき時が来たように思われました。彼は堺から六里距たった、河内国の飯盛というキリシタンが大勢いる一城におりました。そこで私は（日比屋了珪）ディオゴに、明日出かけたいと申しました。彼は答えて、私がもうそのように決心しているのなら致し方なく、まず自分が所持している幾つかの財宝をお見せしよう、と言いました。身分ある富裕な日本人のもとでは、大いに好意を示そうとする来客がある場合には、別離に際して、親愛の証しとして自ら所蔵する財宝を見せる習慣があるのです。それらは、彼らがある粉末にした草を飲むために用いるすべての茶碗《ヴアジリヤ》とそれに必要とする道具です。それは茶《チヤ》と呼ばれ飲み慣れた人には味がよいばかりでなく、健康増進にも役立ちます。ところでその所作に用いられるすべての品は、日本の宝物であって、我らヨーロッパ人が指輪、宝石、非常に高価な首飾り、真珠、ルビー、ダイヤモンドを所持しているようなもので、それらの器や価値に精通しており、売買の際に仲介役となる宝石商のような人がいます。彼らはそれらを、あるいはその材質により、あるいは形態、はたまたその年代の古さ等によって評価するのです。この植物（茶）には一リブラが九ないし十クルザードもする非常に上等なものがあるのですが、その茶会に人を招き、そこで上記の道具を見せるために、彼らはまず各人の力に応じて饗宴を催します。これが行なわれる場所は、この儀式のためにのみ入る特定の室で、その清潔さ、造作、秩序整然としていることを見ては驚嘆に価します。

その翌日の九時にディオゴ了珪は、私と一人の日本人修道士、さらにもう一人コスメ・コウゼンの許へ使者を寄こしました。このコスメという人は日本で何かにつけ我らのことを世話してくれている、金持で非常に善良なキリシタンであります。さて私はディオゴの居間の側面から導かれました。そこにはちょうど一人だけが具合よく入れるくらいの大きさの小さい戸口があります。そこから私たちは真直ぐな狭い廊下を通り、杉材の階段を昇りましたが、その階段は、まるでそこに人が足を踏み入れるのは初めてのことかと思われるほどの印象を与え、あまりにも完璧な造作で、私はそれを筆で言い尽し得ません。ついで私たちは中庭に出、廊下を通り、私たちが食事をする部屋に入りました。そこは先の中庭よりも少しばかり大きく、私の眼にはすばらしいものに映りました。部屋の片側には彼らの習わしによって一種の戸棚があり、そのすぐ傍には周囲が一ヴァラ[1]の黒い粘土でできた炉がありました。それは真黒の粘土製であるのに、あたかも黒玉のようにきわめて澄んだ鏡に似た非常な輝きを帯びているので不思議に思える品でした。その上には感じのよい形の鉄釜が、非常に優雅な三脚（五徳）にかかっていました。灼熱した炭火が置かれている灰は、挽いて美しく篩《ふる》った卵の殻でできているように思われました。すべては清潔できちんと整っており、言語に絶するものがあります。そしてそれは不思議とするに足りないことで、この時人々はそれ以外のことに注意を注ぐ余地は決してないからであります。その炭は、一般に使用されるものではなくて、非常に遠方から運ばれて来たもので、手鋸で巧みに小さく挽いて、消えたり燻ったりすることもなく、わずかな時間で熾《おき》となり、火を長らく保たせるのです。私と同行した一人の男は、ディオゴ（了珪）はこの釜を、はなはだ好都合にもたまたま六百クルザードで購入したのですが、その価値はそれよりはるかに上廻るのだ、と語ってくれました。

私たちがきわめて清潔な敷物である優美な畳《エステイラ》の上に坐りますと、食事が運ばれ始めました。日本は美味の物産が乏しい国ですから、私は差し出された食物を賞讃しませんが、その席での給仕、秩序、清潔、什器は絶讃に価します。そして私は日本で行なわれる以上に清潔で秩序整然とした宴席を開くことはあり得ないと信じて疑いません。と申しますのは、大勢の人が食事をしていても、奉仕している人々からはただの一言さえ漏れ聞こえないのであって、万事がいとも整然と行なわれるのは驚くべきであります。

食事が終ってから、私たち一同は跪いて我らの主なるデウスに感謝いたしました。こう

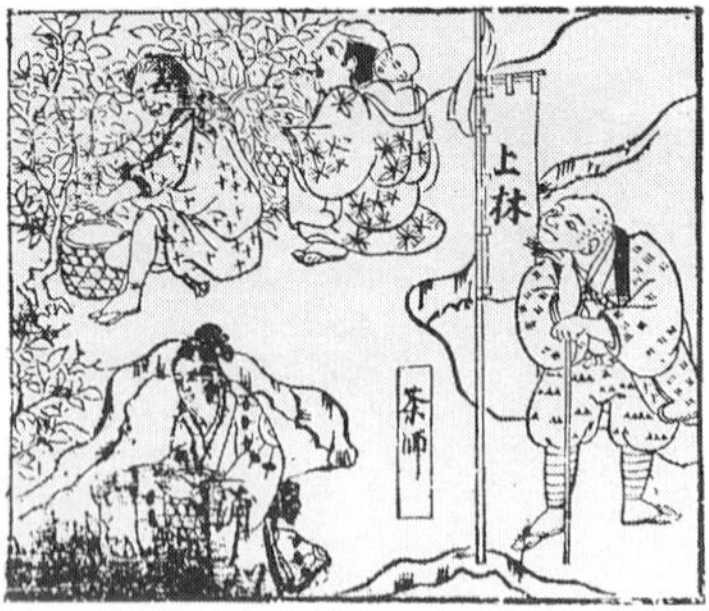

茶をつくる人たち（『人倫訓蒙図彙』）

することは、日本のキリシタンたちの良い習慣だからです。ついでディオゴは手ずから私たちに茶《チャ》を供しました。それは既述のように、草の粉末で、一つの陶器の中で熱湯に入れたものです。ついで彼は同所に所持する幾多の宝物を私に見せましたが、なかんずく三脚がありました。それは周囲が一パルモ少々の大きさのもので、釜の蓋を取る時に蓋を置くものです。私はそれを手にとってみました。それは鉄製で、年代を経ているためにいろいろの箇所がすでにひどく損傷し、二ヵ所は古くなって罅《ひび》が入り、それをふたたび接合してありました。彼が語るところによれば、それは日本中でもっとも高価な三脚の一つで、非常に著名であり、自分は一千三十クルザードで購入したが、明らかにはるかそれ以上に評価しているとのことでした。すべてそれらの品は緞子や絹製の袋に入れ、さらに独自の小箱に収められております。彼は私に、『このほかにも高価な品を所蔵していますが、容易に取り出しにくい場所にしまってあるので、今はお目にかけられません。しかし御身らが堺に帰って来られた際にそれらをお見せしましょう』と言った。

これらの道具の価格は怪しむに足りません。すなわち、都《ミヤコ》では、霜台《ソウタイ》（松永久秀）なる殿は、柘榴の実とあまり変らぬ大きさの、茶の粉を入れる土器を所蔵しています。人々が語るところによれば、その価は二万五千ないし三万クルザードと言われ、その器を『ツクムガミ』と称します。私は、それが彼らの言うほど莫大な値段であってほしくありませんが、霜台は、それを自分から一万クルザードで買い取る諸侯を望みのままに見出すでありましょう。そして他に三千、四千、五千、八千、一万クルザードの価のそうした茶器は多数あって、それらを売買するのは日常のこととなっています。しかしそれは公の場所で販売されるのではありません。なぜならば、そのようにすれば、人は誰もそれだけの物を出しはしないでしょうから。そうするのではなくて、入手したい者はその所蔵者に懇請せねばならぬのです。しかも幾多の礼を尽して、なにとぞお売りいただきたいと懇願するのです。ところで日本人の間では、幾つかの刀剣は、上記の茶器と同じほどの価格を有しております。

それから私は、まだ異教徒であるディオゴの妻、および子供たちのところへ別れを告げに行き、見送ってくれるディオゴやその息子、兄弟、親族、および数名のキリシタンに伴われて出発したのですが、彼ら全員は私にいっそうの敬意を払おうとして、非常に立派な衣服をまとっていました。ディオゴの十一歳くらいの息子は、はなはだ華麗な衣服を着、すべて金で飾った刀剣を帯びていましたので、まるで君子のように見えました。彼らは市街の外れまで私に付いて来てくれましたが、そこには慣例に従って茶菓が用意されていました。そこで私は、キリシタン一同、および同じく来ていました私の異教徒の知人たちに別れを告げました。ここを出発し、私たちは午後三時にはある川に達しました。そこで私は、堺から六里離れた飯盛に行くために乗船せねばなりませんでした。同所にはすでに二艘の船が私たちを待っていました。三ケサンチョ（頼照）殿という（三ケの）城の重立ったキリシタンの一人は、私たちがその時刻にそこに着くことをすでに前から聞き知っていましたので、船を遣わしてくれていたのです。二艘のうちの一艘で、その貴人（三ケ殿）の息子で十二歳くらいと思われるマンショという教名の少年が来ました。彼は私に船に乗るように乞うた後、父の伝言を次のように述べました。『自ら御身をお出迎えに参らぬことをどうかお許しいただきたい。そうするだけの好意を欠いているわけではなく、数日来、ガスパル・ヴィレラ伴天連様がお客として当地におられるので、お一人で残しておきたくないのです。その代りに、当家までお伴をするように息子のマンショを遣わします』と。この少年は肩に火縄銃《アルカブス》を担って来ており、大小両刀を帯び、非常に鄭重で風采も優れ、二十五歳くらいにも思われました。他の一艘では料理が運ばれて来ました。と申しますのは、マンショは途中で私を楽しませようと決めていたからでした。そして折から寒さが厳しかったものですから、彼はその別の船に私たちの乗船に近寄るように命じました。それから彼は私たちに、少なくともすべて十分温かく、一同に満ち足りるだけの立派な食事を与えてくれました。そしてさらに、良くたてられた茶《チャ》も出されました。

かくて私たちは川を遡って（飯盛）城の麓に至りました。陽はすでにほとんど沈みかけており、私たちは実は非常に嶮しく難儀な道を半里ほど城まで登って行かねばならぬところでした。ところが上陸しますと、すでに一丁の駕籠が私を待っていました。ところで駕籠舁《かき》は途中大いに急いだのですが、高い杉や松の繁みで一面掩われた山中で夜に入りかけてしまいました。するとさっそく、頂上から私たちの方へ燃えさかる松明が運ばれて来ましたので、私を担いでいた六人の駕籠舁《かき》は途次難渋することが少なくなりました。私たちが目的地に到着したのは、すでに夜も更けた頃でしたが、そこでガスパル・ヴィレラ師、ならびにかの貴人とその家族らから、私たちは非常な喜びと満足をもって迎えられました。

駕籠舁（『人倫訓蒙図彙』）

翌朝、人々は説教を聞きに来ました。彼らは皆告白することを望んでいましたので、彼らのために毎日二度、痛悔について説教が行なわれました。この殿の家は、彼らの習慣により、色とりどりの絹衣をまとい、たいていは金で飾った刀剣を帯びた卓越した人たちでまったく満ち溢れていました。彼らはいずれも、今や都、および周辺の諸国を支配している当国主《レイ》の高貴な家臣たちで、その国主の名を三好殿《ミヨシドノ》と言います。国主はこの城がその領国中でもっとも堅固な城の一つなので、当城に留まり、上記の貴人たちをきわめて信頼していますので、彼らを傍に置き、一方彼らは家族妻子ともどもここに住んでいるのです。今、私たちはこれらキリシタンの大身たちに優遇されていますので、仏僧たちはもはや以前のように私たちに対してあえて無礼を働くこともありません。

私は当地の貴人たちが、司祭や我らの修道士たちに対して顕著に敬意を示すのを目撃しました。なぜならば、彼らが司祭や修道士たちと語る時には、まるで自分たちの主君である国主（三好殿）と話をするかのように、たいていは双手を地につけるからであります。彼らはその家にあった十字架の前で祈り、司祭に敬意を表してから、非常に注意深く彼の説教を聞きました。そしてそれが終ると、前もって、デウスの教えを攻める禅宗の人々に対してなんと答えるべきであるかとか、その他これに類することなど幾多の質問をしました。そして司祭は一同を満足させましたので、彼らは慰められて辞去しました。

翌日、彼らは告白を始め、司祭は一週間そのことに従事しました。その頃、司祭は、毎年一度、慣例となっていたのですが、国主を訪れました。彼は酒を飲むための盃を私たちに与えて大いに私たちに敬意を表しましたが、それは彼らの間では最大の名誉であり歓待の印しなのです。その間中、彼は私たちと同様に跪坐しており、別離に際しては私たちにたいへん慇懃な態度を示しました。

その間ヴィレラ師は、次の日曜日には城山の麓にある教会でミサを捧げようと決心しました。その教会は長さ二里以上、幅約半里の大きい湖の中の一つの島にあります。この教会と島とは、かの三ヶ殿なる貴人のもので、彼は私たちを同家に泊めてくれました。彼は私がかつて日本で会ったことがないほど生ける信仰心を抱いたキリシタンであります。と申しますのは、彼は、当日本の全諸国をキリシタンに改宗させるような大志を抱いているのですが、そうしたことは、ふつうなら大いなる熱誠と徳操の持主である修道会の聖職者にして初めて可能なことなのです。かつて私が彼と語らいました際、彼は堺の市に教会を建てるように私に勧告し、そのためには十万カシャの寄付を約束すると申しました。『カシャ』というのは日本で流通している銅銭で、当時は一千カシャが二・五クルザードの価でした。

土曜日の夜、私たちは既述の聖堂に赴きましたが、私たちの貧しい財産が許す限り、たいへん美しく飾られていました。日曜日の朝には（飯盛）城から来たキリシタンたちが急ぎ集い、ヴィレラ師がミサ聖祭を捧げ、教会の慣習によって結婚しようとする幾人かがいましたので、司祭は婚姻の秘蹟について説教しました。八名のごく身分の高い人がキリシタンになりました。

私はひどく脇腹が痛みましたので、ヴィレラ師と三ヶ殿には、私が都に赴き、そこで治療する方がよいように思われました。そこで三ヶ殿はただちに私を同所から十里離れた都へ送り届けるように駕籠を寄こしてくれ、一方、ヴィレラ師は奈良のキリシタンたちを訪ねて行きました。

私が、ルイス・フロイス師がいた都に着くやいなや、実は彼もまた同じように旅路における寒さのために病臥していたのですが、私の病状は非常に悪化して、まったく痩せ衰え、助かる見込みはもはやなくなりました。この脇腹の痛みと、いっさいの食物を吐いてしまう苦痛が二ヵ月続きましたが、主なるデウスは、暖かい時節が始まった頃、私が回復するように嘉し給うたのです。」

（1）"vara". ポルトガルの古い長さの単位。一・一メートル。

第二一章（第一部六〇章）

ルイス・デ・アルメイダ修道士が、下《シモ》に帰るに先立って、かの五畿内のキリシタンを訪れたこと、ならびに彼が同地で見聞したことについて

〔アルメイダ修道士はその書簡中、引続き次のように述べている〕

「私は一五六五年四月二十九日に都《ミヤコ》を出発し、都周辺の十、十五ないし二十里の地にいるキリシタンを訪ねに行きました。それはそれらの地方で生じたことをコスメ・デ・トルレス師に報告できるようにするためで、それこそ彼が私を都へ派遣した主な目的の一つであったのです。私はただちに都の南西約十ないし十一里にある大和の国の奈良の市《まち》に赴きました。私たちが一里進んだ時に、都の高貴なキリシタンたちが私たちのために豊富に食事を用意してくれているのに出会いました。そこで私はやむを得ず彼らのもとで半時間ほど留まらねばなりませんでした。彼らと別れた後、そこから三里あまりのところで私たちは奈良のキリシタンたちが私たちを迎えに派遣してくれた馬に会いました。そこで、その地まで同行して来た都の人たちと馬を送り返し、どしゃ降りの雨の中を奈良へと道をたどり、

夜分になってそこに到着しました。

翌日、大勢のキリシタンが私たちを訪ねて来ました。同日、私は一人の日本人修道士とともに、はなはだ高貴な二人のキリシタンの貴人を訪ねてある城に赴きました。私たちは彼らから大いなる喜びと愛情をもって迎えられました。私たちは二時間にわたって、彼らがデウスに対して大きい義務を負うていることについて語らいました。彼らはその国の慣習に従って、すでに私たちに飲食物の用意をしていましたが、彼らは来客にはいつもその身分に応じてそのようにするのです。そのことがあって後私たちが辞去しようとしますと、彼らのうち身分の高い方の人が、もし差支えなければ、日本中で最良最美の城の一つだから、多聞《タモン》という城をすべてお目にかけたいと言いました。それは彼らが仕えている弾正(霜台松永久秀)殿という殿に属しています。弾正殿は、さして高い身分の者ではないのですが、その知力と手腕によって、自らは家臣であるにもかかわらず、公方様と三好殿をいわば掌握してしまいました。すなわち彼ははなはだ巧妙、裕福、老獪でもありますので、公方様や三好殿は、彼が欲すること以外なにもなし得ないのです。しかも彼はデウスの教えの大いなる敵なのです。

この殿は、自分が十分富に恵まれ、家臣や所領において強力となり、人々から畏敬されていることを知ると、日本人がふつうよく行なうとおり、この奈良の市の近くに城を築くことを決意しました。そのために、彼は一つの山を選び、そこの石が軟らかかったので、その山を適当に切り崩させ、山間に幾多の塔や堡塁を造り、中央にはゴア市の広さの三分の一ほどの大きい平地を空けさせました。彼はそこに多数の井戸を掘らせたところ、三ブラサの深さのところに水を得ました。ついで彼は、もっとも富み、身分の高い大身たちや、もっとも信頼している家臣らを呼び集め、彼ら一同がこの城郭内に家屋を建てるようにと誘いかけ、彼らの間に敷地を分割しました。これに着手してから五年が経ったでしょうか、一同は競って、考え得る限り豪華で高価な家屋を建てましたが、それには我らヨーロッパ風に多くの上階とか、立派な蔵が伴っていました。城壁と堡塁は、壁のところは、私がかつてキリスト教国で見たことがないほど、いとも白く明るく輝いていました。というのは、彼らは石灰に砂を混じえず、わざわざそのために作る非常に白い紙とだけ混ぜるからであります。すべての家屋と堡塁は、それまで私が見たうち、もっとも美しく快い瓦で掩われ、瓦は黒色で、指二本の厚さがあり、一度葺けば四、五百年は保ちます。この都市〔そう称してもよいであろう〕に入り、街路を進むと、人々は地上の楽園に踏み入ったと思うほど、市街はいとも清らかで白く、道路と家屋はその当日できあがったかのような印象を受けるのです。

私はその宮殿を見物するため中に入りましたが、そのすべてではなく、ただ一部だけを記すためにも多くの時間を要することは確かでしょう。それほどこの建築はすばらしく完璧で、すべて杉材で造られていることはともかく、その芳香だけでも見物に入って来た

京都四条通りの町家（住吉具慶筆「洛中洛外図巻」，東京国立博物館蔵）

人々を喜ばせるに足りる有様です。

幅七ペース(1)の廊下は、ただ一枚の板が張られているだけであります。壁は、日本とシナの古い歴史物語を描いたもので飾られ、それらの絵を除外するとその他の空白部はすべて金でできています。柱頭と柱礎のある柱は、上下、約一パルモの太さで、真鍮製で、同様に塗金され、半ば浮彫りされた彫刻が施され、金製と見違えるばかりであり、柱の中央には同じ種類の非常に大きい薔薇《ローザ》の彫刻がありました。

部屋の天井板《フォロ》は、ごく近づいても接ぎ目が認められず、ただ一枚の板でできているように思われました。そのほかにも幾多の装飾がありますが、私はそれらをどのように描いてよいか判りませぬので割愛します。

私がこの宮殿で見た多くのものの中には、四ブラサ半平方の一室がありましたが、それは、私が想像し得る限りもっとも美しく快い波紋（木目）がついた黄色の材木でできており、非常に光沢があり、巧妙に造られていて、澄みきった鏡のように思われました。

この宮殿内の庭園と樹木に見られる技巧については、この点ではこれ以上優雅なものはあり得まいと私には思えました。なぜならば、私は都《ミヤコ》において、眼を楽しませてくれる、はなはだ美しく珍しい事物に接しましたが、これに比べれば、すべては劣っているからなのです。それがために、日本中から多数の殿たちがこれを見物に参ります。彼らはその際、同時にすばらしい奈良の城構えや僧院の諸建築を見るのですが、それについては私は自分が奈良の市中で見た幾つかの寺院のことだけに言及いたしましょう。

翌日、私たちがキリシタンたちに対して行なう習わしの説教が終った後、彼らは私に、日本人たちがいとも遠方から、並々ならぬ苦労をして見物にやってくる諸建築を観覧するように願いました。

私たちが最初に訪れたのは興福寺《コウブクジ》という名の僧院でした。その寺域は、ベレンの修道院②とほぼ同じくらいの大きさであろうかと思われます。石灰で上塗りした非常に堅固な粘土塀で囲まれ、その塀には、八パルモごとに、内部と外部に、礎石の上に据えられた太い柱があり、その上に幅十四ペーの屋根があります。その僧院には高さ四十ペー、幅二十五ペーと思われる、二ブラサの太さの柱がある門があります。入口には、はなはだ見事に作られた美しい石の階段があり、門の両側には、手に笏を持った驚くべき大きさの巨人像が二体ありますが、おのおの三頭の象の大きさがあろうと思われ、非常によく均斉がとれたものです。

中に入ると、各辺が百二十ペーの方形の中庭があります。壁は既述のように瓦で掩われており、その点はあらゆる他の寺院や僧院の建築の場合と同様です。四面廻廊の造作や構造については多く述べるべきことがありますが省略するほかはありません。

正門とその四面廻廊に相対して、先のと同じような第二の門と、別の四面廻廊があり、これら二つの門に面して同じ様式の第三の門があります。ただしこの門には、巨人像に代り、同じ大きさの獅子が二頭います。

これら三つの門の向うに、最初の二つのような四面廻廊がついた美しい中庭があります。これらの門と庭と四面廻廊のすべての真正面に、美しい石垣のある寺院の正門があり、またその非常に広い入口と寺院の全周辺、同院の境内には方形の石が敷かれています。

この寺院の柱は実に太く、高く、すべて杉材でできています。なぜならば、日本ではこれほど高く、かつ太くなる樹木は他にないからです。七十本を数えるすべての柱、および非常に大きくて広い家全体に、絵が描かれていて、はなはだ眼に快く、その土地の人の談によれば、それらの柱の一本ずつに五千クルザードほどを費やしたということで、同寺院の古い会計簿にもそのように記されています。

内部には高さ七ブラサの坐像が三体ありました。中央は釈迦の像で、両側のはその息子たちの像です。屋根は寺院の壁から四ブラサほども外に突き出しており、それに材木の組《サ》合わせ《ンス》と指物術のすばらしい技巧が施されています。それらは外側の柱の中央から突き出して屋根を支えるものなのですが、これほど大量の材木の厖大な重量を空中に支えることはふつうならほとんど不可能なことに思われます。

この寺院（建築）の片側には、仏僧たちの食堂と宿舎があります。食堂は幅十二ブラサ、長さ四十ブラサの非常に立派な建物です。宿舎は二つの広間からできています。そのおのおのは六十五ブラサの長さで、おのおのの側に四十五の寝床があります。したがって各室に九十あって、二つ合わせると百八十の寝床があることになります。この（寺院）建築の柱、堅固さ、造作《オブラ》など、すべては私が寺院について今まで述べて来た他のものに劣りはしません。

この建物の中には非常に大きい部屋が多数あります。そのうちの一室は、一ブラサ半の太さの二十四本の柱で空間に浮き立っています。これは僧侶たちの書庫（経蔵）に当てられ、私は窓までが書物でいっぱいになっているのを自ら目撃し、おびただしい数の蔵書があることがそれから判断されました。

さらに浴室や幾つもの仕事場《オフイシーナ》等の、非常に巧妙にできた建物があります。驚くべきことですが、私はそれらの仕事場が何に使われ得るのか語ることができません。同寺院の厨房が清潔なことは非常なもので、外面的なことにははなはだ清潔を好むのは、日本人の大いに常とするところなのです。

夜にはいつも燈明を点《とも》しています。なぜなら、それらの建物は非常に広く、少なくとも二十四の個室《レパルティメントス》があろうかと思われるほどだからです。彼らが日常飲み水を沸かす（な

春日神社本殿（鎌倉時代）

ぜなら、彼らは冬でも夏でも冷水を飲まぬからです」釜は、口が（直径）一ブラサ、周囲三ブラサ、高さ一ブラサで、二指の厚さがあり、銑鉄でできています。それを支える三脚の広さ《ヴァン》は三パルモです。一本のちょっとした小川が厨房の傍を流れています。この寺院と僧院が建てられてから六百年になります。その入口のところには、長さも幅も五十ブラサの池があって、そこには魚が群がっています。ですがそれを捕る者は誰もいません。なぜなら、そうすれば重く罰せられるからで、巡礼者や、それら無数の魚を見物に来る他の地方の人々は、何か餌を投げるだけです。その際には、ただちにおびただしい魚が集まって来ます。

この興福寺から、私たちは別の春日《カスガ》という神社へ行きました。その祭神は女神《デウザ》、すなわち女の神《ムリエール・カミ》です。というのは、日本人は、神《カミ》には現世における長寿、健康、富、名誉、その他あらゆる世俗的な善きものを、そして仏《ホトケ》には自らの救いを乞うからです。

この神社にいたる道には、半パルモより大きくはならない草が生えた、美しく、平らな野となっています。それに続くのは鬱蒼とした森です。一見したところ、その神社にはリスボンのルア・ノーヴァくらいの広い幅をもった参道があり、その幅と長さのまま道はほぼ半里ほど離れた神社までずっと通じています。初めの半分の道はまったく平坦で、ついで上り道となりますが、石段がついていて、段と段の間は二ブラサほどの広さがあろうかと思われます。神社の本殿まで、この道の両側には、杉、および少数の松の木があって、それらは非常に高く、私たちは真昼に通過したにもかかわらず、ほとんど道路全体が陰になっていたほどでした。実のところ、それらは太さと言い高さと言い、私がかつて生涯で見たうちでもっとも見事なものなのです。現在就航しているインド航路の船を上廻る大きさの船が仮にあるとするならば、それらの木は、その巨船のマストとして十分役立つことでしょう。それらの杉樹の多くの周囲は五ブラサもあって、まるで轆轤《ろくろ》で造られたかのようです。道路の一方には小川が流れており、大いに趣きを添えていました。

神社の本殿に達する五十ブラサ手前のところには、両側に、非常に精巧に造られた石柱が立ち並んでいます。それらは同質の石でできた方形の土台の上に立っていて、はなはだ良くできていました。その礎石の上には、それぞれに木製の燈籠がありましたが、それらは漆で黒く塗られ、塗金した真鍮の枠がはめられ、豪華な透し細工や浮彫りの飾りがついており、その上に礎石に似た石の笠があって、雨も風も燈明を消すことができないようになっていました。他のものはすべて塗金した金属製で、非常に豪華に、入念に造られていました。おのおのの柱の中央には、これらの燈籠を作らせて同所に建てさせた人々の名前が金文字で刻まれています。それらは道路の両側にそれぞれ五十基以上もあって、毎夜点燈されるのです。というのは、寄進者は皆、それらを創建すると同時に、毎夜、夜明けまで点燈してもらえるように、十分、一年間の燈油費を負担するのです。

この道を通って行ったところに、巫子《ミコ》と称される、ほとんどすべて四、五十歳以上の年齢の女僧たちの大きい家屋があります。でも彼女たちは、社人《シャニン》と呼ばれる一種の僧侶と結婚しています。両者ともこの神社《パゴーデ》に仕えています。実のところ、彼らは表面は結婚しているように装ってはいませんが、そこには彼らの子供たちが幼少時から両親の許にいるのです。その巨大な構内で、彼らはそれぞれ業務を分担しており、巫子、すなわち、妻たちはある役を、そして社人《シャニン》、すなわち、夫は他の役を受け持っているのです。これら女僧たちの職務は、名だたるきわめて大いなる魔法使いであることに存します。といいますのは、何ぴとかが、健康、財産、安産、勝利、もしくは紛失物の再取得といったことを願うならば、この巫子のところに赴いて、自分のために神楽《カグラ》を催してもらいます。すると数名の社人が、太鼓その他の楽器を携えて現われ、巫子たちも同じように他の楽器を携えて現われ、そのうちの一人が縦長に切った紙片を結び付けた棒を手にして、神像の前で踊ります。彼女はそれを、鋭く速い音楽の伴奏によって、いとも激しく行ないますので、私たちの耳にはまるで地獄の叫喚と咆哮もかくやと思われるほどなのですが、ついに彼女は失神したように地上に倒れてしまいます。人々は、その時に神《カミ》の霊が彼女に移るのだと言っています。ついで彼女は立ち上がり、人々が頼みに来たことについて答えます。これに対して彼らは彼女らに千二百カシャを支払いますが、彼女たちを雇う依頼者の信心の程度によって、ある時はそれより多く、またある時はそれより少なく支払われます。それから彼女たちは、この喜捨を自分たちの間、および一人が踊っている間に楽器を奏した僧侶たちの間で分配します。さらに、絶えずそこに来訪する巡礼者たちに、茶や飲むための湯を提供するのも彼女たちの職務となっています。

この春日の僧院《モスティロ》と神社《テンプロ》は、日本国中でもっとも収入が多いところの一つで、これら社人《シャニン》と巫子《ミコ》たちは、日本全六十六ヵ国において可能な限り最高に贅沢な生活を営んでいます。彼らが自分たらの娯楽のために所有している、あの広大な敷地のことはともかく、そこには二百人を超える僧侶がおり、彼らは着物《キモンイス》を着て歩き、その上に黄色の上衣をまとい、漆紙でできた小さい帽子を頭上に戴き紐で鬚の下でしっかり結んでいます。さらに彼らは二つの非常に広大な家屋を持っています。その一つは厨房に当てられ、そこには炉があるだけです。他は食物を切ったり、食卓に供えたりするのに用いられます。そのために彼らは朝、六十卓、そして午後にも同数の食膳を用意します。それらは脚が付いた四角の盆のようなものです。ところで彼らは、まるである君侯を招いて、日々入手したり購入できるあらゆる種類の鳥や魚のもっとも豪勢な饗宴を催すのと同じ仕方で、それと同じほどの気を配り苦労もして、朝から昼食まで、昼食から夕食まで、その料理を非常に清潔に、また整然と用意することに終日を費やしているのです。彼らは、その食事は神《カミ》に供えねばならないものだと称したり口実を設けたりするのですが、いずれにせよ事実そのように供えています。すなわち、彼らは作った料理が載っている食膳を運び、それをいとも畏れ、大いにかしこんで礼拝所の前に供えます。もっともその中にはいかなる肖像も偶像もなく、あるものはただ空気だけです。それから彼らは、神《カミ》がすでにその食事を食べ終ったものと見なし、ふたたび拝礼します。しかし供え物が冷えないうちにと、急ぎ気味にそれを行ない、一同は自分の決った席に坐り、先に神《カミ》に奉献したものや、まだ厨房に残っていたものをすべて食べたり飲んだりしてしまうのです。彼らはそのほかにすることはなにもなく、既述のような順序でこのような生活を行ない、食後に歌ったり、互いに楽しんだりする以外には、なんら合同祈禱や宗規による日課とか、その他の懺悔をしたりはいたしません。しかし神《カミ》に奉仕するこれら社人《シャニン》たちは皆が諸侯の許で大いに尊敬されているのではなく、諸侯が社人を厳密な意味で聖職者《ボンヅス》と見なしているわけでもありません。なぜなら、彼らは事実、聖職者ではなく、ただ単に神《カミ》の召使いに過ぎぬからです。

この（春日）神社から、私たちは同じ森にある、戦の神を祀る八幡《ハチマン》という名の別の神社に赴きました。それは他の寺社と同様でした。特に目立つように思われたのは、私がそれまでに見た中でもっとも豪華な燈籠があったことで、それらは金属製で、すべて塗金された多数の装飾や浮彫りが施されていました。

ここには多数の蜜柑の木が植わった中庭があります。それらは列をなしており、いずれも皆同じ大きさです。その二本ずつの間に、周囲三パルモ、高さ二パルモの石が一つありました。その庭に植えられているものにはそれぞれ見るべきものが多く、矮樹、草花、観賞用花卉等ですが、これらの樹木やそこにあるその他のもので、もっとも高いものでも二パルモに過ぎませんでした。この庭の地面は、黒と白の小石に満ち、それらがこの庭園にいっそうの興趣を添えていました。」

（1）原語 Pés（f. 199V）. 古い尺法で 12 polegadas. polegada は親指の第二指骨の長さ、二・五四センチメートル。

（2）リスボンにある著名な聖ジェロニムス修道院。

第二二章（第一部六一章）

ルイス・デ・アルメイダ修道士がさらに見たことについて、および、堺に帰るまでに彼の身に生じたこと

「この森の外には、華麗なことで、日本中できわめて著名な別の寺と僧院があります。彼らは他の諸国においても、その華麗さは人口に膾炙していると考えて、きわめて誇りとしているのです。

その僧院《モステイロ》を東大寺《トウダイジ》と言い、寺院《テンプロ》を『ダイブッ』と称しますが、それは『大いなる仏《ホトケ》』という意味です。この寺には三つの門があり、その一つは正門で、庭のそれぞれの側面には驚くべき高さと大きさの門がありました。四方に廻廊があるこの中庭は六〇ブラサの長さがありました。実は日本の建物、寺院、家屋などは一見してすぐに何ブラサあるか判るように建てられています。ただし彼らは我らヨーロッパ人の『ブラサ』の単位で測るのではなく、彼らが家に敷いている、縦八パルモ、横四パルモの大きさの畳《タタミ》によって測るのです。廻廊があるこの中庭は、私が見たうちでもっとも美しく、完全、頑丈で、また見た目

に快い建物の一つでした。この庭の中央に長さ約四十ブラサ、幅約三十ブラサ(1)の寺院(大仏殿)が建っています。その寺院の階段、玄関、および床は一面大きい方形の石で敷きつめられています。内部に入ると、戸口の左右に二体の巨人(仁王像)が立っていますが、見るも奇怪であり、かの正門の門番として、既述の同種のものよりさらに巨大です。そして寺院の内部には、入口の両側に、それぞれ一体の巨人像が立っており、一つは多聞天《タモンデン》、他は毘沙門天《ビシャモンデン》と称し、人々が語るところによれば、それぞれは一つの天の主で、それを支配するということです。これらの巨人像は十ブラサの高さで、一見して非常によく均斉がとれていると同時に、またはなはだ容貌が粗暴かつ戦慄的であります。おのおのは鬼を踏みつけ、足でそれを窒息させています。それらは大いに見るに価し、それぞれに目を向けると、あたかも塔を見る心地がいたします。

寺院の中央には、二人の息子を側に置いた釈迦の像があります。釈迦像は、内部は粘土、外部はすべて銅ででき、はなはだ良く塗金され、きわめて良く均斉がとれています。息子たちの立像は木製ですが、まったく塗金され、その像から放たれている大きい光は、いとも芸術的に造られ、金が良く保たれていて、眩惑されるばかりです。それほど、それらの像と、それから発する光は大きいのです。すべての像のうち最大の仏像は十四ブラサの高さで、坐った姿勢です。美しい蓮華である台座を算《かぞ》えますと、その高さはさらに六ブラサ加わることになります。息子たちの像は九ブラサの高さで、同じように坐像です。その後方には二体の別の守衛がおり、二つの他の天を監視していて、それら四人の兵士を一般には、四天《シテン》、すなわち四つの天と称しています。これら後ろの二体は前の二体とまったく同様です。

その寺院（大仏殿）の片側には、一種の説教壇がありますが、それは方形で、四方は開放されており、高さは二ブラサ半で、その中には、非常に豪華な材木で造られ、きわめて精巧な作りである、きわめて威厳のある椅子があります。そしてその説教壇の周囲には、傑作であると称し得る小さい縁がついています。

この寺院には、驚くべき高さと太さの杉材でできた九十八本の柱があります。それらは轆轤加工される以前には太さは四ブラサあったに違いありません。そしてそれらはすべて轆轤《ろくろ》で作られたように見受けられます。その木材は遠方から海路堺に運ばれ、そこからは陸路十五里ないし二十里もあるここへもたらされたのです。それらを据えつけたり、動かしたりできるように、おのおのの柱の脚部に、一人の男がそれ（柱）にはかかわりなく通ることができる大きさの穴をあけましたが、その柱はそれほど太いのです。この寺院が建てられてからは七百年になるでしょう。建築には二十年が費やされました。約四百年前にそれは焼け落ち、十五年で再建されましたが、人々が語るように、それは最初のものほど華麗ではなくなり、良材を使ってもいません。そのことは柱が立っている礎石から判るのでした。それらの石は、今支えている柱よりもずっと幅が広いからなのです。

この廻廊の入口のところでは、柱がほとんど皆、いたるところ磨滅しており、その多くは半分までが新しいものです。そして今人々は、それらを一ブラサ半の高さのところまで石で作り始めており、木材にまで手が届かないように、その上に木製の柱を立てています。たしかに私たちは、日本のあらゆる遠隔の地方から人々がこの寺院に参詣するその盲目さ、ならびに彼らが拝む悪魔や偶像によるよりほかになんの救いの道もないかのように、こうして誤った救いを渇望している有様に接しては、涙し、同情せずにはおれません。そして私どもがもっとも驚かざるを得ないのは、日本人は、シナ人やインド人とはすべてにおいて非常に異なっているにもかかわらず、かくも賢明、清潔、優秀な国民の許でなおかつこうしたひどい無知を見出すこととなのです。

この寺院（大仏殿）の境内の外に、非常に堅固な木造の塔があります。三十本のはなはだ太い柱の上に建ち、中にその主たる梵鐘があります。それはいささか驚くべきものでしたから、私は同行した一人のキリシタンに、私のために鐘の大きさを計ってもらいたいと言いました。するとそれは口径が二ブラサ、高さは三ブラサ半、厚さは約一パルモ半ありました。それは柔和な音響で、遠いところからも聞くことができます。」

今から二十年くらい以前のことになるが、ルイス・デ・アルメイダ修道士が下《シモ》へ帰った数年後に、（松永）弾正殿は、同修道士が先に述べた、かの豪華な城で包囲された。その多聞山《タモンヤマ》城を包囲した軍勢の大部分は、この大仏《ダイブツ》の寺院の内部とこの僧院（東大寺）のあらゆる場所に宿営した。その中には、我らイエズス会の同僚によく知られていた一人の勇敢な兵士もいたのであるが、彼は、世界万物の創造者に対してのみふさわしい礼拝と崇敬のことに熱心なあまり、誰かある人にたきつけられたからというのではなく、夜分、自分が警護していた間に、密かにそれに火を放った。そこで同所にあったすべてのものは、はるか遠く離れた第一の場所にあった一つの門、および既述の鐘楼以外はなにも残らず全焼してしまった。丹波《タンバ》および河内の国では、同夜、火の光と焔が大和国との間に横たわる山々の上に立ち上るのが見られた。

ところでこの「歴史」の本筋に戻ることになるが、（アルメイダ）修道士はその書簡の中でさらに次のように語り続けている。

「この寺（大仏殿）の全域、および半里離れた奈良の全市には、鹿と鳩が驚くほど多くいます。私は幾度か、それらが民家に入って行くのを見ましたが、誰もそれを妨げはしませんでした。なぜならばそれらの鳩や鹿は、往昔、この寺院（大仏殿）に奉献されたもので、それらを殺すことに対しては死罪が科せられているのです。

以上私が見た以外の僧院や寺院について述べると、あまりにも冗長になりますから、そうならないために言及いたしません。

翌日、私は奈良のキリシタンたちと別れ、五里距たった十市《トチ》城に向かって出発しました。私たちは、すでに遅くなって到着し、そこの殿たちから、非常な喜びと歓待をもって迎えられました。その人たちは皆身分の高い人たちで、『石橋殿』と称する城主は、当初は（織田）信長の主君同様の人であり、尾張の国の半ば以上を領有し、公方様の従兄弟でありました。したがって人々は、彼とは、国主《レイ》に対すると同様に慇懃に話をしていました。この石橋殿は、その息子たちとともに、そこに追放されていたのです。私は三日間だけその人たちの許に留まりました。というのは、それ以上時間のゆとりがなかったからなのです。彼らはその間つねに説教を聞き、自分たちが理解したいと思っていた多くのことについて質問しました。私はこれらすべてのキリシタンたちが祈りに専念し、いかにも祈ることを好み、デウスに身を捧げている有様に接して大いなる喜びを感じました。

　三日を経て私が彼らに別れを告げたところ、彼らは非常に親切にも私に幾つかの贈物をしました。もしそれを受け取らなければ、彼らは侮辱されたと思うので、私はやむなくそれらを頂戴しました。ここで彼らは私たちに道中の馬と一人の警護の者を世話してくれ、かくて私たちはそこから六里離れた沢《サワ》という、キリシタンたちの別の城へ旅立ちました。道程の半ばほど進んだ時に、私たちは右の方に二頭の馬と弓矢を携えた十五名ばかりの人を見受けました。それらの馬は私が日本で見たうち最良のもので、姿を見せた人々は、いずれもキリシタンであって、（高山）ジュスト右近殿の父、高山ダリオ殿から派遣されて来たのでした。高山殿はかの沢城の城主であり、殿でもありました。彼は私たちが、同日、十市《トチ》から自分を沢に訪ねて来ることを聞きましたので、この人々や馬を遣わしたのでした。

私たちが習慣どおりの挨拶を交してキリシタンたちを迎え、彼らがこうした労苦を引き受けてくれたことを感謝した後、私たちは十市から同行した人々に別れを告げ、都《ミヤコ》からは東方二十里のところに位置する大和の沢城に向かって旅を続けました。

私たちが沢城に登ったところ、その城は非常に高い山の上にありますので、まるで中空に浮んでいるように思われました。しかし周囲半里にわたって、高い杉や松、および新鮮な緑色をした他の樹木等、美しい樹木に取り囲まれていて、非常に快適な場所にあり、その眺望はいとも美しく、遠くまで開けています。すなわち、そこから十五里、二十里の遠方まで利用されていない地とては一つとしてなく、家屋や村落やが見られます。

私たちはキリシタンたちから、大いなる愛情をもって迎えられました。ダリオは、私たちを、より良くもてなすことができるようにと、また私たちを途中で出迎えようとして、狩猟に出かけていたのですが、私たちが彼が予想していたよりも早く旅をしましたので、私たちは互いに出会いませんでした。人々は私たちを城内にある教会の傍に泊めました。その教会は長さが九ブラサ、幅は三ブラサ半です。その建物は実は小さいのですが、中には多くの部屋があり、すべて非常に清潔で秩序整然としています。礼拝堂、香部屋、司祭や修道士たちが宿泊する部屋、その人たちの従者のための別室等、ほとんどすべて杉材ででき、非常に良く造られています。というのもダリオはその点で几帳面な性格の人だからです。そこには廊下があって、そこからは目の届く限り、私がかつて見たうちもっともすがすがしく、またよく開けた人里が見渡せます。

その夜、ダリオは同家の二十名の貴人、その他大勢の人たちを伴い、一頭の非常に大きい猪を携えて私たちのところに来ました。実は彼はその猪を安価に獲得したわけではなかったのです。というのは二人の家臣をひどい目にあわせ、ダリオが大切にしていた犬に多くの傷を負わせたからです。彼らが狩猟を終え、長く嶮しい登り道をたどって疲れて城に帰った時に、まず行なったのは、教会に行って、祭壇の上に立っている我らの主なるキリストの御復活の画像の前で跪き、祈りを捧げることでありました。ダリオは、私たちイエズス会員が所蔵していました、ある偉大な芸術家の作になる画像を模写させていたのですが、私がそれを見た時には、私たちが所蔵している原画と同様の敬虔な気持を抱かせるに足りると思えたことは確かです。祈りが終った後に私が彼に、良きもてなしや客遇に対して感謝しましたところ、彼は私に遠路を厭わず来訪したことに謝意を表しました。彼は疲れていましたし、彼は私も同じように疲れていると思いましたので、私たちはその折にはそれ以上互いに語らいませんでした。そして彼は大いに愛情を示し、謙遜な態度で私たちと別れました。というのは彼は、司祭たちに対する畏敬とか尊敬ということでは、つねに他の誰にも優っていたからです。ダリオは日本人としては身体の大きい人で、我らの主なるデウスは、彼に、体格において他人に優ることを嘉《よみ》し給うたと同様に、その霊魂にも幾多の恩寵と賜物を授け給うたことが認められるのです。すなわち、彼は非常に好感の持てる人であり、快活です。それに日本人の間では、はなはだ勇敢で、並々ならぬ強者《つわもの》と見なされており、当国で使用する武器の扱いに非常に巧みで、戦術にもはなはだ長《た》け、優秀な騎手でもあり、鷹狩りや弦楽にも長じています。さらに一年ほど前に受け入れたデウスの教えにおけると同じように、彼ら日本人の宗派のことに精通しています。主なるデウスは彼に大いなる恩寵、ならびに主のことについての多大の理解力を授け給いましたので、彼はデウスの偉大さにかかわりのない話はいっさい口にせぬ有様ですし、私は幾度も彼が、救霊のことで怠慢だとて、その家臣を叱っているのを目撃したほどです。ところでかつて私は、彼の目に触れなかったある場所で、彼が同家の十名ないし十二名の貴人といっしょにいるのを見ました。そのうちの幾人かはまだ異教徒だったのですが、彼は、デウスと、それら異教徒が拝んでいる偶像との相違について、一同に教えていました。談話が進むうちに、彼は非常な熱心さに駆られるのあまり、こう申しました。『キリシタンでない者がいかなる奉仕ができるというのか。またその者にはいかなる功績がたてられようか。はたまたデウスを識らず、畏れもしない者など、いかにして信頼などできるであろうか。それゆえ予は申しておく。予はキリシタンでない者を人とは思わぬ。そのような者と交わったり、そのような者を仕えさせるなどは、いっそう望まぬことだ』と。さらに彼はほかにも多くのことを述べましたが、私は驚きに満されました。と申しますのは、かつてはずっと異教徒として過して来て、ほんのしばらく前に改宗したばかりであり、改宗後はただ一度だけしか司祭の訪問に接していない一人の人物に、かくも偉大で強力な信仰心を見出したからなのです。

五月七日、月曜日に、ダリオはある重要な用件のために、彼と同じような一人の殿を訪ねて、そこから四、五里離れたある城に赴きました。すなわちその殿は、国主への服従を拒否して、その敵方に味方しようとしていました。そしてダリオがそのようにして彼と話そうとしたことは、ダリオにとってはまさしく危ない冒険でした。それゆえ、ここに残った私たちは、彼の身になにも不幸なことが起らないようにと、絶えずデウスに祈っていました。すると主なるデウスは彼にその殿の許で、万事自分の思いどおりにできるように深い恩寵を授け給うたのです。かくてダリオは異教徒の殿と和を講じ、彼をして（松永）弾正殿に服従させました。彼らは二人とも弾正殿の家臣であったのです。一同は切に平和を願っていましたので、沢城は大いなる喜びに包まれました。ところでダリオは相変らずその良い習慣を忘れてはおらず、好機が到来したと認めるやいなや、家臣たちに、デウスの教えの清純なこと、ならびにその真理について、また彼らがそれまでに奉じて来た教えが誤っていることについて説教し始めました。そしてデウスの恩寵により、彼はついにすべての重立った人々がキリシタンになるために説教を聞きたいと望むに至らしめたのです。

ダリオは、別の折、もう一人の殿の城に赴き、彼をその家の者全員とともに改宗させ、彼らは数日前にキリシタンとなりました。

また別の折、彼は使者として美濃国に赴いた際に、二名の同国の有力な人物を改宗させました。私はその人々に洗礼を授けるためにもはや出発しそうになっていたのですが、同所は二十五里以上もの遠隔の地でしたし、堺で出帆の用意ができていた船に、ちょうど間に合うように帰って来られぬかも判りませんでしたから、思い留まることにしました。しかし私は都にいる司祭に手紙を書き、かの二名の改宗によって大いなる成果が期待されるゆえ、誰かをそこへ派遣していただきたいと伝えました。

日曜日にはすべての重立ったキリシタンとその夫人たちが教会に集い、連禱を歌い終った後、彼らに対して説教が行なわれました。ダリオはキリシタンたちを引き留め、一同に豊富に馳走しました。その食後、デウスのことについて長い説教があり、一同はそれに満足しました。

私は、キリシタンになりたがっていた人が数人いましたので、予定していたよりも長くここに滞在しました。私がそこに滞在中、ずっと彼らに説教が行なわれたのですが、ダリオはすでに前から幾日も幾日も倦むことなく、私が見て来たようにいとも熱心に彼らに教えこんでいて、私を本当に恥じ入らせたほどでありました。ことに私は彼からこんなことを聞かされました。『私は自分が訪ねて行けばいくらか成果があることが判っている地方に赴くことができるように、この身を三つに裂くことができれば、との強い望みでいっぱいなのです。そうすればデウスの教えを多くの地に弘めることができるのです』と。かくて私は、洗礼志願者たちが教理を教わり、よく教育された後、できるだけ荘厳に、九名いっしょに洗礼を授けましたが、そのうちの六名は身分の高い人たちでした。そのうち一名は身分の高い若い武士で、教えを聞いてキリシタンになるため十里も離れたところから訪ねて来たのでした。彼は幾人かのキリシタンたちからデウスの教えについて報ぜられたことや、耳にしたデウスのことに、深く感銘を受け、キリシタンとして死のうとたちまち決心したほどで、私が沢城に来たことを聞くと、彼はさっそく私に会いに来て、自分の願いを私に打ち明け、洗礼を受けるに至ったのでした。

時が来て、私は堺の町で乗船するために、沢のキリシタンたちに別れを告げました。というのは私たちは、船の出帆の用意が整ったとの報せに接していたからです。彼らはただちに私たちの旅のことをいっさい用意してくれ、二十四名の兵士に火縄銃、弓矢、槍で武装させ、彼らはダリオの希望に基づいて、道中は路も悪く危険な箇所もありましたから、四里のところまで私たちを見送ってくれることになりました。その四里の道程が終り、私たちと別れることになったところで、彼らは、ダリオの指図によって弁当を、私および同行者一同に配りました。この地で警護の人たちは別れました。四名の男がなおも堺まで私たちといっしょに行きましたが、三十五里にわたるその道中を通じ、ダリオは食事、その他何事においても、私たちに費用を払わせないように命じていまして、彼らは言われたとおりにしました。

堺に着くと、私たちは私たちの最初の宿主であるディオゴ（日比屋了珪）の家に泊りました。なぜなら、もし私がどこか他のところに宿を求めたとすれば、それは彼を極度に悲しませるところとなったでしょう。私は彼の家で一同から大いなる愛情と喜びをもって迎えられましたが、それは彼らが最愛の人に対してしか行ない得ない態のものでした。

私はここに三日いて、船の出帆を待ちました。その間、私はただひたすら、キリシタンたちを激励し、彼らの念頭に、デウスに捧げるべき愛と畏敬を喚起させました。ここで私はディオゴ（了珪）の娘が堅く徳を守っていることを知りました。実は都にいるきわめて高位の君侯が、彼女を夫人に懇望して、彼女を彼に嫁がせることを拒むのは不可能に思えました。しかるに主は御慈悲を垂れ給い、主の召使いである彼女の徳操、および父ディオゴの博識と賢慮により、この娘の願いを照覧し給い、その父が非常に善良なキリシタンで、デウスを畏れる人でもあったので、彼女を熱望したその異教徒の殿が、あたかもいないかのように取り計らい給うたのです。」

（1）大仏殿は二十九丈×十七丈であるから、約四十八間×二十八間で、本文一七六ページの記述にみるようにブラサを間《けん》とするとほぼ一致する。ただし、アルメイダが目撃した大仏殿は現在のものではない。

第二三章（第一部六五章）

都において事態が進展した次第、および三好殿と奈良の（松永）霜台の息子が、公方様とその母堂、姉妹、ならびに奥方を殺害した次第

復活節が過ぎると、ガスパル・ヴィレラ師は、新たな熱意をもって、上京《かみぎょう》に一軒の家を借りようと努めた。すなわち、そこは上流の人たちの居住地であり、彼は同所に住むことによって、そこで多くの収穫があろうと期待した。そのことは仏僧たちの耳に達した。彼らはすでに以前から我らを極度に憎悪していたので、その情報に接すると、彼らの嫌悪の念はいっそう高まった。なぜなら彼らは、デウスの教えが、あらゆる彼らの悪行なり欺瞞を攻撃することを熟知していたからである。そして彼らは民衆を完全に掌握していたので、司祭たちがそこに移転して来るのを妨害することはいとも容易な業であった。しかしそれでも都《ミヤコ》の教会は、土地の者、また他国からの人など、聴聞者に欠けることは決してなかった。ところで彼らは優れた判断力を備え、道理に従う賢明な国民であるから、我らは彼らが洗礼を受けるに先立って、彼らの宗教の誤謬をば明白な条理をもって反駁するのみ

ならず、デウスについて説かれることに関して、彼らに生じる難題や疑惑に答えなくてはならない。

この都には、非常に有能で思慮深い美濃国主の義弟にあたる若者がいた。彼はキリシタンになることを望み、世界の創造、その他のことにつき、聴聞したことを逐一書き留め、教会に戻って来ると、聴いたことをいとも明白、かつ流暢に反復したので、人々は驚嘆したほどであった。ついで彼は自分に生じた疑問を提示し、彼に対して説教が行なわれた折、次のように質問した。

「なぜ悪魔は、デウスの恩寵を失った後にも、人間よりもいっそう自由を持っているのか。また正しい者を欺き、そうすることによって人々を滅亡の危険に陥れるだけの能力を有しているのか。もしデウスが慈愛深ければ、デウスはなぜ人間が罪を犯さぬように造られなかったのか。またデウスはひとたび人間に自由を授けたからには、悪魔が人祖を欺くために蛇の形をとった時に、なぜそれが悪魔であることを彼らに明かすとか、または天使を通じて彼らにそれを言わなかったのか。またもしアダムの子孫たちの霊魂が清浄に造られているのならば、彼らの精神的な本性が、なぜ肉体の中にある原罪の汚れに染まるようなことがあり得るのか。また人間がデウスによってあらゆる被造物の首長とされているのならば、なぜかくも多くの不幸が人間界に満ちているのか。また被造物が、なぜ人間の意志に容易に従わぬのか。善良に生活する者が、現世でなんらの報いも受けぬのはなぜなのか。

またデウスは、なぜ悪人をかくも繁昌せしめ給うのであるか。デウスは野のすべての動物には、ただちに衣を着せ給うのに、なぜ人間を、こんなにまで土地、および他の動物たちからあらゆる物を借りねばならぬような運命に陥れ給うたのであるか。人間が五感によって知るものしか記憶せず、そして動物も人間同様の記憶力を有するものならば、この能力に関しては、人間と動物との間に、いかなる相違があるというのか」と。

彼はこのほかにもその種の多くの質問を行ない、司祭はそのすべてに対して彼が満足するような道理を挙げて答弁した。

司祭は毎年一度、都《ミヤコ》において公方様の政庁の最高の貴人たち数名を我らの家に招くことを習慣としていた。それはなにかのことで彼らの援助を必要とするような場合に備えて、あらかじめ、彼らの好意を確保しておくためであった。本年は五、六名の貴人が来訪したが、その中には公方様の内膳頭であり、義父にあたる美作殿《ミマサカドン》がいた。食事が済んだ後、彼らは伴天連たちが平素説いていることについて、なにか聴聞したいと言った。そこで司祭館にいる者の一人が約一時間にわたって彼らに説教したところ、彼は話術が巧みであり、また述べるべきことをよく教わっていたので、彼らは大いに注意深く傾聴し、デウスの教えは神聖であり正しいものだと語った。招かれた人たちの一人はキリシタンであったが、他の殿たちに勧め、気晴しとして、教会の二人の少年の間で交される討論を聴かしめることにした。その際一人は異教徒に、そして他の者はキリシタンに擬せられた。彼らは日本の主な宗派の二、三についてはなはだ面白く、かつ慎重に議論し合った。少年の一人は日本人で、他はシナ人であった。これは殿たち、ことに公方様の義父、すなわち奥方の父を大いに満足させた。彼は司祭たちが公方様を訪れた際に、彼らを公方様に紹介した当人であり、好機を見て、公方様の奥方にもこれら少年たち（の討論）を聞かせてやりたいものだ、と言った。彼らは辞去するに先立って、あらかじめ整備してあった聖堂を視察した。彼らは祭壇の我らの主なるキリストの額面の前で跪き、深々と敬礼し、そして家から立ち去った。

当市は日本の首都であり、学問と偶像崇拝が盛んなところであったから、ここに住んだ司祭たちは、日本の諸宗教を信奉する人々が我らの司祭館を訪れて来るたびに、彼らと討論するために一つの別種の学問、すなわち彼ら日本人の諸宗教の本質を新たに研究せねばならなかった。なぜならば、それらを知らず、反論できなかったり、彼らの教本の拠りどころを指摘できなかったりすると、彼らは討論の相手方を軽蔑し、聴聞したことに対してなんら感銘を受けはしないからであった。そこで司祭は、同宿たちが異教徒と語らいやすいように、また彼らの誤謬をより徹底的に理解できるようにしようと、自らが手に入れることができ、そして編集しておいたこれら日本の宗教に関することを記した小冊子を、同宿たちに学ばせるよう配慮した。

聖霊降臨の一週間前に、十名ないし十二名のキリシタン兵士である貴人たちは、昼間は暇がなかったので、夜分になって聖体の秘蹟について説教を聞き、聖霊降臨の日に聖体を拝領しようとして教会を訪ねて来た。彼らは説教を聞いた後に、夜、一同が教会で鞭打ちの苦行を行ない、聖体拝領の際には大いに涙を流して聖体を受けたが、彼らは受洗前にはあらゆる悪習や罪悪に陥っていたこととて、司祭をして恥じ入る思いをさせたほどであった。ところで彼らのうちもっとも高貴な者は、教会に来て司祭たちと語るたびごとに彼らにデウスのことを述べたが、彼は、キリシタンで信仰が篤い自分の兵士たちに接することや、彼らに好い模範を示すことは、かつて自らが富とか名誉が増すことを望んだ以上に今では自分を慰め悦ばせることだ、と確言した。彼はまだ三十歳にもなっていなかったが、平素つねに、死について語っていた。それは異教徒たちが嫌う話題であった。彼は、自分は長く生きないであろうと内心の声が告げるところがあるので死の準備をしている、と語っていたが、それはやがて事実となった。このことについては別の箇所でまもなく述べられるであろう。

この頃、天下《テンカ》と都《ミヤコ》の情勢は一見平穏無事に思われた。しかるに日本ではつねに変転盛衰が繰り返されるのが習わしで、平和は長くは続かず、まもなくすべてはふたたび動乱に陥った。

都には、内裏《ダイリ》に次ぐ日本での最高の顕位である公方様（足利義輝）が住んでいた。あらゆる人が彼に服従していたわけではないが、それでも人々は最高の君主としてその優位を認めていた。彼には三好殿なる執政がいた。その殿は都から十一里距たった飯盛城に居住しており、戦争によって数ヵ国をすでに征服し、当時それらを支配していた。彼はこの頃二十三、四歳で、既述の百五十名ないし二百名ほどのキリシタンの侍たちは、彼の家臣であった。三好殿はまた、(松永)弾正殿という名の別の執政を有した。この人は大和国の殿で、年老い、有力かつ富裕であり、人々から恐れられ、はなはだ残酷な暴君であった。彼は三好殿の家臣であったにもかかわらず、大いなる才略と狡猾さによって天下《テンカ》を支配し、諸事は彼が欲するままに行なわれた。彼は絶対的君主になり、かつ公方様に対する服従について気遣わなくてもよいようにしようと、暴虐な方法を用いて、権勢の道における最高位に昇ろうと決意した。彼は若者である三好殿と、公方様を殺害し、阿波国にいる公方様の近親者をその地位に就かせることで相談し、その者には公方の名称だけを保たせれば、それからは両名がともに天下《テンカ》を統治することができようと考えた。この悪事をいっそう密かに悟られることなく実行できるようにと、三好殿は、公方様から数日前に授けられた名誉ある称号に対して彼に謝意を表するために都《ミヤコ》へ行くのだと偽った。すなわち公方様は彼に修理大夫《シュリノダイフ》の称号を与えたのであり、この好意に対して感謝するために、彼は五、六千クルザードもかかることになっていたきわめて豪勢な饗宴を公方様のために郊外で催そうと考えた。その莫大な費用は、馳走のためではなく、彼らの習慣により、饗宴の間に公方様に捧げられるはずの贈物のためであり、そしてその饗宴の終りに彼らは公方様を殺害しようと欲した。

　この目的をもって三好殿は飯盛から、一方弾正殿の息子右衛門佐《エモンノスケ》は奈良から出発し、両者は約一万二千名の、きらびやかで装備をよく整えた兵士たちを伴って都に向かい、そして市民を悩まさないようにと、彼らは郊外半里のところに居を定めた。ガスパル・ヴィレラ師は、あらゆる寺院の仏僧や、その他都の市街の名望ある人たちがするように、さっそく彼ら三好たちを訪問したところ、彼は彼らから非常に鄭重かつ慇懃に迎えられた。

　公方様はただちに、ほかから来た兵士たちとの争いを回避するようにと公布せしめた〔すなわち彼はつねに平和の愛好者で、十八年このかた、大いなる賢慮をもって天下を統治して来たし、司祭に対しては、都に居住する允許を授けた。それがために我らのイエズス会の同僚たちは、公方様はたとえ異教徒であったとは言いながら、かくも良き君侯の保護の許にあって、成果が上がることを期待しつつ過していたのである〕。

　三好殿は公方様を数度訪れ、公方様はつねに彼に大いなる好意を示した。彼らがすでに同所に留まること十五日、もしくは二十日に及んだ折、三好殿は公方様に、自分が彼のために用意している饗宴に出席を受諾されたいと督促した。だが公方様は、彼が伴って来た人々があまりにも多く、彼らの許ではともかく尋常のことではなかったので、事態を疑うにいたった。そしてできうる限り招きに応ずることを辞退しようと努めた。しかし彼らはあらためて饗宴について督促し、公方様がそのことですでに疑惑と恐怖の念を抱いていることを認めたので、彼の気持を促そうとして、自分たちが崇める偶像に厳かに宣誓をしたり、おのおのが公方様に書状を届けて、公方様に奉仕し、饗宴により歓待しようとするほかに他意はなく、饗宴が終れば自分たちは居城へ引き返すと証言した。彼らはなおも彼をいっそう安堵せしめようとして、公方様が、その宮殿の構内に住んでいる自らの母堂の邸においてその饗宴に応じていただきたいと要請した。公方様はそれに応じる意向を明らかにした。しかし彼の不安は日々に高まって、三位一体の主日の前の土曜日に、彼は夜分、極秘のうちに他国に亡命しようとして、数名のごく信頼のおける殿や友人たちを伴って宮殿から出て行った。すなわち彼は、叛逆が行なわれた場合には、自分たちには彼らに抗する力がないことを認めたからであった。彼は郊外一里ばかりのところに来た時に、伴侶たちに自ら意図するところを打ち明けた。しかるに一同は彼に反対し、次のように言った。「いとも高貴であられる御身が、家臣たちになんら叛逆の意図が明白でないにもかかわらず、このように彼らの許から逃れるならば、御自らの威厳を失墜させることとなりまする。ことに人々は皆、御身がいかばかり善良な君であらせられるか、また従来、家臣の何びとをも苦しめはしなかったことを承知いたしておるのでございます。それゆえ、さっそく引き返し、御身の君主としての名声をなんら傷つけぬよう取り計らうのが適切でござろうと存じまする。もしも突然遭難が生じるようなことがありますれば、身共は皆、御身とともに死ぬでありましょうから」と。かくて公方様は彼らに説得されて帰路についたが、それは大いに彼の意に反することであった。

翌朝、すなわち三位一体の主日、三好殿と（松永）右衛門佐は、自らの意図をより巧みに隠そうとして、約七十名の騎馬の者とともに出かけ、慰安のために市街から半里距たった清水《キヨミズ》という名の僧院に赴くように見せかけた。彼らはしばらく道をたどったが、突然向きを転じ、急遽公方様の宮殿に騎行した。折からまだ早かったので、公方様は百五十名ないし二百名の武士しか伴ってはおらず、しかも彼らのほとんどすべては都の有力な殿方ばかりであった。

公方様の宮殿は、ただちにそれら一万二千名に包囲された。三好殿は宮殿の濠に懸っている橋の門前に、そしてその同行者、（松永）霜台の息子（義久）は別の門の傍に位置した。ところで宮殿内では、こうした異常な叛逆があろうとはまったく考えてはいなかったので、宮廷の敷地内の門はすべて開かれていた。そしておびただしい数の火縄銃兵たちが侵入した時、岩成《イワナリ》（友通）という貴人が、身共は公方様に数ヵ条の書付けをお渡しいたしたく、お受け取り願いたい、と言った。公方様の義父にあたる美作殿が出て来て、その箇条書を受理した。それはまったく受諾し難い要求に満ちたものであった。すなわちその文中には、公方様は、この美作殿の娘にあたる夫人、ならびにその他多数の殿たちを殺すべし、公方様がそれを実行するにおいては、自分たちは平穏に居城に引き返すであろう、と記されていた。

美作殿はその第一条を読むと、その文書を地面に投げつけ、彼らが己が国主であり主君である方に対する、こうした法外で嫌悪すべき叛逆をほとんどまったく恥とも畏れともせぬことを激しく非難し始め、かくの上は自らは切腹する、と言った〔切腹は、悪魔によって導入された日本の一般的な非常に古い習慣であり、殿たちは敵に抗し得ない場合には、自ら短い刃を抜いて自殺するのである。それは、敵の手にかかって死ぬよりも英雄的な業であり、勇気あることとされていた〕。そこで彼は公方様のところに駆け込み、「三好殿の無礼と悪行は今やきわまりました。それゆえ、私は殿下のお伴を仕り、あの世へ先立ちます」と言った。そしてただちに突如、腹を十字に断ち切ったので、臓腑が流出し、彼は公方様の面前で死に果てた。

公方様は自らの生涯が終ったことを認め、折から昼食をとろうとしていたところなので、食事を持参するようにと命じ、自分の前にいた殿たち全員の掌に、箸《ハシ》をもって一口の米飯と肴《サカナ》とを与え、さらにおのおのに対し、大いなる愛情の言葉とともに盃《サカズキ》をとらせたので、一同は大声をあげて泣き、かつ涙を流した。

ところでかの老いた美作殿の長男である一子は、さっそく出かけて行ったが、戦い始めると最初の敵との合戦でたちまち殺されてしまった。この時、公方様の家臣である四名の武士が来て、敵の真只中を切り抜けて部屋の戸口まで行った。しかし彼らは戸がしまっていることを知った。彼らは激しく戸を叩いて開くように求めたが、内側から、もはや開けられぬと聞かされると、彼らは刀を抜き、胸から下へ腹を十文字に切りつけ、四名ともその場で死に果てた。

　暴君らの悪意はますます募り、彼らはその極悪の計画をそれ以上延期することに堪えられなかったので、内部に向けて幾多銃撃したのみならず、宮殿に放火し始めた。

　公方様は元来、はなはだ勇猛果敢な武士であったので、長刀《ナギナタ》を手にし、まずそれで戦い始めたが、その際彼は数名を傷つけ、他の者たちを殺戮したので、一同はきわめて驚嘆した。そして彼が部屋から出ようとした時に、その母堂〔敬すべき老貴婦人で、司祭たちは彼女から幾多の恩恵と好意に与かった〕は公方様を抱き、力を尽して息子が外に出て行くのを妨げようとした。しかるに彼は再度彼女を突き放し、たとえ敵は賤しき者であり、身分において国主たる予にはるか劣るとはいえ、予は密かに隠れて死にたくはない。一同の面前において公方らしく戦死したい、と言い、戦うために走り出た。ついで彼はいっそう敵に接近しようとして長刀《ナギナタ》を投げ捨て刀を抜き、勝利を目睫にしている者にも増して勇敢な態度を示した。だが敵は、幾多の弓、矢、銃、槍を携えて来ており、彼ならびにそのわずかの部下たちは、武装に欠け、大小の刀剣を帯びているに過ぎなかったので、敵勢は彼の胸に一槍、頭に一矢、顔面に刀傷二つを加え、かくて彼がこれらの傷を負って地面に倒れると、敵はその上に襲いかかり、おのおの手当り次第に斬りつけ、彼を完全に殺害した。

　その母堂は、目のあたり、息子の不幸な最期に接し、これ以上生き長らえようとは思えず、同じく自害しようとした。しかし敵は彼女を見出すやいなや、同様に殺してしまい、彼女にその労を省かしめた。

公方様には僧侶である一人の弟がいた。彼は都から半里距たったところの僧院におり、当時、齢《ヨワイ》二十歳くらいであった。叛逆者たちは、ただちに彼を殺すように命じ、事実そのように行なわれた。だが十五歳の彼の小姓は、主人を殺害した者を殺した。

政庁の大身たちの娘である宮廷女たちは、焼けている宮殿から脱出し始めたが、兵士らは彼女らを残酷にも傷つけだした。十五名ないし二十名の者は、武器を恐れて前廊の縁の下に隠れていたが、その後、火炎から逃れ出ようとしたものの、もはや不可能で、一同そこで生きながら焼死した。他の側に出た別の人々は、兵士たちの手に陥り、ただちに衣服を奪われ、はなはだしく悪しざまに扱われた。

公方様の二人の娘は、兵士たちの足もとに投げ出されていた。彼女たちはまだ子供であり、一人のキリシタンはそれを見つけ、ある貴人に彼女らを救って、その家に収容してもらいたいと要請した。

大館《オオタチ》殿という名望ある貴人の、十三歳になる一人の息子は、公方様の小姓であったが、彼はいとも勇敢に、はなはだ大胆不敵に戦ったので、叛逆者たちは皆、彼を生捕りにせよ、殺してはならぬ、と叫び始めた。だがその少年は、公方様が死去したのを見、これ以上生き長らえれば自分の恥であると見なし、刀を投げ捨て短刀を抜き、それで喉の一角を刺し、ついで腹に突き立て、その上にかぶさって死を遂げた。

公方様とともに、天下《テンカ》のもっとも高貴な武士たち約百名が死んだ。叛逆者たちは、宮殿が焼けるに先立って、その宮殿ならびに彼らが殺戮した先に述べた殿たちすべての家屋を掠奪した。

その後二時間ほどを経、相国寺《ショウコクジ》という僧院の僧侶たちが訪れ、公方様の遺骸を上京《かみぎょう》にもたらし、そこで焼却し、かつ葬儀を催すことにした。

三好殿はあらゆるものを焼き尽し、宮殿の一部たりとも残すことがないようにと命じた。都《ミヤコ》における動乱と残虐行為は非常なもので、それを見たり聞いたりした人々に少なからぬ憐憫の情を催させた。すなわち公方様の家臣なり友人は、どこで見つかろうとただちに殺され、その家財が没収されたからである。

さらに三好殿は、公方様に仕えていた人々が住んでいる郊外一里のところにあった二ヵ村を侵略し破壊するように命じた。

ある貴人は、この叛逆の少し前に、彼らの偶像を祀る某寺に参詣するために他国へ巡礼に出かけていた。途次、彼はかの事件の報せに接すると、三日間で都に戻った。彼は公方様の宮殿が廃墟と化し、すべてが破壊され灰燼と化し、天下《テンカ》の高貴な殿たちが死んでいる有様を目撃した。そこで彼はさっそく、公方様が自らの墓所として立派に建立していた寺院に赴き、その墓の上で十文字に腹を断ち切り、その上に伏して死んだ。

民衆はまったく恐怖し狼狽し、街路を走るそこらのなんでもない幼児や少年たちまでが人々を新たに驚かせ、また別の事件とか、同じような叛逆が起ったのかと、ただちに戸口に馳せつける有様であった。

公方様の夫人は、実は正妻ではなかった。だが彼女は懐胎していたし、すでに公方様は彼女から二人の娘をもうけていた。また彼女は上品であったのみならず、彼から大いに愛されてもいた。したがって世間の人々は、公方様が他のいかなる婦人を妻とすることもなく、むしろ数日中には彼女に奥方《ライーニャ》の称を与えることは疑いなきことと思っていた。なぜならば、彼女はすでに呼び名以外のことでは公方様の正妻と同じように人々から奉仕され敬われていたからである。彼女はこの火災と混乱に乗じ、変装して宮殿から逃れ出た。

謀叛人たちはさっそく数多くの布告を掲げ、彼女を発見した者には多額の報酬をとらせると約束し、彼女を隠匿した者には大いなる刑罰を科すると脅かした。すなわち彼らは、彼女は身籠っており、男児を出産すれば、いつしかその子供は成長して自分たちの大敵になり得るので、是が非でも彼女を殺さねばならぬ、と言っていた。

その約束が煽った貪欲の力、もしくは科された刑罰への極度の恐怖心は、いとも高貴で今は寄る辺ない夫人に対して当然抱かれるべき人間らしい感情や憐憫に優ったらしく、彼女の居場所は暴君たちに告げられた。彼らは彼女を都の郊外のどこかで殺すように命じ、彼女を乗せるための駕籠《リテイラ》を彼女のところに遣わした。この不当な命令を執行することになった人たちは、彼女にこう言った。「御台様はもはや都にお留まりになることかなわぬによって、別のところにお移りいただくため、この駕籠が届けられた次第でございます」と。

彼女は郊外の一寺院に籠っていた。彼女はその報せがもたらされると、ただちに、三好殿と（松永）霜台が自分を殺すように命じたことを明らかに悟った。そこで彼女は紙と墨とを求め、当時はまだごく幼かった自分の二人の娘に宛てて、非常に長文の書状をしたためた。それは後にこれを読んだ人々一同を感動せしめ、読み聞かせられた者は誰しも皆涙を流した。ついで彼女はその書状を封じ、晴々した顔付きで僧院を出、仏僧たちに対しては、自分がその僧院でいとも親切に迎えられたことや、三日間というもの、そこで客遇され敬意を表せられたことに感謝した。

そこから彼らは彼女を駕籠に乗せて、都から約半里距たった、東山《ヒガシヤマ》、すなわち東の山にある知恩院《チオンイン》という阿弥陀の僧院の方向へ連れて行った。そして彼らが四条河原《カワラ》というある川辺に来た時に、彼女は同行者たちに、あなた方が私を殺すことに定めている場所はこなのですか、と訊ねた。彼らはそれを否定し、安心されよ、と言った。そして彼女は上記の僧院に導かれると喜んだ。というのは、彼女はそこで死出の準備をするのに非常に好都合なことになったからである。内裏の親族で、はなはだ高貴な僧侶であった同僧院の長老が彼女を出迎えると、彼女はその人に次のように語った。それらの言葉はそこに居合わせた人たちから後で報ぜられたのである。

「尊師はおそらく、今私をこのような有様で御覧遊ばすとはよもやお考えにならなかったと存じます。ところで、このたびのことは私の名誉にとってひどい仕打ちではありますが、公方様もその宮殿もあのような惨めな結末となりましたからには、私ひとりこの世に留まることはふさわしくございません。さらにまた、私が公方様にこうして早々とお伴できますことは良き廻り合わせと存じます。何ものにも増して私に喜びをもたらしお頼りできるのは、まもなく阿弥陀の栄光の許に公方様と再会できるという思いでございます。そして私は身重でありますから、生き長らえる間に私がある重い罪を犯したことは疑いを容れません。そのために私がこのような死を遂げることはたぶんふさわしいことだったのでございましょう」と。

ついで彼女は自分のために葬儀を行なってくれるようにと僧侶に懇願し、袖から八十六クルザードの価がある金の延棒二本を取り出し、まとっていた上衣《マント》を添えて、布施として僧侶に差し出した。

その仏僧は次のように答えた。「拙僧は修道者ながら、御台の御様子ならびに御事情に接しますと落涙を禁じ得ませぬ。さりながら公方様は先に述べられましたとおり薨《みまか》り給い、そのお世嗣も運命をともに遊ばしました。御台の公方様に対する愛情はいとも深いものがござったからには、御台が公方様のお伴をお望み遊ばされるはいかにもごもっともと存じ上げます。御身の御葬儀と御供養の儀は、拙僧確《しか》と相果し申すべく、御下賜の御布施は、拙僧末寺の間にお頒ち致し、諸寺また大いに心もて供養相務めるでござりましょう。これにつき御休心遊ばされたい」と。

ついで彼女は阿弥陀の名を十度唱え、その仏僧から、十念《ジュネン》と称されている罪の完き赦免を受けた。それから彼女はもう一度阿弥陀の祭壇の前で合掌して祈った。そして彼女がある知人の墓に詣でようとして寺院を出た時に、彼女の首を刎《は》ねることになっていたナカジ・カンノジョウという兵士が抜刀して彼女に近づいた。彼女は時至ったことを認め、跪いて大声で阿弥陀の名を呼んだ。そしてその兵士が来ると、公方の宮廷の習わしどおり束ねないで垂らしていた頭髪を彼は片手で高く持ち上げた。ところで彼女の首を刎ねるつもりで与えた強い一撃は彼女の顔を斜めに切りつけた。小侍従殿《コジジユウドノ》と称されたこの奥方《プリンセザ》は、「御身はこの務めを果すために参られたるに、いかにも無様《ぶざま》でござろうず」と言った。そして第二の一撃で、兵士は彼女の首を切り落した。

かくてその後日本人たちは、かの夫人は身重であったから、その際二人を殺したことになると言っていた。彼女が懐妊していた子供は生まれる前に殺されたのである。そしてその場に居合わせた人々のうち、この悲惨な情景に多くの涙を流さぬ者は一人としていなかった。

第二四章（第一部六六章）

この争闘の間、都の司祭らが遭遇した苦難、およびこの二人の暴君が彼らを殺害するように命じた次第

三位一体の主日に公方様（義輝）、その母堂（慶寿院）、ならびに弟（鹿苑寺周暠）が殺されて、市中が火災と混乱で大騒ぎしている間、司祭たちはさっそくキリシタンたちから警告を受けたので、聖堂に引き籠って連禱を唱え、我らの主なるデウスに、自分たち、およびキリシタン宗団のために執り成し給うよう祈りを捧げた。

彼らの後、さらに四、五名のキリシタンが教会に来たが、彼らは司祭たちに会って涙を禁じ得なかった。なぜなら彼らは、自分たちの国主とその一族がいとも不当に殺害されるという、戦慄すべく恐るべき事件に際会したからである。それと同時に彼らは司祭たちを助ける術を知らなかったので、彼らが人々の間で孤立してしまうことを案じたからである。

そこへ霜台の家のもっとも身分の高い人々の一人で結城山城殿というキリシタンの貴人から使者が来て、次のように述べた。「あの連中は自分たちの国主（将軍）であり主君で

ある方に対してあのような叛逆をあえて行なったのであるから、彼らはいとも容易にあらゆる他の悪行を行なうことが十分考えられる。それゆえ伴天連様方も身の安全を計られねばなりますまい。なぜならば、かの二人の暴君はデウスの教えの不具戴天の敵であり、ことに霜台は法華宗の信徒である。同宗の僧侶たちは、彼にも増して非常に苛酷な敵できわめて貪欲であり、伴天連方に対する憎しみから、教会を御身らの手から奪い、都《ミヤコ》においてデウスの教えを殲滅しようと考えている。そして彼らのうち大勢の者どもは霜台に向かって、伴天連方を殺すのは容易なことであるから、この動乱に際して数名の兵士を差し遣わすべきであると説得するであろう」と。

司祭たちはこの報せに接すると、街路に面した扉を閉じさせ、戸を叩く者があるたびに暴挙を予期していた。

同じ日曜日の夜、先に述べた結城山城殿という貴人は、自らしたためたが、ただし署名を欠いた一書を甥のジョルジ弥平次に携えさせて司祭たちの許に届けさせた。その中には、自分が胸中いかなる思いを抱いているかは、本状持参人から詳しく聞かれたい。尊師らはただちにキリシタンらといかに処すべきか協議なされよ、とだけ書かれていた。

ジョルジ弥平次はきわめて善良なキリシタンで、司祭たちや教会の信頼できる友人であった。それゆえ彼は非常に悲しんでこの使命をもたらすとともに、また幾つか別のことも知らせるところがあった。ガスパル・ヴィレラ師は、この警告について山城殿に謝意を伝えさせるとともに、翌月曜日の朝、キリシタンたちが自分のところに来れば、彼らとその件につき相談したい、と言わしめた。

だが市街ははなはだしく騒然としており、また司祭らは市中に多くの敵を有していたので、彼らは準備を整えた上で、主なるデウスの御手に万事を委ねることに決めた。家中の者は皆告白し、できうる者は総告白をした。そして翌日は早朝に聖霊のミサ聖祭を行ない、聖霊の恩寵と援助を乞うた。

ついで司祭はキリシタンらと語り、次のように述べた。「御身ら、キリストにおける我が子たちよ、汝らは異教徒たちに比べてその数は非常に少なく、他方異教徒たちは皆、仏僧らに煽動されて私どもに悪意を抱いています。もし霜台かその息子が私どもを殺そうと決意すれば、私たちは、ここにいても堺においても彼らから逃れることはできません。目下、すべての道路は兵士たちによって占拠されていますから、他の地方に赴くことはできまいと思われます。そしてこのような折に私どもが家から出れば、私たち自身の隣人たちは、いずれも異教徒なのですから私たちを殺すでありましょう。また今私たちが立ち去るならば、仏僧らはただちに私たちから教会を奪うでしょうから、後日我らがふたたび都に戻ってくることが非常に困難になることは明らかです。したがって、あらゆる観点から熟考した後、私は私たちがデウスの教えを説くために死ぬならば、それは私たちにとって大いなる名誉であり喜びであろうと思います。そこで私はデウスに対し奉り、こうお約束いたします。私に関する限り、私はキリシタンたちも教会も見捨てないばかりか、死が訪れるたびごとに、祭壇の前に跪きながら喜んで死を迎えるでありましょう」と。そして司祭たちはそのように決心したのであった。

キリシタンたちも司祭らのこの考えがわかると、自分らも同じ決意と見解を抱いて参ったのだと司祭たちに言った。〔彼らはそれに付け加えて〕次のように言った。「そして私たちはデウスの御加護にもっとも望みを託していますが、それについで私たちは三好殿の家臣であるキリシタンの侍たちにも頼っているのです。一万二千名の兵士の中で、現下この市《まち》に住んでいるキリシタンは百名にも足りませんが、その頭《かしら》たちは教会を守るために死のうと堅く決心しているのです」と。そしてその同じ日曜日とその翌日、彼らは司祭たちのところへ数人の使者を遣り司祭たちが恐れることなく、いっそう切にデウスに頼り奉るように、と伝えさせた。

そこへ三好殿の秘書のコスメという信徒が訪れ、我らの主なるデウスは、霜台に新たな特別厳しい呵責を加えて罰するため、もう一つ新たな地獄をお造りなさらねばならぬ。彼は自分の国主に対し奉って、あのような暴挙を命じたのだから、と言った。さらに彼は、自分は他のすべてのキリシタンの武士たちとともに、なにか伴天連様方に対して陰謀が企てられてはいないかを聞きこみ探って、それをお知らせするよう念を入れて努めましょうと語った〔そして彼はそう話す間、感激して幾度も胸を叩いた〕。彼はまた「しかしもし公方様、その他の人に対してなされたように、伴天連様方が突然に殺されるようなことがあれば、私どもはあらかじめそれを知らない限りお助けすることはできませぬ」と言った。

彼らはさっそくその翌日、一人のキリシタンを通じてできるだけ密かに教会の用具と司祭館の他の幾つかのこまごました品を堺に送った。そして司祭は折を見て、飯盛城へ使いを送ることに決めた。なぜならば三好殿の城を託されている主将たちはキリシタン信徒であったからである。

法華宗の僧侶たちは、他のあらゆる宗派のうちもっとも罪深い連中であり、(松永)霜台とその息子がその派の信徒であったところから当時栄えていたので、彼らは数日前からすでに、その僧院において、同宗派の僧侶もしくは檀家にして天竺人《テンジクジン》〔当地方で人々は我らのことをそのように呼んだ〕と交際したり討論すること罷りならぬ、それをあえて犯せば当宗門ならびに寺院から除名罰に処す、との布告を発した。それは次の事実に基づいた上でのことであるが、彼らの僧侶たちは、僧侶たちが討論するのを見ようとする大勢の檀家を伴って我らの家に来た時に、彼らはたった四つの言葉ぐらいでたちまち論破され、なにも答えられぬ有様であった。そして我らが示した単なる道理だけでも、すでに我らの主なるデウスの教えが彼らの心にかなうものであることを彼らに語りかけ、そのため幾名かはキリシタンになり仏僧らの許を去るにいたった。

上述の事情から、すでに彼らの間では司祭たちに対する憎悪の念が固まっていた。それに加えていっそう彼らを刺戟し、嫉妬心を燃え立たせる新たな事件が生じた。それは次のようであった。かの高貴な結城左衛門尉殿《ユキノサイモンジョウドノ》なる武人は天下《テンカ》における最良のキリシタンの一人で、イエズス会のためにきわめて貢献するところがあり、また大いなる資産の持主であった。彼はつねにしばしば、自分はデウスから長くは生きぬであろうとお告げを受けているから日頃死ぬ準備をしているのだと語っていた。ところで彼は、ある他人が彼の財産を相続しようとしたことでその人によって毒殺されるにいたった。彼は異教徒たちの間にいたにもかかわらず告白をし、そして同地方の全キリシタンの柱として、生前同様に卓越したキリシタンとして逝去した。彼は死んだ時、まだようやく三十二歳前後の若さであった。ところで司祭たちは自分たちも死や追放をつねに目前にしている状態にあったにもかかわらず、左衛門尉殿はいとも高貴であり、親族関係も広かったので、やむなく彼のために盛大な葬儀と華やかな葬列の儀をいとも公然と執り行なわねばならなかった。すなわち、葬儀については本書第一部の冒頭で記述されたように、日本人はそのことをきわめて重視しており、彼らが微細な点までその規《きまり》を遵守する儀礼の一つなのである。ところでガスパル・ヴィレラ師は何一つ恐れを知らず、デウスの栄光への熱意に燃える人であったし、左衛門尉殿のキリシタンの葬儀は、初めて盛大に挙行される公式のものであって、どれほど重要であるかを心得てもいたので、彼はその葬儀の際、緞子の香マントを着用して朱の漆塗りの輿に乗り、大勢のキリシタンが同行した。彼らはまるで仏僧たちのように頭髪を剃っており、ある者は短白衣を、ある者は長白衣をまとい、彼らのうちの幾人かは、仏僧たちが肩から脇下に懸ける袈裟《エストラ》の代りに教会の祭壇布を懸けていた。そしていっそう華麗にするために、先頭に十字架を高く掲げ、蠟燭を持った人たちがそれに従い、鈴が鳴らされ、被いのあるミサ典書、聖水器、灌水器、墓所用の別の小さい十字架、祭壇用の救世主の額絵、その前に蠟燭が燃えている燭台、御受難の玄義が描かれている多数の絹の旗、その他多くのそれらに類した品が持ち運ばれた。それらは秩序正しく一定の間隔で配置され、街路に大行列が展開された。そして死者は棺で運ばれ、ついで墓所に収められ、その上に高価な絹布がかけられ、燃えているおびただしい数の提燈がその前に置かれた。

ところで都《ミヤコ》は非常に好奇心に富んだところなので、男女、子供、僧侶ら大群衆が集い、そこに居合わせたキリシタンと異教徒らの総数は一万人を超えると思われた。しかも左衛門尉殿が葬られねばならなかった場所は、洛外一里強のところであった。

キリシタンは教義を響きのよい声で歌ったが、それは異教徒たちをしていっそう驚嘆せしめた。なぜなら異教徒らはキリシタンたちがその祈りを実に正確にラテン語で唱えるのを聞いたからで、彼らの耳には新奇なことであった。

司祭は輿を降りてから多くの応唱をとなえ、ついで死者は、上に載せられていた高価な絹布とともに埋葬された。そしてダミアン修道士は、通常高貴の人たちの葬儀の際になされるように、その場において、死、および人間がデウスに対してなさねばならぬ責務について説教したところ、かの異教徒の聴衆はすべて感動した。

仏僧たちはこの際、かの貴人（左衛門尉殿）が異教徒として死んでおれば、自分たちが貰えたはずの現世物質的の利益を失ったことになったし、彼らはかくも盛大なキリシタンの葬儀の行列が都の街路の真中で行なわれたことを恥辱だと考えた。それがため彼らは我慢しきれなくなり、狂暴になり、歯をくいしばり、檀家を召集し、伴天連らを懲らしめ、さらに殺してしまおうとの欲望を燃え立たせるにいたった。

さて都には二人の名望ある兄弟がいた。その一人は公家で、富裕であり、竹内三位《タケノウチサミ》と称した。彼は法華宗の新たな派を開くことを切望しており、それがために必要な多額の資産と、自分に好意を示す非常に高貴な人々を後援者に持っていた。その兄弟は松永霜台の家に仕える貴人で、可兵衛下総《カヒヨウシモサ》殿と称した。彼らには、もしデウスの教えが弘まるならば、自分たちが計画を遂行しようとするのにはなはだしく障害となるように思われた。そこで彼らは都にあった法華宗の二つの本山、すなわち一つは六条（本国寺）、他は本能寺と称した寺の僧侶たちとその問題を協議し、霜台も法華宗徒であり、デウスの教えを嫌悪していることだから、彼を説得して伴天連たちを殺させようと決定した。すなわち、もしそのことが実行されて彼らから教会を没収すれば、都においてキリストの名は、たちまち根絶するだろうというのであった。霜台は彼らの決意に賛成した。そして当時、三好殿と自分の息子右衛門佐は都にいたので、霜台は自身が住んでいた大和の国の多聞城から彼らのとところに人を遣わして、かの竹内二兄弟が伴天連たちに関して人々と協議したことを実行せよ、と言わしめた。この噂が市内に弘まり始めた時に、キリシタンらは大いに憂慮した。なぜならば、教会のために執り成してくれる人とては誰もなく、また彼らは法華宗の僧侶たち一同が、自分たちに対して徒党を組んでいる有様を目撃したからであった。

さらに司祭たちは次のような警告を受け取った。すなわち仏僧らは先に公方様の奥方を斬首したナカジ・カンノジョウなる兵士を教唆し、我らの教会に赴かせて、司祭らを短刀で殺させようとしている。その際仏僧らは、伴天連らは異邦人であり、誰一人保護する者も防衛する者もいないから、昼夜を問わず、それはいかなる兵士にでも容易にできることだと説いていると。ガスパル・ヴィレラ師が上記の葬儀に赴いた当日、かの兵士は自分の企てを遂行できるかどうかを窺って教会にやって来た。彼はそこでルイス・フロイス師、および教会と家屋を監視するために残っていた数名のキリシタンたちを見出した。そして彼は時期が適当でないと思ったので、そ知らぬ者のように装って引き返して行った。キリシタンたちは、司祭たちに何事も危険なことが起らぬようにと、執り成してくれる数名の異教徒の殿《トノ》を味方に入れたが、彼らを買収するには無一物であったから、この救済策はほとんど役立たなかった。

しかるに異教徒ら一同は、司祭たちを殺害する意見で一致団結していたものの、三好殿は、前年にキリシタンになった多数の身分の高い家臣のことを顧慮して、ここにおいて一つの口実を求めた。だが霜台は同意しなかった。彼は元来三好殿の家臣であったのだが、当時は三好殿が彼に服従していた。

そこで竹内二兄弟は仏僧らといっしょになって、あらためて殿《トノ》たちに、ぜひともこの問題に決着をつけてもらいたいと督促した。その結果、その時、彼らはただちに教会を包囲して伴天連たちを殺そうとして、突如一隊の兵を派遣した。

三好殿の家臣で、当時彼とともに都にいたキリシタンの貴人たちはそのことを聞くと、さっそく主君の許を去って、司祭に会おうとして教会に赴き、河内国飯盛城にいた自分たちの同僚である他のキリシタンたちに手紙をしたため、デウスと教会の名誉のために、大至急救援に来るべきだと述べた。以前から飯盛城のキリシタンたちは、すでに司祭たちのところに使者を遣り、教会に対してはそうしたはなはだしい不正がなされはしないと思うと述べていたので、今このようなことが実行されるにおいては、彼らは万事デウスの名誉のために身命を賭する覚悟であった。

彼ら飯盛城のキリシタンたちは、先の仲間からの使者と書状に接すると、折からお告げの祈りの頃であったが躊躇することなくさっそく出発し、ほとんど夜を徹して旅路を続け、夜明け前にはすでに六十名くらいの武士が武器を手にし、司祭たちとともに死のうとの堅い決意のもとに都の教会に入りこんでいた。彼らは家来が一人でも自分たちの許に留まることを許さず、その人たちをただちに飯盛城に送り返した。ある家来は彼らの遺書と彼らが親族や友人に別れを告げる書状を、他の家来は彼らの妻子宛の贈物を携えたが、こうしたことは彼らの間で習慣となっていることで、飯盛の家族や親族らが自分たちのことを記憶に留め、またデウスに執成しを乞うようにさせるためであった。

さて当時、五畿内には二名の司祭しかおらず、しかも彼らは、まだいとも新しいキリシタン宗団を維持するのに切実に必要であった。したがってキリシタンたちは、教会内で信徒の間で協議を行ない、五畿内の当地方で獲得されたキリシタンの残りの者たちが失われないように、三ケサンチョ殿が、さっそくにも翌日の夜、ガスパル・ヴィレラ師、ならびに同宿であり、まだ少年である日本人ジョアン・デ・トルレスとともに引き返して河内の国に赴くことを決定した。サンチョは彼らキリシタンの頭《かしら》で、司祭たちに対して真実の父親のような態度を示していた人であり、同夜都に到着したばかりであった。彼らはそれについて切実な理由を挙げ、なかんずく、ガスパル・ヴィレラ師はキリシタンたちを熟知しており、彼らに洗礼を授けた人でもある。また日本語も知り、当国での豊富な経験を有し、説教もし告白も聴くことができる。それゆえ、今や司祭が生命を保つことは人々一般の福祉のためにいっそう重要である。すなわち、司祭が生き長らえてさえおれば、たとえ都の教会が破壊されても、後日、司祭はふたたび都に連れ戻される方法を求めることができるであろう、というのであった。だが彼ら六十名は皆、事態の解決策が見つかるまで、ルイス・フロイス師、ならびにダミアン修道士、家の少年二人の許で、喜んで司祭とともに死ぬ覚悟で残留することにした。

しかしガスパル・ヴィレラ師は次のような考えであった。すなわち、ここ数日中には都において多くの新たな事件や切迫した事態が生じるであろうが、その処理には自分が滞在している必要がある。なぜならば、もう一人の司祭（フロイス）はまだ新任で、日本語にはまだよく通じていないからである。この考えが彼を都から連れ出すのをきわめて困難なものとした。それと同時に彼が抱いていた望み、すなわち、一同が信仰の証しとなって死ぬといういとも至福なこと、また同時にその身も加わるのを願っていたことも、困難ならしめた理由であった。だがキリシタンたちがあまりにも強くせがんだので、それ以上、彼らに抗し得ず、司祭はやむなく彼らに譲歩した。かくて司祭は三ケ殿とともに七月二十七日、金曜日の未明に河内に向かって出発した。

この騒ぎは三日間続いた。だがキリシタンたちの満足と、そのあまねき喜びは非常なものので、真に聖霊が彼らの心の中に援助と恩寵を特別に働かせて彼らを助けたかのようであり、一同にうかがわれたことであるが、デウスに対する愛から、その地で自らの生命を犠牲に捧げようとの熱望はいとも大いなるものがあった。彼らはすべての時を、デウスのことや自らの救霊のことを語りながら過した。ある人は祈り、他の者は霊的なことどもを歌い、これらのことで彼らはただに昼間のみならず、夜の大部分をも過した。

外部の敵は、キリシタンたちの決意や、平安、喜悦の様を見、また彼らが武装している有様に接し、まだ都《ミヤコ》にいた殿《トノ》たちのところに赴き、どうしたらよいかと訊ねた。そしてもし御身らが我らに武力によって教会内に侵入し、伴天連およびそこで彼といっしょにいる者一同を殺すように厳命なさるのならば、そのように致します。だが教会の中には死を覚悟した六十名の武士がいることゆえ、我らの仲間のうち同数くらいの者が戦死することは避けられぬであろう、と言った。仏僧たちは後の方の意見に賛成したが、殿《トノ》たちは、いずれも皆が自身たちの家臣であったから、あれこれの人々に同情した。それゆえ彼らは新たに協議し、その意見を変更し、全日本の君主である内裏《ダイリ》から、伴天連らは日本の神《カミ》と仏《ホトケ》に敵対する教えの宣布者として、都から追放し、彼らの教会ならびに家屋を没収するとの詔勅《パテンテ》を獲得すべきだということに決した。そしてその勅令を、さっそく既述のかの二人の(竹内)兄弟が手に入れた。

解題

解題　目次

一　ルイス・フロイス略伝

ルイス・フロイスは、一五三二年（天文元年）にポルトガルの首都リスボンに生まれ、初期にはポリカルポ Policarpo とも称した。少年時代には王室秘書庁 Secretaria Real で働き、一五四八年（天文十七年）二月（か三月）にリスボンでイエズス会に入会（十六歳）、同年三月、「ガレガ号」でインドに向かい、十月九日、ゴアに達した。この地において、彼は鹿児島生まれの日本人ヤジロウとフランシスコ・ザビエル師に逢った。ザビエルがヤジロウに導かれて日本の伝道に赴いたのはその翌年のことであることを思えば、この邂逅は、彼が後年、「日本史」と題する日本教会史を執筆したに鑑み、幸運でもあり意義深いことでもあった。ついでフロイスは一五五四年（天文二十三年）に、ベルショール・ヌーネス・バレト師とともにマラッカに赴いたが渡日できず、一五五七年（弘治三年）にはゴアに帰り、一五六一年（永禄四年）に司祭に叙せられ、学院長や管区長の秘書として仕えたが、すでに上長は彼の才能を認め、一五五九年（永禄二年、二十七歳）、総長宛の報告書の中で、「あらゆる文筆の仕事に優秀、判断力優秀、天性語学的才能あり、良き教師たらん」と記した。彼はゴアの管区長の許で、ヨーロッパ向けの東亜各地から届いた報告書を取り扱う係りであったから、日本の事情に通暁することができた。なぜならば、当時、日本発信の書類はすべてゴアの管区長の手を経たからである。ゴアに滞在中のフロイスについて上長たちが報じているところによれば、あるいは「蒲柳の質」、あるいは「身体強健」とあってその点は矛盾するが、「判断力良好」「饒舌」「話才」「事務的手腕」といったことでは一致しているように思われる。

一五六三年七月六日(永禄六年六月十六日)、待望の日本に着き、西彼杵《そのぎ》半島北端の横瀬浦に第一歩を印した。時に三十一歳である。彼は日本布教長コスメ・デ・トルレスから大いなる喜びをもって迎えられたが、横瀬浦が破壊されたために、十二月には平戸に近い孤島度島に避難した。ここで十ヵ月、病魔と戦いながら、同僚フェルナンデス修道士から難解な日本語、および日本の風習や宗教について学び、一五六四年八月二十四日、平戸に入り、口之津に転じた後、同年十一月十日、平戸を出発、念願久しい京都へ旅立った。入京したのは「日本の新年の前日」、すなわち一五六五年一月三十一日(永禄七年十二月二十九日)のことである。度島の素朴な漁民に接してすら日本人に対して讃辞を惜しまなかった彼は、今や日本の首都にあって感動を禁じ得ず、文筆の才はここに遺憾なく発揮された。彼は入京後三ヵ月を経た折の書簡において、日本人は多くの点でスペイン人に優る。海岸地方の住民と都地方の住民は比較にならぬ、と述べ、都の諸建築をつぶさに観察し報告した。しかし、保護者であった将軍足利義輝は、三好・松永氏によって滅ぼされたので、同年七月三十一日、堺へ避難せざるを得なくなった。翌一五六六年、前任者ガスパル・ヴィレラ師が西下してからは、都の地方長となり、堺、尼崎、河内の各地で孤軍奮闘を続けるうち、一五六八年（永禄十一年）、一世の傑物織田信長の入京となり、天下の形勢は一変した。フロイスは一五六九年三月二十六日、堺から都に帰ったが、二条城の堀橋における信長との初対面以来、両者の親密の情はとみに高まり、フロイスはここに、『信長公記』には見られぬ躍如たる信長の言行を叙述した。一五六九年夏、最初のキリスト教宣教師として岐阜を訪れ、一五七二年には布教長カブラルと同行してふたたび岐阜に至った。

一五七六年十二月三十一日（天正四年十二月十二日）、後任のイタリア人ニェッキ・ソルド・オルガンティーノ師に中日本布教長の職を譲り、一五七七年一月三日（邦十二月十五日）、兵庫で乗船し、一月十八日豊後に到着、府内からただちに臼杵《うすき》城に赴いた。かくて九州に転じた彼は、豊後の臼杵を本拠として、ここで国主大友宗麟の改宗、耳川の合戦等、貴重にして豊富な記録を残した。一五八〇年（天正八年）、イエズス会日本巡察師としてアレシャンドゥロ・ヴァリニャーノ師が豊後に至り、翌年三月、五畿内を訪れることになった時に、フロイスは彼の通訳として同行し、信長から絶大な歓迎を受けた。豪華な安土城の描写は、先の岐阜城のそれと同様、フロイスのもっとも得意とするところであり、一五八一年（天正九年）五月には越前北庄《きたのしょう》（福井）へ足跡を延ばした。

同年秋、九州に移った後、一五八二年（天正十年）六月、織田信長は本能寺で殪《たお》れた。

フロイスは九州において日本副管区長の許にあり、ヴァリニャーノによって改革された日本年報の執筆者となったが、ここに彼の晩年の運命を決する新使命が齎された。

すなわち、一五七九年、イエズス会員マフェイ師は、ポルトガル国王ドン・エンリーケの委嘱により、「ポルトガル領東インド史」の編纂に着手するや、すでにインドおよび日本からの通信者として知られていたルイス・フロイス師を想起し、同年十一月六日付で、イエズス会（第四代）総長メルクリアン師に一書をしたため、彼を布教の第一線から退かせて、日本の布教史の著述に専念させるよう依頼するところがあった。総長はこれを承諾し、インド管区巡察師ヴァリニャーノに指令を発した。フロイスが日本副管区長ガスパル・コエリュ師から「日本史」編述の命令を受けたのは、一五八三年（天正十一年）秋のことで、時に彼は口之津にいたはずである。

フロイスは全力を傾倒して「日本史」の執筆に従事した。そして翌一五八四年には、（長崎で）「日本総論」を脱稿し、翌一五八五年六月十四日には、『日欧風習比較論』の小著を加津佐で執筆した。さらに翌年三月、「日本史」（一五四九～七八年の部）がほとんど完成した頃、彼は副管区長コエリュの伴侶として五畿内への旅についた。有馬、天草、長崎、大村、平戸、堺、大坂、都、その他あらゆる重要な地点を巡回できたことは、「日本史」を補足する上にきわめて有意義であった。彼はこの旅行の間、大坂城において関白秀吉に謁見が許され、それを「年報」と「日本史」に詳述した。フロイスは一五八六年九月二十日、下関に着き、同年十二月三十日（天正十四年十一月二十日）、その地で「日本史」（一五四九〜七八年の部）を擱筆することができた。彼は一五八六年十月四日付、十一月付、八七年一月一日付で下関において報告書を作成している。

一五八七年二月十七日（天正十五年一月十日）、副管区長の命を帯び下関を出発して都に向かい、三月には下関に戻り、同月十五日、山口のキリシタンを訪れた。

同年七月二十四日（天正十五年六月十九日）の夜、豊臣秀吉は「伴天連追放令」を発し、フロイスは副管区長とともに、秀吉の使者に接し、詰問され、追放令を受理する外はなかった。副管区長は、宣教師たちが平戸に集結することを命じたので、フロイスは、一度平戸に赴いた後、副管区長とともに有馬（一五八八年）、ついで加津佐に至り、一五八九年には、加津佐、久留米、天草へ行き、一五九〇年からは長崎に定住した。

一五九〇年七月二十一日、（天正十八年六月二十日）、ヴァリニャーノは遣欧使節を伴って長崎に帰着し、秀吉は都の聚楽亭で一行を引見した。フロイスはすでに六十歳に近く、もっぱら「日本史」（一五七八〜八九年の部）の完成に努めていた。そして一五九二年二月三日から十四日まで日本イエズス会管区会議の書記を務め、同年十月一日、長崎において一五九二年度日本年報を書いた後、十月九日（天正二十年九月四日）、巡察師ヴァリニャーノに伴われて日本を出発し、同月二十四日、マカオに到着した。彼は、それから三ヵ年近くその地に滞在したが、一五九三年一月十八日と十一月十二日付の総長宛の自筆書簡は、「日本史」の事情と、フロイスの胸中を知る上にきわめて重要である。なかんずく彼は、もっぱらヴァリニャーノの書記として執筆を続けていること、健康が勝れぬこと、巡察師はマカオにおいて、「完成した……日本史」を推敲し、検閲するために自分に携行させたにもかかわらず、多忙を理由にその約束を果さず、より短いものに纏めるようにと要望する。だが自分には不可能なことである。どうか原形のままでローマに送付できるよう総長の御尽力を乞う。しかし自分の余命は幾ばくもない、と悲観的な懇願を行なった。

フロイスは一五九五年（文禄四年）（月日不明）になって長崎に戻った。文禄・慶長の役、関白秀次の死、フランシスコ会員の渡来、サン・フェリーペ号事件、二十六聖人の殉教と重大事件が相次ぎ、彼は一五九五、九六年度の日本年報を執筆した後、一五九七年三月十五日付、「二十六聖人殉教事件」の報告書をもって、その多彩な文筆活動に終止符を打った。

彼は当時の在日宣教師の中ではもっとも経験が豊かであったが、彼が一五九七年七月八日（慶長二年五月二十四日）に六十五歳をもって長崎で息をひきとるまでに、「日本史」の原稿がどこまで進んでいたかは判らない。ともかく現存する写本は、一五九四年の初め頃の記事で終っている。

二 「日本史」の構成と写本

既述のようにルイス・フロイスはその文筆の才が認められ、一五八三年（天正十一年）からは「日本史」と題する日本初期教会史を執筆することになった。彼は時には日に十時間もその著述の筆をとったと述べているように、この事業に心血を注いだ。そして「日本史」は三部作四巻として、一五九五、六年（文禄四、五年）頃、すなわち彼が世を去る一、二年前頃の記述まで進行した。だが、上長のヴァリニャーノは、その著作があまりにも冗漫に過ぎるとして、ヨーロッパへ送付することを許可しなかったので、フロイスは悲嘆やる方なく、絶望のうちに他界したのであった。

ところでその「日本史」の原稿は実に数奇な運命を辿ることになった。フロイスがこの「日本史」と題する大著をものしたことは早くから知られていたが、その所在はようとして知られなかった。それもそのはずで、実は原書は記述のような事情のために、マカオのイエズス会学院内の書庫で埋もれたままになっていたのである。そして十八世紀になってポルトガル政府が海外にある同国関係の文書を謄写せしめた際に出現したが、原稿そのものは再び放置され、やがて湿気と虫や鼠のために破損して行き、あげくの果ては一八三五年（天保六年）一月二十六日、学院が火災を発した時に他の文書とともに烏有に帰したのであった。従って私たちが今日、フロイスの「日本史」に接し得るのは、もとより十八世紀にマカオで作成された写本によるのであるが、その写本が辿った運命がまた、きわめて変化に富んでいる。

一七二〇年（享保五年）に、ポルトガルでは勅令によって海外に散在する同国関係史料の謄写事業が始まった。マカオの文書館でもイエズス会関係の古文書が謄写されたが、フロイスの「日本史」は、幾種類かに分割された。現存する写本から推察すると、原文のまま第一部、第二部、第三部というように謄写したのが一セット。「ゴア、マラッカ」、「マカオ」、「日本」の各司教区史資料として分割謄写されたのが二セットであったらしい。一七五〇年代に入り、ポルトガル政府はイエズス会の弾圧を開始したので、マカオにあった書類は密かにマニラに送り届けられた。その中には「日本史」の第三部写本三六三枚と「日本司教区史資料集」があった。これらは後ほどスペインに送られるに至った。

以上のような複雑な過程を経たので、フロイスの「日本史」の写本は、二十世紀に入って思いがけないところから、別々に発見された。リスボンのアジュダ王宮図書館、ポルトガル海外史文書館、フランス、トゥルーズの故サルダ氏の文庫、ポルトガル国立図書館などがそれであって、それらをつなぎ合わせると、いちおう、一五四九年（天文十八年）から一五九三年（文禄二年）までの編年史が継続して出現したことになる。訳者は幸いにしてその一連の写本をフィルムで蒐集するを得たのであるが、現存するものだけで「日本史」は三三八章、写本で一二一四枚の大冊となっている。これを邦訳し、注を付した日本語版が既述の昭和五十二年から発行されたフロイス「日本史」（十二巻）である。

三　第一部　序文

「日本布教史」をいかにすればもっとも良く叙述し得ようかと熟考しつつ、私には次に述べるような二つのことを指摘しておくことが、これを特に価値あらしめ、光彩を放たせるであろうと思われた〔ことに歴史的真実から些少とも遊離しないことを我らの主眼とするにおいてはなおさらのことである〕。その第一は、真実で信憑性のある報告に基づいて執筆せねばならぬことである。そしてそれらは、当国の最初の探究者であり、この新しい主なるデウスの葡萄園における最初の耕作者――耕作にあたって露天の炎暑に堪えた人々――にして初めて提供し得る性質のものであった。だが彼らのうち四、五名は今は故人となってしまったし、しかもこの歴史の発端をもっともよく知っている人たちがそれに属している。この第一の点に関してさらに述べるならば、私たちは以下掲げるような理由から、いくぶん長らくこの歴史を起草することを躊躇し過ぎた観がある。だが上記の損失を補う方法が二つある。その一つは、かの初期の時代を経験した司祭や修道士たち、および幾人かの古いキリシタンがまだ生存していることである。私たちは彼らの記憶の宝庫から、なお多くの詳しいことを聴取し、日本において聖なるキリストの福音が弘布し始めた際の労苦、欠乏、困難、危険などについて体験談を蒐集できるのである。その二は布教が始まって以来三十八年間に生じた事態を順序を追ってそのまま再現することは、今となってはもはや不可能なことであるが、この歴史を完成し完全なものとするために、すでに刊行されている「年報」文献の助けを借りて補充し得たことである。なぜならば、これらの年報は当地（日本）から絶えず規則的に間隔をおいて発送されたものであったからである。もっとも当初の幾年かは、人々は初めこの国の事情にあまり通じていなかったし、必要な経験にも欠けていたので、後になって事実を確認した上でならより良く報道できたようなことも幾つかあったのは事実である。そして後日の報道が部分的には以前に報ぜられたことと矛盾するようなことが生じもした。以上のことから本書の執筆開始が遅れた第二の原因が次に指摘されるのである。すなわち、僧侶を問わず、当日本地方の各階層の人々の改宗について述べるためには、まずその前に当国の気候、日本人の性格、素質、習慣、ならびに彼らの偶像の祭祀や崇拝などについて書くことがぜひとも必要だからである。なぜならば、彼らの習慣は我らのそれとはいとも反対であり、ヨーロッパの風習と比較すると、あまりにもまったく異なり縁遠いものであって、それらのことを明白にするような詳しい記述があらかじめなされなくては、人々はそれを理解し難いと思われるからである。それら個々のことについては、〔たとえ完全でなく〕少なくともある程度の知識を得るだけでも、わずかばかりの時間では不十分なのである。だが我らが三十八年間の経験を回顧し、日本語の習得や日本人との交際によって、単に見聞しただけでは判らなかった秘密を解明できるに及んで、我らの主なるデウスは、機が熟したものと見なし、尊師が私たちに対しこの日本史を叙述してヨーロッパへ送付することを命じるよう取り計らい給うたのである。なぜならば、もしこのたびの指令が来ていなければ、この仕事はさらに長らく放置されたままになり、今はまだ日本にいる往事の僅かな目撃者たちの短い寿命も他の人々と同様に終ってしまったことであろう。そしてそのために日本のキリスト教会の歴史は忘却の闇に葬られ、それを明るみに出すためには、さらに多大の困難を余儀なくされていたに違いないからである。

尊師の御命令により、インド管区長アレシャンドゥロ・ヴァリニャーノ師が当日本地方のイエズス会副管区長（ガスパル・コエリュ）師に対して、この「日本史」の著述という信仰の糧となる希望をただちにできる限り入念に実現するよう配慮せよ、と書き寄こされてからもはや三ヵ年が経過した。けだし尊師はこの著作により、布教事業に専念する息子イエズス会員が、先輩たちの先例と模範によって強められ、彼らに劣らぬよう奮励努力し、そしてまた霊的な熱意においても、はたまた「我らのために己れを犠牲として献《ささ》げ給いし」神の御独り子キリストを模範として上記日本人の霊魂のため苦難に堪えることにおいても、先輩たちに劣らぬ覚悟を抱くに至らせたいと企図されたのであろう。実のところ、このたびの御下命は私の能力と技能の限界を越えるものに思われたが、私は顕著で強力なイエズス会員としての聖なる従順の誓いに頼ることにした。それこそは、人間的な判断と能力という観点からは堪え難く困難に思われることをも容易ならしめるのである。私には必要な条件が非常に欠けているにもかかわらず、副管区長ガスパル・コエリュ師が、断じてこの「日本史」の著述の仕事を私に託されたところを見ると、私には次のようなことがおそらく彼の人選における根拠となったように思われる。すなわち、私はイエズス会に入ってから約四十年になること、また、今は亡きメストレ・フランシスコ・ザビエル師が来日する以前にイエズス会に入ったこと、インドにおいて十四、五年間、当地から送られた書簡は、私の手を経ていたこと、私は二十四年間日本におり、その大部分の時期を都《ミヤコ》の地方で過したこと、さらに、当初からここ日本へ派遣されていたすべての司祭や修道士たちと久しく交わったことなどである。しかしそれにもかかわらず、私たちが自分たちの能力以上に頼りとする杖、すなわち上記のような聖なる従順という上長からの命令がそれに加わっていなければ、私は自らにその著述をするだけの能力があるとは考えなかったであろう。なぜなら、その聖なる従順の力が及ぼす影響は、我らの弱さをより良く統御し得るものであるからである。

実は私はすでにこのたびの委嘱を受ける以前から、この著述において私を助け得る古い時代に作成された幾つかの稿本を所持していたのであるが、我らの主なるデウスは、他の何ものにも増して価値ある別の方法を私に提供することを嘉《よみ》し給うた。すなわち、当一五八六年に、副管区長（ガスパル・コエリュ）師は、それまで日本においてデウスの教えが植え付けられたあらゆる主要な地方を訪問したが、私はその伴侶として同行したので、有馬、天草、長崎、大村、平戸、山口、豊後、堺、大坂、都、および我らの同僚が布教している五畿内の他の地方といったところで、古い時代からいる年老いた司祭、修道士たち、ならびにキリシタンたちから、なおそれまで不足していた資料を新たに蒐集することができた。それらはその諸地方のことを明らかにさせるに足るものであった。それゆえ、我ら、かくも遠くヨーロッパから距たった当地方に住まう尊師の息子たちは、尊師がこのささやかな稿本を御嘉納くださるよう謹んで懇願申し上げる次第である。本書は単に、今後の人々が、あらゆる善の最高の源であるデウスを讃美し奉る機会を見出す糧にもなろうと、当地で布教が発展した次第に関する資料と明瞭な報告を尊師に献呈するに過ぎず、デウスは、我らの時代に、かの「暗きに坐する民は、大いなる光を見、死の地と死の陰とに坐する者に光のぼれり」という福音書（マテオ、四ノ一六）の言葉が実現されたことを嘉し給うものと信じてやまない。

我らは、デウスの恩寵により、第一部においては、当国の特質や習慣に関すること、およびその祭祀の起源を取り扱い[1]、ついで聖なる福音の光がこの偶像崇拝の濃い暗闇を貫いて輝き、キリスト教が山口、豊後、都地方、ならびに下《シモ》で始まった次第を記そうと思う。

そして第二部においては、豊後国主フランシスコ（大友宗麟）の改宗のことに始まり、日本の諸国から齎されたその他の成果が記載され、一五八九年の末に及ぶであろう。すなわちその年は、日本へ聖なる福音が導入されて満四十年を数えることになるからである。次に尊師に切に乞い奉る。我らはいとも遠く離れたところにおり、尊師に親しくまみえて感化を蒙ることからも、尊師ならびにアジアやヨーロッパにいる他の司祭、修道士たちとの聖なる交際によって勇気づけられることからもおよそ遠く及ばない環境に置かれている。それゆえ、尊師におかれては、なにとぞ我ら一同のことを、尊師が献げる聖なる犠牲ミサ聖祭と祈りのうちに加えていただきたい。それによって我らはデウスの御子キリストが流し給うた尊い血の功徳、および天国の女王たる至聖なるマリアの代願により、現世の短き時が経過した後には、天上においてともに相集い、そこで永遠の安息に与り得るであろう。願わくばデウス、御憐れみを垂れ、我らが幸いにも直接主を仰ぎ見奉る歓喜と甘美を享受させ給わんことを。アーメン。

私がこの歴史書の中で非常に必要であるように思えた第二に挙げたいことの一つは、従来幾年もの間に当地から我らの同僚の書簡のうちに記され、その筆者の権威のゆえに、ヨーロッパで日本のことについて間違った観念を抱かせている幾つかの不明確なことや誤解を取り除くことである。〔私たちが推測するところ〕、このように見解を異ならせるに至った主たる原因は、誤解されやすい表現をした際に、すぐにその書簡の中で、その言葉の誤解されやすさ、もしくはそこで報ぜられたことの誤解されやすさを指摘しなかったことにある。この点をさらに明確にさせるために、私たちはあまりにその数が多いのですべて列挙することはできないまでも、ここにそうした誤解されやすい表現の幾つかを掲げよう。それらは少なくとも、インドやヨーロッパで人々が日本から送られた記録なり書簡を読んで、その中に記されている事柄の質、もしくは量の過大なことに幾ばくか疑惑の念を抱くようなことがあっても、それはそのような言葉が十分説明されなかったからであることを知るのに役立つであろう。以下私たちが掲載するような場合が、まさにその例であったと言い得よう。

一、第一にもし当地（日本）から、ある国主または殿《トノ》が三「コント」の人員を率いて戦場に赴いたと報じている場合、その執筆者は、たとえ誰であろうと、日本風の表現をしているのであって、それは我らヨーロッパ風の数え方には該当しない。なぜならば、「一万《イチマン》人《ニン》」という言葉が日本では一コントの人を意味するのであって、彼らの数え方では、一万が一コント、十万が十コントなのである。したがって当人が三コントの人員を率いて行ったと述べていても、それはこの国での言い方に従っているのであって、実際にはたった三万人のことなのである。この点ではヨーロッパの数え方と合致しない。

二、当地から、たとえば信長が安土山において巡察師の面前で催した祭典に際し、その支配者が夜分、二千の「炬火」（tochas cõ fogo）を携えたと報ぜられた場合、当地の炬火は蠟でできているのではないことを知らねばならない。というのは蜜蠟は日本にはなく、それらは乾燥した藁束で作られ、それが日本の炬火なのであり、人々は夜分外出する時に、それで照らすのである。インドにおいて、貴人の邸宅では土着人の召使いが広間を照らすために手にしている油灯のことを「炬火」と言っているのと同様であって、それらは私たちヨーロッパ人の炬火のように蠟でできてはいないから、ヨーロッパ風な見方では実際には炬火ではないのである。

三、眼またはリュウマチスを患っている病人を治療するのに、三、四千の烙鉄を身体につけると書かれた場合にも同様のことが言い得る。それは日本では非常に一般的なことであってよほど話を割り引いて、解してもらいたい。というのは、その「烙鉄」とは、当地では、乾いた（空白アリ）を豆粒もしくは大型の柘榴《ざくろ》粒くらいの小球にしたもので、その上部に点火し、肉体の上に置き、すべて燃え尽すまで火をつけたままにする。それは非常に手軽なことで、同じ場所に十五か二十個置いておくと、その箇所の肉はすでに厳しく鍛えられているから、それ以上置いてもほとんど疼痛を感じなくなる。したがってそれらは私たちヨーロッパ人が言うような烙鉄《ボトンイス》のごときものではない。私自身、その日本のを試みたことがあって、種々の疼痛や眼病のために三千個以上、背中や膝にその小球を置いたのであった。

四、日本人は一枚の「ハンカチ」でただの一度しか鼻をかまないと言うと、ヨーロッパの読者は滑稽に思うであろうが、奇異とするに足りない。それは、マラバール（海岸）の国王たちが同じ皿からはただの一度しか食べないと言おうとするのと同様であって、彼らはバナナの葉で食事をするので、食事が終ればそれを捨て去るのである。したがって日本人について、彼らは一度ハンカチに唾を吐いたり鼻をかんだりすると、それを洗わせずに捨ててしまうと言う時には、次のようなことが説明されねばならぬであろう。すなわち、日本人は、鼻をかんだり唾を吐くために、ハンカチの代りに、ハンカチのように折り畳んだ薄い紙をたくさん懐に入れて持ち歩いているということである。この紙は非常に安いので、彼らは非常にわずかの費用で幾枚でも使用することができる。貴人たちはその紙の間に、白または青色の亜麻布を一枚携えているが、これは汗をふくためにだけ用いられる。だが商人や一般の人々は、紙以外に亜麻製の半幅の手拭を帯の中に携えており、汗をふいたり、手や顔を洗う時にそれを用いる。

五、日本人はその大小の刀の鞘《さや》を金で作っていると述べられている際には、鞘は木製であり、その全体が薄い飾りの金箔で掩われているのだと解されねばならない。その金箔が厚いか薄いかは、その鞘を作らせる人の経済的能力次第である。

六、ある人が十五、もしくは二十「ピパ」（樽）の葡萄酒を教会に贈ったと述べられる際にも、同様である。ヨーロッパでピパと称されるものは、日本では樽と言い、かの地（ヨーロッパ）で二十五アルムーデであるピパは当地日本ではただの一アルムーデにも相当せず、最大のものでも一頭の馬がその二つを積荷として運んでゆける大きさであることを知らねばならない。またこの葡萄酒は米から造られており、葡萄から造られるものはヨーロッパから齎され、当地では、ミサ用の葡萄酒、もしくは病人用の薬としてしか用いられない。

七、ある人が別の人に贈物として、銀または金を幾「本《バルラ》」か与えたと述べられるならば、ヨーロッパで一地金棒《バルラ》に相当する言葉を、当日本では「一枚《イチマイ》」と言い、一定の限られた重さを有することを知らねばならない。というのは、日本には鋳造された金貨や銀貨はなく、すべて重さで遣り取りするのである。ただし真中に孔があり、セイティスのように造られた銅貨《カーシャ》がある。ところで日本の銀一枚《イチマイ》は四タエル三マスの重さ《ペーゾ》があり、私たちポルトガルの貨幣では四クルザードス六ヴィンティスの価格である。だが金一枚《イチマイ》は銀四十三枚で、四十三クルザードに相当する。

八、宮殿、城塞、また都市のことが述べられる際には、日本には、インドやヨーロッパにおけるように、石と漆喰で造られた牆壁、塔、また堡塁などはなく、建物全体が木造であることをあらかじめ知っておらねばならない。そして非常に大きく華麗な濠や壁があっても、それらは粗い自然石で造られているのであり、それらの石を巧妙に積み重ねてある外はなんら他の建築材料もなく、私たちの建築に見られるような礎壁とか基礎工事は施されていない。粘土で造られた幾つかの隔壁もあるが、それは稀なことで、そのような壁は、濠の中にではなく、僧院とか大侯の邸宅の周囲を繞らして造られるに過ぎない。だが木造建築としては、構築の壮麗さ、部屋の技巧、清潔、秩序と言い、また華麗な外観と言い、高尚な趣で、見る者をしてはなはだ楽しませるものがある。

九、外国から日本へ商品を携えて取引きに来るポルトガル人たちは、日本の言語を知らず、また日本の諸国、諸地方のことにもほとんど通ぜず、彼らの大部分は船が入る肥前国の諸港のほかは何も見ていないので、しばしば日本において、「国王」(Rey)とか「王国」(Reinos)という表現を慣用する。だが当地では、そのような称号は考えられもせず、決して存在もしない。彼らポルトガル商人は、たとえば、平戸の国王、志岐の国王、天草の国王、その他これに類したことを言う。しかし実はこれらの人々は皆、日本語の殿《トノ》、すなわち限られた権威の貴人であって、そのような人は同一国内に多数いるのである。それは私たちのヨーロッパ諸国におけると同様である。と言うのは、後に日本国に関する章で述べることであるが、本来の、そして真実には、当日本六十六ヵ国全体の最高君主であり、国王かつ主権者はただ一人であって、これを皇《オウ》、もしくは天皇《テンオウ》、または内裏《ダイリ》と称する。それゆえ当国の他の殿たちは、天皇のことを顧慮して、「公爵」に相当する自分たち特定の称号を持ち得ることになっている。すなわち彼らは屋形《ヤカタ》と称しているのである。しかし彼らは一国、もしくは多くの国の絶対君主であるには違いないので通常、私たちヨーロッパ人の間では、彼らのことを国王と呼び、その身分の高い家臣や諸城主、また幾つかの地方の支配者のことを殿《トノ》と称している。たとえば平戸、志岐、天草、その他そういった諸地方の殿《トノ》などである。だが先に述べた六十六ヵ国については、わずかの例外はあるけれども、それらおのおのがヨーロッパの諸国と同じような広さや大きさを有すると見なしてはならない。

十、書簡その他に日本の「大学」について述べられている場合にも同じように、日本の大学が、ヨーロッパのそれと同様の権威、気品、学識、収入、格式などを備えていると考えてはならない。なぜなら日本の学生は、大部分が仏僧か、もしくは仏僧になるために学んでいる人たちである。そして彼らは大部分の時間と配慮と労力をシナと日本の文字を学習することに当てるが、それは、それらの文字がほとんど無数といえるほどある上に、時にはそのうちのただ一つが、十五も二十も異なった意味を有するからである。その他、彼ら日本人は、彼らの神学とも言うべきその宗派の教義や、シナが生んだ幾人かの賢者や古い哲学者たちの書物から採用した若干の道徳説を教えている。だが彼ら学生は学術的技術とか科学的論証に従ってではなく、問答形式《ドウトリーナ》で学習する。さらに彼らは占星術や医学のことも幾分かは学ぶ。ところでこれらの学問に関して言えば、全日本でただ一つの大学である公開学校と称すべきものが、関東地方、下野国の足利と呼ばれる所にある。一方諸国の仏寺で人々が学ぶのは、自分のために個人的に教わることであって、そこではほとんどなんの豪華さも見られないし、また特別な設備があるわけでもない。

以上、典型的なものとして十の例を挙げた。日本の諸事を記す際に起り得る他の誤解されやすいことや疑問をば、それらを範例として解いて行くならば、いっそう事実に即した上に、それらのことを扱わねばならぬ際に要求される真実に貫かれた観念が得られるであろう。

この「日本史」第一部で守られるべき順序は次のとおりである。

まず、すでに完成している別冊（outro cartapacio）から始めること。そして冒頭には先に書いた「日本布教史」をいかにすればもっとも良く叙述し得ようかと熟考しつつ」で始まり、「それらのことを扱わねばならぬ際に真実に貫かれた観念が得られるであろう」で終る序文を置くこと。

序文の後には、日本六十六国誌を置く。その次には、日本の気候、自然、特質、風習に関する三十数章の内容目次を置き、この題材の最後の章に至る。この最初の論文が、第一冊に記されているように終りまで進んだならば、第一部において続いている一一五章の内容目次を記載すること。ついで、メストレ・フランシスコ師が聖なる福音を、このいとも遠隔の日本島に伝えることを決意した次第を第一章として始まる日本布教史の記事が置かれる。このような順序によって、その資料を、第二、第三章というように順次続けて行って、この第一部の終りに至る。

（1）これは「日本総論」を指すが、既述のように早く失われ、現存しない。
（2）ポルトガルの古い銅貨。

四　第二部　序文

この史書の第一部においては、デウスの御恵みにより、日本の国情や習慣に触れ、またイエズス会の司祭や修道士たちが、いかに多大の艱難辛苦のもとにこの地にカトリックの信仰を伝え、最初のキリスト教会の基礎を築いたかを述べた。それらは司祭たちが当日本教区に到来してより最初の三十年間の終りまでの出来事を取り扱ったものであった。その資料は、(筆者の) 今まで二十五年に及ぶ日本での見聞の外、往時の司祭、修道士、および信用がおけるキリシタンたちの報告や、理性的に誤っていないと判断され、かつ本書の目的に役立つあらゆる文書から選び蒐集されたものである。だがそうした努力にもかかわらず、第一部において要旨だけを簡略に記述したことは、省みれば書き漏らしたことの方が比較にならぬほど多いということを告白せざるを得ない。それと言うのは、日本における人々の改宗の経過は、他国では正確に一定の秩序に従い、予期のごとく規制されて捗るのとは異なっているからである。当地では他国におけるとまさに反対であり、一切のことが不断の転変、変化「それらの中にはあまりにも突発的で不意な新たな出来事が多く、その状況判断に困惑するほどである」に曝されており、他事を差し置いて絶えずそうした動静を調査し蒐集記録し得る者がいない限り、驚くべき速さで次から次へと起る多くのことは記憶されないままで過去のこととなってしまうのは止むを得ぬことなのである。

この第二部においては「それが主なるデウスの嘉し給うことであるならば」、引き続く十ヵ年の出来事を収録するつもりである。この第一部と第二部の編年史によって、イエズス会が日本で布教に従事して来た四十ヵ年に生じたことを二部にわけて記述し終えることになる。ところで目下本書第二部において取り上げる事柄は、きわめて身近なことであり、それらの多くに我々は立ち合っており、しかもそれらが生じた時に吾人はただちにそのことについて正確な報道に接しているから、より明確に記録し得るという利点を有する。

ここに特に本書が留意されてしかるべきことを述べよう。それは、とりわけこの史書が齎し得る他の利益のことはともかく、本書はキリシタンを育成するために当国へ派遣されて来るイエズス会員にとっては、先輩の司祭らが同じ布教事業において示して来た方法、耐えて来た労苦と困難、陥った危険、それに打ち克つための愛と努力、仏僧の狡猾さと悪魔の謀略を無力化するための配慮、説教においてつねに示した鞏固な意志、数多の迫害に際しての忍苦、さらにまたあらゆる人間的な情愛や援助からは完全に見放されながらも、ただひたすらにデウスの御加護に彼らが頼って来たことなどを知ることによって、その霊的な旅路における標識なり確かな道しるべとなって、大いにその人々を激励し、援助するところともなるであろうと思えることである。彼ら日本での布教の後継者たちは、これによって、おのおのが踏み出した道を新たな生き甲斐と聖なる熱意とを抱きつつ、いっそう容易に続行し得ることであろう。我らここに、主の御恵みと御加護を祈願しつつ、主に対し全き奉仕ができるよう希望し奉る。主の聖なる御名に、あらゆる栄光と名誉が永久に与えられんことを。アーメン。

五　「日本史」編年史　総目次

「日本史」の総目次を作成するには若干の問題点がある。すなわち、フロイスの原稿は存在せず、現存するモンターニャの写本では、目次と内容が厳密には一致しない。「第一部」の目次は、アジュダ図書館本 Cód. 49–IV–54 の冒頭別ページ第二葉裏から第一一葉裏に掲載されている。それは一一六章から成り、本文の章題と比べると若干表現中に異なる箇所があり、年度の記入位置にも少しく異同があるが、ほとんどまったく一致しているから問題とはならない。しかし「第二部」の目次をいかに取り扱うかははなはだ苦慮せざるを得ない。「第二部」の目次は、ポルトガル海外史文書館本 Cód. 1659 の冒頭別ページ、第二葉から第六葉までに掲げられている。それによれば、「第二部」は一二九章から成るはずである。しかるに「第二部」の後半を謄写しているリスボン国立図書館 Cód. 11098 の「マカオ司教区史資料集」では、右目次の第六三章と第九四章は、それぞれ二章に分れている。さらに第一一八章の次に、目次には見られない一章が加わり、第一二九章が、第一一八章と次章の間へ移されている。それらは、フロイスの原稿に遡って矛盾していたのか、あるいはモンターニャに起因するのかまったく見当がつかない。吾人は先に「日本史」の総目次を作成した際に、この「第二部」で数を増している三章は、章題、章数を目次のままにして、その間に付記したが、今回総目次を作成するにあたっては、本文に従って、三章分章数を多くし、目次第一二九章は、本文どおり、目次第一一九章の前に移すことにした。モンターニャの写本では、章数の表示には相当多くの誤記が見られるので、このように修正しても差支えがないと考えられたからである。「第二部」においても、目次と本文の章題には表現上、若干の異同があることは「第一部」と同様である。「第三部」の目次は、モンターニャの筆で書かれたものは存在しないので、本文に従って作成する外はない。

次の総目次においては、原則的には、「目次」の表現どおりとし、本文を訳出する際には、その箇所に示されている章題を掲げることにした。また、記入されている年数については、若干正しい位置に移した。

「日本史」の第一部の初めに置かれているはずの「日本六十六国誌」と「日本総論」は、既述のようにモンターニャが謄写させる際に、すでに見当らなかった。彼は、「ある古い書物」から「日本総論」の目次だけを知り、それを謄写して現存するアジュダ本 Cód. 49-IV-54 の冒頭別ページ第一葉から第二葉にかけて掲載したのであり、その「日本総論」の目次を、左の総目次の冒頭に記す。

序　文

日本六十六国誌

日本総論

第一章　当日本島の気候、自然、特徴について
第二章　日本の起源、その地誌、およびこの国民と他国民との貿易について
第三章　日本の男子の容貌、ならびにその衣服と交際の様式について
第四章　婦人について、その人柄と風習のこと
第五章　子供とその風習について
第六章　日本帝国が諸国に分れていること、およびその統治について
第七章　日本人の特徴である幾つかの習慣と事柄、ならびにその裁判制度について
第八章　日本人の建築、家屋、ならびに食事、飲物、睡眠について
第九章　攻防の武器、および彼らの馬と装飾馬衣について
第一〇章　日本人の船と庭園について
第一一章　日本の医師、薬品、盲人の職業について

第一部

一五四九（天文十八）年

第一章　イエズス会のメストレ・フランシスコ・ザビエル師が聖なる福音を伝えるために、日本島に赴くことを決意した次第

に）入会したことについて

第九章　バルタザール（・ガーゴ）師が、ドゥアルテ・ダ・シルヴァおよびペドゥロ・デ・アルカソヴァ両修道士らとともに日本に赴いた次第

一五五三（天文二十二）年

第一〇章　バルタザール・ガーゴ師が豊後に帰った次第、および同地で彼に生じた苦難について

一五五四（天文二十三）年

第一一章　山口における飢饉、ならびに同地で生じたその他のことについて

第一二章　バルタザール・ガーゴ師がジョアン・フェルナンデス修道士とともに豊後に滞在していた間、同国での政宗の進展に際して生じた幾つかのことについて

第一三章　パウロとベルナベなる二人の著名な仏僧の改宗について、およびロレンソ修道士がベルナベとともに比叡山に派遣された次第

一五五五（弘治元）年

第一四章　バルタザール・ガーゴ師がジョアン・フェルナンデス修道士、および仏僧パウロとともに豊後から平戸へ派遣された次第

一五七三（天正元）年

第九七章　巡察師ゴンサロ・アルヴァレス、およびその伴侶が海上で（遭難）死を遂げたことについて、および五島の諸島で生じたこと、ならびにフランシスコ・カブラル師が遭難した大いなる危険について

第九八章　伊佐早が大村ドン・バルトロメウ（純忠）殿に敵対した次第、および長崎の開港について

第九九章　大村の二人のキリシタンが、信仰を表明したために伊佐早で殉教を遂げたことについて

第一〇〇章　深堀が長崎を襲った次第、および戦闘における彼の不運な結果について

第一〇一章　公方様と信長の葛藤、ならびに上京焼失の際、司祭に生じたこと

一五七四（天正二）年

第一〇二章　フランシスコ・カブラル師が第二回目に都を訪れたこと、ならびに同地でさらに（一五）七四年に生じたこと

第一〇三章　デウスの教えが高槻の諸地方と諸城に弘まり始めた次第

第一〇四章　ドン・バルトロメウが、伊佐早に対して勝利を博した後、全家臣を改宗させようと決意した次第

一五八九（天正十七）年

第一二二章　豊後の背教した国主吉統が、ジョランを初めとして七名のキリシタンに殉教死を命じた次第
第一二三章　山口において、司祭や修道士たちが同（市）を立ち去った後に生じた幾つかの顕著なことについて
第一二四章　本年、五島で生じたことについて
第一二五章　筑後の久留米城のこと、および下《シモ》の他の地方について
第一二六章　主が一司祭を通じて、古賀、日見、長与、および他の地方であげ給うた成果について
第一二七章　加津佐で生じた幾つかのこと、および本年の成果について
第一二八章　千々石、口之津、島原、および有馬での幾つかのことについて
第一二九章　有家の学院と、同地における成果について
第一三〇章　大矢野島、天草について、および栖本殿ならびにその全家臣の改宗について
第一三一章　豊後で生じたこと、ならびに同地に駐在する司祭の追放について
第一三二章　豊後国主吉統がすべての司祭を同国外へ放逐した次第

第三部

一五九〇（天正十八）年

第三〇章　都から他の地方に対して行なわれた第三回目の布教について
第三一章　マニラから関白殿の許に来た使節のために、下《シモ》、特に長崎において、我らおよびキリシタンの上に降りかかった恐るべき苦難について、また長崎の教会と修道院が破壊された次第
第三二章　我らの主なるデウスが、上記の混乱を罰するのを長く延期されなかった次第
第三三章　デウスが先の艱難の苦痛を緩和するために、司祭らに与え給うた幾つかの慰安について

一五九三（文禄二）年

第三四章　長崎の教会と修道院が再建されたこと、および幾つかの労苦と損失が続いて生じたこと
第三五章　我らの主なるデウスが、寺沢と関白の心を動かし給い、（彼らが）長崎で修道院と教会を建築する上記の許可を与えたことについてのさらに詳細な記述
第三六章　当（一五）九三年に大村で生じた幾つかのことについて
第三七章　本年、有馬と八良尾の神学校で生じたことについて
第三八章　天草の学院とその司祭館について、および本年、この迫害に関して生じたことについて
第三九章　当（一五）九三年に豊後で生じたことについて

中公文庫

完訳《かんやく》フロイス日本史《にほんし》①

将軍義輝《しょうぐんよしてる》の最期《さいご》および自由都市堺《じゆうとしさかい》
——織田信長篇《おだのぶながへん》 I

2000年1月25日　初版発行
2021年4月30日　7刷発行

著　者　ルイス・フロイス
訳　者　松田《まつだ》 毅一《きいち》
　　　　川崎《かわさき》 桃太《ももた》
発行者　松田 陽三
発行所　中央公論新社
〒100-8152　東京都千代田区大手町1-7-1
電話　販売 03-5299-1730　編集 03-5299-1890
URL http://www.chuko.co.jp/

印　刷　三晃印刷
製　本　小泉製本

Published by CHUOKORON-SHINSHA, INC.
Printed in Japan　ISBN978-4-12-203578-2 C1121

中公文庫既刊より

各書目の下段の数字はＩＳＢＮコードです。978－4－12（★印は4－12）が省略してあります。

か-70-1
フロイスの見た戦国日本
川崎　桃太

フロイスの『日本史』のダイジェスト版。信長、秀吉を始めとする人物論を中心に、風俗、文化、芸術等をテーマとした記述を抜き出し、簡潔な解説を付けた。

★204655-6

S-15-2
完訳フロイス日本史②
信長とフロイス
織田信長篇Ⅱ
ルイス・フロイス
松田　毅一
川崎　桃太　訳

フロイスの観察と描写は委曲をつくし、わけても信任厚かった信長の人間像は躍如としている。仏僧との激越な論争や、南蛮寺建立の顛末も興味深い。

★203581-3

S-15-3
完訳フロイス日本史③
安土城と本能寺の変
織田信長篇Ⅲ
ルイス・フロイス
松田　毅一
川崎　桃太　訳

信長の安土築城とセミナリオの建設、荒木一族の処刑と本能寺での信長の劇的な死、細川ガラシア・名医曲直瀬道三の改宗等、戦国史での重要事件を描く。

★203582-1

S-15-4
完訳フロイス日本史④
秀吉の天下統一と高山右近の追放
豊臣秀吉篇Ⅰ
ルイス・フロイス
松田　毅一
川崎　桃太　訳

大坂築城がなりバテレン一行を接見する秀吉と城内の様相を臨場感豊かに描く。諸国征伐を終えた秀吉は、高山右近を追放し、キリシタン禁教令を布く。

★203583-X

S-15-5
完訳フロイス日本史⑤
「暴君」秀吉の野望
豊臣秀吉篇Ⅱ
ルイス・フロイス
松田　毅一
川崎　桃太　訳

後陽成天皇の聚楽行幸、遣欧使節の謁見、小田原北条氏征伐など、全盛期の秀吉を描く。天下人となった「暴君」秀吉の野望はついに朝鮮侵寇に至る。

★203584-8

S-15-6
完訳フロイス日本史⑥
ザビエルの来日と初期の布教活動
大友宗麟篇Ⅰ
ルイス・フロイス
松田　毅一
川崎　桃太　訳

弥次郎との邂逅に始まるザビエル来朝の経緯や、布教の拠点が山口から宗麟の豊後に移る様子を取り上げる。草創期のキリシタンと宗麟の周辺を描く。

★203585-6

S-15-7
完訳フロイス日本史⑦
宗麟の改宗と島津侵攻
大友宗麟篇Ⅱ
ルイス・フロイス
松田　毅一
川崎　桃太　訳

フランシスコの教名で改宗した大友宗麟は、キリシタンの理想郷建設を夢みて日向に進出。しかし、耳川の合戦で島津軍に敗れ、宗麟は豊後にもどる。

★203586-4